ORIGEN,
HISTORIA CRIMINAL Y
JUICIO DE LA
IGLESIA CATOLICA R.

ORIGEN,
HISTORIA CRIMINAL Y
JUICIO DE LA
IGLESIA CATOLICA R.

Luis Muñoz

Número de Control de la Biblioteca del Congreso de EE. UU.:   2013910873
ISBN: Tapa Blanda   978-1-4633-5997-3
               Libro Electrónico   978-1-4633-5996-6

Este libro fue impreso en los Estados Unidos de América.

Fecha de revisión: 14/11/2013

Para realizar pedidos de este libro, contacte con:
Palibrio LLC
1663 Liberty Drive
Suite 200
Bloomington, IN 47403
Gratis desde EE. UU. al 877.407.5847
Gratis desde México al 01.800.288.2243
Gratis desde España al 900.866.949
Desde otro país al +1.812.671.9757
Fax: 01.812.355.1576
ventas@palibrio.com
476256

ÍNDICE

Introducción

En mis escritos, yo he propuesto que la Iglesia Católica Romana y el papado jugarán un papel muy importante en la creación de un sistema político y religioso que regirá el mundo entero, durante los últimos siete años de nuestra presente era. La declaración o creencia en que la Iglesia Católica Romana es la única Iglesia verdadera y la afirmación de que el papa es el verdadero representante de Dios en la Tierra han preparado el camino para la unificación de todas las religiones del mundo bajo el liderazgo de la Iglesia Católica Romana. Adicionalmente, la actual tendencia política, religiosa y económica del mundo parece indicar que nos estamos acercando rápidamente al tiempo cuando todas las naciones del mundo se juntarán para formar un gobierno político-religioso mundial. Yo he planteado que la desaparición mundial y repentina de millones de cristianos (el rapto), creará una crisis global que instigará la quiebra de las instituciones financieras, políticas y religiosas a través de todo el mundo. Como resultado, las gentes alrededor del mundo estarán aterrorizadas, confundidas y sobre todo, angustiadas. La ocasión llamará por la instalación de un líder político mundial y también de un líder religioso universal, el cual demostrare será el papa de la Iglesia Católica Romana. Será en ese momento que ese líder religioso siniestro que la Biblia llama el falso profeta (Apocalipsis 16:13; 19:20), juntará toda la gente del mundo bajo un sistema político-religioso mundial. En mi libro titulado "El Rapto, El Gobierno Mundial y la Gran Tribulación", yo discuto en gran detalle – como ningún otro libro – como el papa de la Iglesia Católica Romana juntará todas las gentes del mundo en una coalición de Iglesia y estado. La Biblia representa este líder religioso ignominioso, como una bestia semejante a un cordero que habla "como dragón" (Apocalipsis 13:11). El 'dragón' en la Biblia es representativo a Satanás. Así que, esta bestia religiosa no es un cordero actual, sino un "falso profeta...con vestidos de oveja" (Mateo 7:15). Por lo tanto, esta bestia religiosa será el poderoso falso profeta de los últimos días, el cual, tal como su predecesores, parecerá cristiano en lo exterior, pero "por dentro es un lobo rapaz" (Mateo 7:15).

Los falsos profetas (papas) que en cada generación han representado el falso Cristianismo de la Iglesia Católica Romana, han sido impostores, lobos rapaces vestidos de ovejas. Alguien podría argumentar que en cada generación este falso profeta ha representado y representa todavía el Cristianismo verdadero. Esto no puede ser cierto; pues durante los últimos diecisiete siglos de la historia del Cristianismo, no ha existido nada más perverso, y anticristiano, que el clero de la Iglesia Católica Romana. No es posible ser cristiano y al mismo tiempo ser tan malo. Históricamente, la representación del falso profeta (papa) como la bestia religiosa es congruente con la sed que desde su comienzo en el año 325 D.C., la Iglesia Católica Romana ha mostrado por la sangre, mayormente de cristianos y judíos.

¿Cómo podemos saber que la bestia semejante a un cordero mencionada en Apocalipsis Capítulo 13 representa la Iglesia Católica Romana y su falso profeta, el papa? En el Nuevo y Viejo Testamento, el "Cordero" (Juan 1:29) aparece como una figura o representación de Cristo y Su Iglesia. Sin embargo, el hecho de que el cordero de Apocalipsis 13:11 es una bestia, significa que ésta no representa a Cristo, ni a Su Iglesia. La bestia de Apocalipsis 13:11 es una representación diabólica de la "gran ramera", la iglesia apóstata y el falso profeta, el papa que se han hecho pasar por cristianos. De manera que esta bestia semejante a un cordero representa el falso Cristianismo que ha estado con nosotros desde que el Emperador Constantino lo fundó en el año 325 D.C. Su falsedad queda establecida por el hecho de que siendo una bestia, no sólo pretende ser cristiano (cordero), sino que también 'hablaba como dragón''. Esto significa que esta bestia religiosa no sólo mal-representaría o imitaría el verdadero Cristianismo, sino que también procede de Satanás. El hecho de que esta bestia 'hablaba como dragón' (Satanás), también significa que su teología—lo que sale de su boca cuando "habla"—revela su origen Satánico. Su teología y su vocabulario religioso denuncia su identidad y verdadera naturaleza. Un examen cuidadoso de la teología, el sistema de creencia y la práctica religiosa de la Iglesia Católica Romana, revelaría que ella procede de Satanás. El origen de la teología Católica Romana y los reclamos blasfemos del clero, tienen su principio en Satanás mismo. Un líder religioso que represente el verdadero Cristianismo nunca seria representado como una "bestia", mucho menos se diría de él que "hablaba como Satanás". Por otro lado, mi interpretación de los "dos cuernos semejantes a los de un cordero" en la cabeza de la bestia (Apocalipsis 13:11) es que, ellos prefiguran los poderes religiosos que emanarían de las dos divisiones de la Iglesia Católica Romana (Oeste) y la Iglesia Ortodoxa (Este), lo cual sucedió en el año 1054. Los dos "cuernos" en el contexto en que lo hemos estudiado en mi libro titulado, "El Rapto, El Gobierno Mundial y la Gran Tribulación", significan poder político. Aún más, los dos "cuernos" emanando de la misma cabeza de la bestia semejante a un cordero además significa que como parte del movimiento ecuménico de los últimos días, la Iglesia Católica (Oeste) y la Iglesia Ortodoxa (Este) se unirán otra vez. Consecuentemente, el líder religioso que reinará con el Anticristo será el último falso profeta de la larga sucesión papal de diecisiete siglos. Cuando todos los creyentes desaparezcan del mundo en el rapto, el Vaticano aparecerá con un plan político, económico y religioso con el cual engañará al mundo. En mi libro, "El Rapto, El Gobierno Mundial y la Gran Tribulación", yo discuto extensamente, el significado de la Doctrina Social Católica y la tendencia financiera del Vaticano de los últimos ochenta años. Un análisis de estos dos elementos demostraría claramente que la Iglesia Católica Romana ha estado activamente preparándose para gobernar al mundo por medio de un sistema político-religioso y una alianza entre estado e iglesia. En el libro ya citado, yo comparto mis ideas de cómo la Iglesia Católica usará su riqueza formidable y el movimiento ecuménico para diseñar e implementar un sistema político, económico y religioso que permitirá que el papa y el Anticristo controlen todos los habitantes de la Tierra.

En el importante libro que menciono arriba, también discuto con detalles vívidos e increíble claridad, todos los juicios apocalípticos y los sufrimientos que estos dos individuos impondrán a la humanidad durante el período de la "gran tribulación". La Biblia nos asegura que la humanidad pasará por un período de aflicción y "tribulación cual nunca ha habido desde el principio de la creación que Dios creó, hasta este tiempo, ni la habrá" (Marcos 13:19 VRV). El libro de Apocalipsis y otros libros del Antiguo Testamento nos muestran que durante ese tiempo, la humanidad pasará por el periodo de sufrimientos y destrucción apocalíptica más terrible que el hombre jamás conocerá. Sin embargo, Dios ha prometido en Su Santa Palabra que todos aquellos que creen y siguen al Señor Jesús en esta vida, serán librados de todos los juicios apocalípticos que de acuerdo a las profecías bíblicas serán derramados sobre este mundo incrédulo. El Señor Jesús vendrá por Su Iglesia antes de que los siete años del gobierno del Anticristo y la "gran tribulación" comiencen.

La intención de este trabajo es presentar al lector con la más extensa y profunda exposición de los temas relacionados al nacimiento, historia criminal, reclamos falsos y blasfemos, la perversión teológica del Catolicismo Romano, así como el juicio final. Con frecuencia, el lector encontrará palabras y expresiones tales como "la gran ramera... la mujer" (Apocalipsis 17:1-4), el falso Cristianismo y la iglesia apóstata. Todas estas palabras y expresiones son usadas aquí como referencia a la Iglesia Católica Romana, la cual el Emperador Romano Constantino estableció cuando tomo control del Cristianismo a principio del siglo cuarto D.C.

Además exploraré los seis mitos de la Iglesia Católica con respecto a la adoración de la diosa María, la madre de Jesús y los engaños de las apariciones que ella hizo a tres niños en Fátima, Portugal, en el año 1917. También hablaré acerca del papel que estos mitos y engaños demoníacos juegan en el sistema de adoración idólatra de la Madre y el Hijo. La Iglesia Católica Romana emplea los mitos y engaños de las apariciones de Fátima en Portugal, para atraer los hombres al sistema idolatra de adoración a la diosa "Virgen María y al Niño Jesús".

Por el otro lado, revisaré el papel que el falso Cristianismo ha jugado a través de la historia, en la persecución, tortura y asesinatos de millones de cristianos y judíos. Utilizando la historia y narraciones bíblicas, demostrare que el nacimiento de esta "gran ramera", o falso Cristianismo fue primero profetizado en el Nuevo Testamento por el Señor Jesús y más tarde por el apóstol Pablo. De acuerdo a la parábola del trigo y la cizaña, el trigo, el cual representa el verdadero Cristianismo, sería suplantado por la cizaña (el falso Cristianismo). En Mateo Capítulo 13, el Señor Jesús predijo este evento, el cual sucedió cuando en el año 325 D.C., el Emperador Constantino elevó la posición del Cristianismo a religión oficial del estado y se proclamó así mismo líder supremo de la iglesia. En 2Tesalonicenses, el apóstol Pablo se refirió a este mismo evento como, la "apostasía" o la defección. Con precisión asombrosa, el Señor Jesús y el apóstol Pablo, ambos predijeron que el verdadero Cristianismo sería tomado por "los hijos del malo", exactamente como aconteció alrededor de trescientos años después de que ellos hicieron estas predicciones:

"Les refirió otra parábola, diciendo: El reino de los cielos es semejante a un hombre que sembró buena semilla en su campo; pero mientras dormían los hombres, vino su enemigo y sembró cizaña entre el trigo, y se fue. Y cuando salió la hierba y dio fruto, entonces apareció también la cizaña. Vinieron entonces los siervos del padre de familia y le dijeron: Señor, ¿no sembraste buena semilla en tu campo? ¿De dónde, pues, tienes cizaña? Él les dijo: Un enemigo ha hecho esto. Y los siervos le dijeron: ¿Quieres, pues, que vayamos y la arranquemos? Él les dijo: No, no sea que al arrancar la cizaña, arranquéis también con él el trigo. Dejad crecer juntamente lo uno y lo otro hasta la siega; y al tiempo de la ciega yo diré a los segadores: Recoged primero la cizaña, y atadla en manojos para quemarla; pero recoged el trigo en mi granero" (Mateo 13:24 VRV).

La parábola del trigo y la cizaña tiene un sólo significado, el cual el Señor Jesús mismo explicó a Sus discípulos de la manera siguiente:

"Entonces, despedida la gente, entró Jesús en la casa; y acercándose a él sus discípulos, le dijeron: Explícanos la parábola de la cizaña del campo. Respondiendo él, les dijo: El que siembra la buena semilla es el Hijo del Hombre. El campo es el mundo; la buena semilla son los hijos del reino, y la cizaña son los hijos del malo. El enemigo que la sembró es el diablo; la siega es el fin del siglo; y los segadores son los ángeles. De manera que como se arranca la cizaña, y se quema en el fuego, así será en el fin de este siglo. Enviará el Hijo del Hombre a sus ángeles, y recogerán de su reino a todos los que sirven de tropiezo, y a los que hacen iniquidad y los echarán en el horno de fuego; allí será el lloro y el crujir de dientes. Entonces los justos resplandecerán como el sol en el reino de su Padre. El que tiene oídos para oír, oiga" (Mateo 13:36–43 VRV).

El Señor Jesús sembró "la buena semilla", que son "los hijos del reino" (Su Iglesia). El campo es el mundo y el que sembró la cizaña en el mismo campo en donde "el Hijo del Hombre" ha sembrado la buena semilla "es el enemigo...el diablo". Y "la cizaña "son los hijos del malo…el diablo". Consecuentemente, el plan "del malo" fue plantar "cizaña (falsos cristianos) entre el trigo (verdaderos cristianos)". Este proceso empezó cuando el Emperador Constantino y sus líderes religiosos apóstatas tomaron control del Cristianismo en el año 325 D.C. Debe notarse que el fruto producido por el Catolicismo Romano en sus diecisiete siglos de historia, revela sin lugar a dudas, que ellos son verdaderamente, "los hijos del malo… el diablo" exactamente como el Señor Jesús predijo. Aquellos con conocimiento en agricultura saben muy bien que en cualquier cultivo o plantación, la cizaña se multiplicara con el propósito de debilitar, superar en número y sustituir la semilla que el sembrador (agricultor) planta. Y eso fue exactamente lo que sucedió cuando el Emperador Constantino se apoderó del Cristianismo. Es de interés notar que en los tiempos del Señor Jesús, había en Palestina una cizaña llamada darnel. El darnel era tan idéntico al trigo que en una plantación, era difícil de distinguir la una de la otra. La mejor forma de identificar esta cizaña era dejándola crecer en el cultivo, juntamente con el trigo hasta que esta diera y madurara su fruto. Sólo el fruto podía distinguir el falso trigo, del verdadero tal como el Señor Jesús dijo que distinguiríamos a los falsos líderes espirituales de los verdaderos:

> "Por sus frutos los conoceréis. ¿Acaso se recogen uvas de los espinos, o higos de los abrojos? Así, todo buen árbol da buenos frutos, pero el árbol malo da frutos malos. No puede el buen árbol dar malos frutos, ni el árbol malo dar frutos buenos" (Mateo 7:16–18 VRV).

El Señor Jesús enseñó aquí que el fruto de un árbol es consistente con su naturaleza. También implicó que usando su sabiduría y experiencia, el agricultor podría de seguro conocer el falso árbol o trigo, por sus frutos. Una vez que el fruto haya madurado, la verdadera naturaleza del árbol se hace evidente. La razón para que sea así es que cada árbol produce fruto según su buena o mala naturaleza. Si la naturaleza de un árbol es buena, el fruto será también bueno. Por el otro lado, si la naturaleza de un árbol es mala, su fruto será también malo. De esta enseñanza podemos inferir que aunque los cristianos nacidos de nuevo pueden todavía pecar, sin embargo no pueden vivir de ninguna manera, una vida totalmente dominada o controlada por el pecado como en el caso de un no creyente. Tal como dijo el erudito B.F. Westcott, "La vida revela los hijos de Dios", tanto como revela los hijos del diablo.

Debe notarse que a través de la historia del mundo, ninguna otra iglesia ha perseguido y asesinado, sistemáticamente más cristianos que la Iglesia Católica Romana. No es coincidencia que en su visión apocalíptica de la "mujer...la gran ramera...Babilonia la Grande", el apóstol Juan "vio la mujer embriagada con la sangre de los santos y con la sangre de los mártires de Jesús" (Apocalipsis 17:6 VRV). La historia no puede evitar o esconder el hecho espantoso de que la Iglesia Católica Romana es la única iglesia que encaja perfectamente en el perfil idólatra y asesino de la iglesia apóstata del libro del Apocalipsis. La Historia comprueba que por seiscientos setenta y seis años (1184–1860) el papado planeó y cometió atrocidades contra el pueblo de Dios a una escala sin precedentes en la historia de la humanidad. La única forma en que podemos justificar o aceptar la naturaleza de esas crueldades es aceptando que estas atrocidades fueron cometidas por el enemigo natural del Cristianismo.

La Iglesia Católica Romana es la única organización que tanto desde el punto de vista histórico como escatológico, podría con toda posibilidad encajar en la descripción bíblica de la "mujer...la gran ramera...Babilonia la Grande". Los crímenes que el papado ha cometido a través de la historia son tan notorios que inevitablemente conduciría a cualquier pensador objetivo a la conclusión de que en toda la historia del mundo no ha existido ninguna otra organización religiosa más malvada que el Catolicismo Romano. La crueldad, inmoralidad y crímenes que por siglos la iglesia de Judas ha cometido en cada generación, provee pruebas irrefutables de que ella nunca ha sido de Dios. Por lo tanto, la creencia en que la Iglesia Católica Romana es la verdadera Iglesia de Cristo en la Tierra, es en mi opinión, el engaño más grande que el mundo jamás haya conocido. Y es una gran tragedia que millones de personas a través de la historia de los últimos diecisiete siglos hayan creído esa mentira. Esta falsa representación de la verdad ha causado que millones de gente a través del mundo odien y repudien el verdadero Cristianismo. Hoy por hoy, cuando muchos escuchan la palabra "Cristianismo", ellos tienden a asociarlo con todo lo que es vil, despreciable y depravado.

Por medio de la analogía del árbol y su fruto, el Señor Jesús además nos dice que nosotros podemos y debemos discernir la naturaleza de un falso profeta por medio de su conducta personal. Por lo tanto, cuando un líder espiritual que se identifica como cristiano, continuamente rechaza vivir como Cristo vivió, está mostrando por ese hecho, que él no es de Dios. Una vida totalmente dominada o controlada por vicio y maldad constituye la evidencia más poderosa de que el tal no conoce a Dios. Consecuentemente, siglos de continuos escándalos, inmoralidad y abuso sexual a niños, habla volúmenes de la verdadera naturaleza de los líderes espirituales de la Iglesia Católica Romana.

En la parábola del trigo y la cizaña, el Señor Jesús además nos dijo que Satanás tendría éxito en establecer un falso Cristianismo en medio de Su Iglesia, pero que "al final de esta era", Él la juzgará con fuego, junto con el mundo:

> "Dejad crecer juntamente lo uno y lo otro hasta la siega; y al tiempo de la ciega yo diré a los segadores: Recoged primero la cizaña, y atadla en manojos para quemarla; pero recoged el trigo en mi granero...De manera que como se arranca la cizaña, y se quema en el fuego, así será en el fin de este siglo. Enviará el Hijo del Hombre a sus ángeles, y recogerán de su reino a todos los que sirven de tropiezo, y a los que hacen iniquidad, y los echarán en el horno de fuego; allí será el lloro y el crujir de dientes" (Mateo13:30, 40–42 VRV).

La "siega" en el pasaje de arriba, es una referencia clara al juicio de las naciones, cuando el Señor Jesús Juzgara y echara en el infierno, todos los impíos que vivan en el mundo al momento de Su segunda venida a la Tierra. A través de las visiones apocalípticas que el Señor Jesús dio al apóstol Juan, El revelo detalles del juicio que Él ha reservado para la Iglesia Católica Romana al final del periodo de siete años del gobierno del Anticristo:

> "Y los diez cuernos que viste en la bestia, estos aborrecerán a la ramera, y la dejarán desolada y desnuda; y devorarán sus carnes, y la quemarán con fuego; porque Dios ha puesto en sus corazones el ejecutar lo que él quiso; ponerse de acuerdo, y dar

su reino a la bestia, hasta que se cumplan las palabras de Dios" (Apocalipsis: 16–17 VRV).

En ambos pasajes de Mateo Capítulo 13 y Apocalipsis Capítulo 17, Dios asegura que Él usará fuego para juzgar de manera definitiva, el falso Cristianismo en Su segunda venida. Tal como lo explico en mi libro "El Rapto, El Gobierno Mundial y la Gran Tribulación", a través de los diecisiete siglos de su historia, la iglesia apóstata ha cubierto en piel de oveja, su naturaleza diabólica. Sin embargo, a principio del gobierno del Anticristo, ella abandonará su pretensión y abiertamente asistirá al Anticristo para establecer un sistema de adoración idolatra. Y ella hará lo que siempre ha hecho, eso es, alejar a los hombres y mujeres de la verdadera adoración a Dios. La Historia muestra que el fundador del falso Cristianismo, el Emperador Constantino, nombró líderes religiosos apóstatas para formar y organizar la religión oficial del estado. Este falso Cristianismo fue el instrumento que el emperador romano utilizó para lograr sus metas políticas concerniente a la unificación de su imperio y la dominación mundial. Por cerca de diecisiete siglos, la historia vio a la iglesia y el estado gobernando el mundo a través de esta relación adúltera.

Debe notarse que en su profecía en 1Timoteo, el apóstol Pablo usó la expresión, "en los últimos tiempos" para referirse al período comprendido entre la primera y segunda venida de nuestro Señor Jesucristo a la Tierra (la era de la Iglesia). El Señor Jesús y Pablo profetizaron que durante ese período, la apostasía se manifestaría y como resultado, "algunos apostatarán de la fe, escuchando a espíritus engañadores y a doctrinas de demonios" (1Timoteo 4:1 VRV). Según estas profecías, aquellos que se apartarían "de la fe" cometerían apostasía. Algunos cristianos creen que la apostasía perteneciente a los "últimos tiempos" es cosa del futuro y solamente limitada a los siete años del gobierno del Anticristo. Es verdad que durante el gobierno del Anticristo y la "gran tribulación", la apostasía llegará a su clímax o punto más alto. Sin embargo, este libro demostrará que la apostasía ha estado con nosotros desde que el falso Cristianismo comenzó en Roma en el año 325 D.C. Desde entonces, esta iglesia apóstata se las ha arreglado para hacerle creer al mundo que ella sola representa la verdadera Iglesia de Cristo en la Tierra y que los pecadores no pueden encontrar salvación fuera de ella pero al mismo tiempo niega la eficacia de la "Fé". Por tanto, creo que esta falsa representación del Cristianismo constituye el engaño más grande que el mundo jamás haya conocido.

Sin embargo, este libro proclama que de acuerdo a la Biblia, salvación se obtiene solamente por gracia por medio de la fe en Cristo sólo. La Iglesia de Dios aquí en la Tierra nunca ha sido identificada exclusivamente con ninguna religión organizada o denominación. Más bien, el cuerpo universal de Cristo, la Iglesia, encuentra su expresión física a través de todas las congregaciones locales de cristianos nacidos de nuevo que se reúnen a través del mundo, organizándose y gobernándose a sí mismas bajo la guía del Espíritu Santo y la autoridad de Cristo. Por lo tanto, la verdadera Iglesia de Cristo se encuentra, como Jesús dijo, en cualquier parte "donde están dos o tres reunidos en mi nombre", (Mateo 18:20 VRV); y el Señor prometió estar "allí...en medio de ellos". Consecuentemente, la Iglesia de Cristo en la Tierra no está obligada a adherirse a ninguna institución eclesiástica organizada para ganar legitimidad o reconocimiento. El Señor Jesús mismo es la cabeza de la Iglesia. Su autoridad, mandato y dirección deben venir de Él solo. Y la lealtad de la Iglesia debe ser para con Él solamente.

El lector tendrá la oportunidad de refrescar su conocimiento de algunos de los principios básicos de la Fe Cristiana pertenecientes a la salvación, lo cual los equipará para convertirse en más efectivos testigos de Cristo. Adicionalmente, el lector encontrará respuestas a preguntas tales como:

> ¿Acaso se puede conciliar con la Biblia, el origen, la historia criminal, los reclamos falsos y blasfemos y la teología perversa del Catolicismo Romano?

> A la luz de la Biblia, ¿Alguna vez ha representado el Catolicismo Romano el verdadero Cristianismo?

> ¿Está la salvación confinada exclusivamente a la Iglesia Católica Romana como ellos reclaman?

> ¿Pueden los Sacramentos de la Iglesia Católica Romana salvar a los pecadores?

¿Hay algo que los pecadores podrían hacer para ganar o merecer la salvación?

¿Qué papel desempeña la palabra de Dios y el Espíritu Santo en la salvación del hombre?

¿Puede un cristiano nacido de nuevo perder su salvación?

¿Qué es lo que el pecador debe hacer para ser salvo?

¿Qué pasará realmente a aquellos que mueren sin profesar una fe personal en el Señor Jesucristo?

¿Qué es el Milenio? ¿Dónde tomará lugar el Milenio?

¿Qué pasará cuando el reino del Milenio llegue a su fin en la Tierra?

¿Existe el infierno? ¿Qué es realmente el infierno si este existe?

¿Qué es exactamente el juicio final o "el juicio del gran trono blanco"?

¿Quiénes tendrán que comparecer ante Dios el día del juicio final?

¿Comparecerán los cristianos nacidos de nuevo en el juicio final?

¿Cuándo y cómo se acabará el mundo?

¿Dónde pasarán los creyentes la eternidad? ¿Qué son los "Cielos Nuevos y Tierra Nueva"?

Por lo tanto, este libro puede llegar a ser un excelente regalo para miembros de la familia y amigos que desean explorar su espiritualidad, crecer en fe y aprender más del reino eterno de Dios, el cual comenzará inmediatamente después de la segunda venida de nuestro Señor Jesús a la Tierra. Además, este libro es una gran compilación de la mayoría de las profecías concernientes al nacimiento, historia criminal y juicio de la iglesia apóstata, el falso Cristianismo, el retorno de Cristo a la Tierra, el juicio de las naciones, la restauración de todas las cosas, el Milenio, el Juicio Final, los "cielos nuevos y tierra nueva" y la "Nueva Jerusalén" que desciende del "cielo, de Dios" a la Tierra, donde Dios y los hombres morarán para siempre. Es mi oración que Dios usará este libro como una herramienta inigualable para fortalecer la fe de millones de cristianos alrededor del mundo los cuales estarán vivos inmediatamente antes del rapto de la Iglesia, el gobierno del Anticristo y la "gran tribulación". Es también mi esperanza que como resultado de la lectura de este libro, los judíos y gentiles que ha sido escogidos "en Él antes de la fundación del mundo", (Efesios 1:4 VRV) vengan a salvación antes de que el rapto de la Iglesia ocurra.

ESTE LIBRO ESTA DISPONIBLE TAMBIEN EN INGLÉS. SI DESEAS QUE LUIS HABLE EN TU IGLESIA, LLÁMALE DIRECTO AL TELEFONO.
416–795–6565

1

Origen e Historia del Falso Cristianismo

El Nuevo Testamento habla claramente acerca de la apostasía de los tiempos del fin, y el comienzo e historia del falso Cristianismo:

"Vino entonces uno de los siete ángeles que tenían las siete copas, y habló conmigo diciéndome: Ven acá, y te mostraré la sentencia contra la gran ramera, la que está sentada sobre muchas aguas; con la cual han fornicado los reyes de la tierra, y los moradores de la tierra se han embriagado con el vino de su fornicación. Y me llevó en el Espíritu al desierto; y vi a una mujer sentada sobre una bestia escarlata llena de nombres de blasfemia, que tenía siete cabezas y diez cuernos. Y la mujer estaba vestida de púrpura y escarlata, y adornada de oro, de piedras preciosas y de perlas, y tenía en su mano un cáliz de oro lleno de abominaciones y de la inmundicia de su fornicación; y en su frente un nombre escrito, un misterio: BABILONIA LA GRANDE, LA MADRE DE LAS RAMERAS Y DE LAS ABOMINACIONES DE LA TIERRA. Vi a la mujer ebria de la sangre de los mártires de Jesús; y cuando la vi, quedé asombrado con gran asombro. Y el ángel me dijo: ¿Por qué te asombras? Yo te diré el misterio de la mujer, y de la bestia que la trae, la cual tiene las siete cabezas y los diez cuernos. La bestia que has visto, era, y no es; y está para subir del abismo e ir a perdición; y los moradores de la tierra, aquellos cuyos nombres no están escritos desde la fundación del mundo en el libro de la vida, se asombrarán viendo la bestia que era y no es, y será. Esto, para la mente que tenga sabiduría: Las siete cabezas son siete montes, sobre los cuales se sienta la mujer, y son siete reyes. Cinco de ellos han caído; uno es, y el otro aún no ha venido; y cuando venga, es necesario que dure breve tiempo. La bestia que era, y no es, es también el octavo; y es de entre los siete, y va a la perdición. Y los diez cuernos que has visto, son diez reyes, que aún no han recibido reino; pero por una hora recibirán autoridad como reyes juntamente con la bestia. Estos tienen un mismo propósito, y entregarán su poder y su autoridad a la bestia. Pelearán contra el Cordero, y el Cordero los vencerá, porque él es Señor de señores y Rey de reyes; y los que están con él son llamados y elegidos y fieles. Me dijo también: Las aguas que has visto donde la ramera se sienta, son pueblos, muchedumbres, naciones y lenguas. Y los diez cuernos que viste en la bestia, éstos aborrecerán a la ramera, y la dejarán desolada y desnuda; y devorarán sus carnes, y la quemarán con fuego; porque Dios ha puesto en sus corazones el ejecutar lo que él quiso: ponerse de acuerdo, y dar su reino a la bestia, hasta que se cumplan las palabras de Dios. Y la mujer que has visto es la gran ciudad que reina sobre los reyes de la tierra". (Apocalipsis 17:1–18 VRV).

Como ya dijimos, la Iglesia Católica Romana es la única organización religiosa que desde el punto de vista histórico y escatológico, encaja la descripción bíblica de 'Babilonia la Grande, la Madre de las Rameras y las Abominaciones de la Tierra'. Como demostraré, la historia muestra que la Iglesia Católica Romana se alejó del Cristianismo y se convirtió en una religión falsa cuando se casó con el Imperio Romano en el 325 D.C. La historia confirma que 'la gran ramera' o el falso Cristianismo se sentó sobre la espalda de la 'bestia escarlata'—el Imperio Romano—para un viaje de diecisiete siglos, cuando el Emperador Romano Constantino la convirtió en la iglesia oficial de su Imperio. ¿Cómo sabemos que espiritualmente hablando la Iglesia Católica Romana es la 'Mujer sentada sobre la bestia escarlata...la gran ramera'?. Sabemos que la 'bestia escarlata' es una representación de ambos el antiguo y el futuro Imperio Romano revivido. Esto está claramente explicado en mi libro "El Rapto, El Gobierno Mundial y la Gran Tribulación". En el contexto de Apocalipsis Capítulo 17, la 'ramera' aquí representa una religión idólatra o apóstata. Por ejemplo, en el Viejo Testamento Dios presenta a Israel, la nación del pacto, como Su Esposa. Por esa razón, cuando Israel abandonó a Dios y se volvió a los ídolos, se dice de ella que cometió fornicación, o prostitución espiritual. Debido a que la nación estaba en una relación de pacto con Dios, cuando ella abandono su fidelidad a Dios, para seguir dioses extraños (ídolos), a la nación apóstata se le llamó los "hijos de prostitución" (Oseas 2:4 VRV). Esto es lo que Dios dijo de Israel cuando ella se fue tras dioses ajenos y lo abandonó:

"Tú, pues, has fornicado con muchos amigos; mas ¡vuélvete a mí! dice Jehová...Me dijo Jehová en días del rey Josías; ¿Has visto lo que ha hecho la rebelde Israel? Ella se va sobre todo monte alto y debajo de todo árbol frondoso, y allí fornica. Y dije: Después de hacer todo esto, se volverá a mí; pero no se volvió, y lo vio su hermana la rebelde Judá. Ella vio que por haber fornicado la rebelde Israel, yo la había despedido y dado carta de repudio; pero no tuvo temor la rebelde Judá su hermana, sino que también fue ella y fornicó. Y sucedió que por juzgar ella cosa liviana su fornicación, la tierra fue contaminada, y adulteró con la piedra y con el leño". (Jeremías 3:1b, 6–9 VRV).

El pasaje de arriba ilustra la ocasión cuando Dios le rogó a la ramera Judá que se apartara de su idolatría y regresara a Él. Otros pasajes que también ilustran este asunto son Ezequiel 16:1–63; Oseas 4:15; 5:3; 6:10; y 9:1. El Nuevo Testamento se refiere a la Iglesia de Cristo como Su "Esposa" que tomó el lugar de la nación de Israel después que Dios la rechazó temporalmente. De hecho, la Biblia dice que en el rapto, el Señor Jesús tomará a Su 'Esposa' (la Iglesia) para la "Cena de las Bodas del Cordero" (Apocalipsis 19:7–9).

Por lo tanto, cuando el Emperador Constantino hizo de la Iglesia la religión oficial del Imperio Romano, ella abandonó su fidelidad a Cristo y se convirtió en una iglesia idolatra y apostata. Además, esa alianza de iglesia y estado constituyo fornicación o prostitución espiritual. La historia muestra que cuando la Iglesia de Cristo se unió al Imperio Romano, ella fue plagada de paganos que llegaron a ser "cristianos" por prerrogativa imperial, pero no por decisión personal y fe en Cristo; cristianos nominales. En términos bíblicos, los miembros de esta iglesia "ramera" y apóstata pueden ser llamados con toda justicia, "hijos de prostitución", o según Mateo 13:38, "los hijos del malo". La Biblia sugiere que esta "gran ramera" también guiará el movimiento ecuménico que amalgamara todas las religiones del mundo en una súper-iglesia inmediatamente después del rapto de la Iglesia de Cristo. Este falso Cristianismo odia tanto al verdadero pueblo de Dios que durante el período de la 'gran tribulación' ella restaurará la "Inquisición" y desatará el degolladero mundial más grande de judíos y cristianos. La 'Mujer' o iglesia apóstata es mostrada 'sentada en una bestia escarlata... teniendo siete cabezas y siete cuernos'. La bestia escarlata de siete cabezas se refiere al antiguo Imperio Romano, que ya no existe más. Sin embargo, los diez cuernos en la misma bestia de siete cabezas representan el futuro Imperio Romano restaurado o revivido, dirigido por el gobierno del Anticristo. 'La mujer sentada sobre la bestia escarlata con siete cabezas y diez cuernos" significa que el mismo falso Cristianismo que una vez montó la bestia de siete cabezas (el antiguo Imperio Romano) montará de nuevo la misma bestia de siete cabezas y diez cuernos (el Imperio Romano restaurado) de los últimos días. Por lo tanto, la iglesia apóstata es una cosa del pasado así como del presente y del futuro. Consecuentemente, si queremos entender el papel que la iglesia apóstata jugará durante el gobierno mundial del Anticristo, entonces debemos mirar a su futuro a la luz de su historia presente y pasada.

El apóstol Juan dijo que 'la gran ramera...está sentada sobre muchas aguas', y que con ella 'han fornicado todos los reyes de la tierra.' Nótese que el ángel le dio al apóstol Juan la interpretación de la visión: 'Las aguas que has visto donde la ramera se sienta, son pueblos, muchedumbres, naciones y lenguas'. El apóstol Juan predijo aquí que el falso Cristianismo se convertiría en una iglesia popular: Ninguna otra iglesia o religión en toda la historia del mundo ha encajado en esta descripción bíblica de la "gran ramera" tan perfectamente como la Iglesia Católica Romana. Ninguna otra religión sino el Catolicismo Romano han jugado un papel político y religioso tan activo con todos los reyes de la Tierra, como la Iglesia Católica.

La Biblia no solamente dice que la Iglesia Católica Romana y el Imperio Romano serían uno, sino también que los dos compartirían la misma capital geográfica. El apóstol Juan dijo, 'Las siete cabezas son siete montes en las cuales la mujer se sienta'. Recordemos una vez más que la 'bestia de siete cabezas' representa la Roma Imperial y la 'mujer' sentada sobre la bestia representa el falso Cristianismo actuando como una con el Imperio Romano. El Imperio Romano y la Iglesia Católica Romana compartieron la misma ciudad capital, la cual fue el centro del poder político y religioso de ambos. Roma, la ciudad eterna es hasta el día de hoy, la ciudad asentada sobre siete montes, o colinas. Según la propia interpretación de Juan, 'la mujer que has visto es la gran ciudad que reina sobre los reyes de la tierra', esto es, la ciudad de Roma. Es como si dijésemos hoy que Washington reina sobre los reyes de la Tierra. La 'gran ciudad' que reinó y todavía reinara sobre los reyes de la Tierra desde la antigüedad fue el Imperio Romano junto con la Iglesia Católica que hasta el día de hoy todavía ocupa a Roma como la ciudad capital donde se sienta la "mujer", la Santa Sede.

Desde el principio de su carrera apóstata, 'la gran ramera' se sentó sobre la espalda de la bestia escarlata de siete cabezas cuando ella fue transformada en la religión oficial del Imperio Romano. Consecuentemente, 'la gran ramera' fue creada con autoridad religiosa y civil para representar el falso Cristianismo. Como ya mencioné, "los diez cuernos" en la bestia de siete cabezas representan la última forma del futuro Imperio Romano restaurado. Por lo tanto, la Biblia presenta de nuevo 'la gran ramera' como sentada sobre la espalda de la bestia revivida, para continuar su fornicación espiritual con 'los reyes de la tierra y con los habitantes de la tierra'.

¿Qué es la apostasía de los últimos días y cómo identificar la iglesia apóstata? Apóstata es una persona o iglesia que habiendo proclamado ser cristiano, abandona sus creencias doctrinales establecidas en el Nuevo Testamento y transmitidas por los apóstoles de Jesús. Por tanto, apostasía significa negar la "fe" (1Timoteo 4:1 VRV) y el poder salvador de esta. Y la "fe" en este contexto significa todo el consejo de Dios escrito y dado a nosotros en la Santa Biblia. De manera que, una iglesia o individuo apóstata es uno que habiendo profesado ser cristiano, luego rechaza las enseñanzas básicas y los principios doctrinales de la fe cristiana. Y esto es exactamente lo que ocurrió cuando el Emperador Constantino tomó control del verdadero Cristianismo en el año 325 D.C. La historia muestra que cuando este evento sucedió, los verdaderos cristianos retiraron su asociación con la iglesia apóstata de Constantino. Con la firma del Edicto de Milán, el Emperador Constantino elevó el estado del falso Cristianismo al de religión oficial del Imperio Romano. Constantino inauguró la era cuando los pecadores serían llamados cristianos no en virtud de un nacimiento espiritual, sino por afiliación a la membrecía de la iglesia.

Este daño espiritual dio paso al creyente nominal; creyente de nombre, sin lealtad ni compromiso personal con el Señor Jesucristo.

Tal como la historia lo indica claramente, el Emperador pagano Constantino fue el primer autoproclamado líder espiritual (papa) de la iglesia del estado. Este acto abominable de prostitución espiritual cometido por la iglesia apóstata y el estado, causó la estampida de todos los verdaderos cristianos. Es un hecho demostrado con la historia, que en el año 325 D.C., el Emperador Constantino se autoproclamó líder supremo de la iglesia que entonces llegó a ser conocida oficialmente como la Iglesia Católica Romana. Cuando Constantino tomo control del verdadero Cristianismo, la iglesia se dividió en dos grupos. Un grupo siguió lo que el Movimiento Donatista llamo, la "iglesia de Judas" y su líder espiritual, el Emperador Constantino. El otro grupo siguió su líder espiritual Donato, quien creía que ellos representaban la verdadera "Iglesia de Pedro". Como demostraremos, cuando Constantino tomó control del verdadero Cristianismo, un remanente fiel de cristianos nacidos de nuevo vio esta abominación como una indicación de que la apostasía que apunta a los últimos tiempos había empezado. Donato y sus seguidores no sólo se opusieron a las pretensiones del falso Cristianismo, sino que también decidieron no tener ninguna afiliación con la iglesia oficial. Sin embargo, lo que los Donatistas en ese tiempo no entendieron fue que la deshonra de Constantino marcó el comienzo de diecisiete siglos de fornicación espiritual ininterrumpida de la Iglesia Católica Romana con "todos los reyes de la tierra". De acuerdo a Apocalipsis Capítulo 17, esta fornicación espiritual continuará hasta que el Señor Jesús juzgue a "la gran ramera" con carácter definitivo en Su segunda venida.

Es absurdo creer que unos pocos años después de que la persecución de cristianos bajo Diocleciano había terminado, los fieles cristianos nacidos de nuevo que sufrieron la más brutal persecución en la historia del Cristianismo, rápidamente volvería a reunirse bajo la dirección del pagano Emperador Romano, Constantino. La razón por la que la Persecución de Diocleciano ha sido llamada la "Gran Persecución" es porque duró siete años (303–311 D.C.), y fue la persecución más severa por la que la Iglesia ha pasado hasta ahora. Diocleciano y sus Co-Emperadores, Galerio y Máximo (Tetrarca) buscaron eliminar el Cristianismo completamente. Diocleciano, quien fue proclamado emperador el 20 de Noviembre, 284 D.C., fue conservativo y fiel a las religiones paganas tradicionales y al culto Romano. Las autoridades Romanas habían sido muy tolerantes en su trato con otras religiones paganas, con la excepción del Cristianismo. Roma practicaba una política de tolerancia e incorporación. Los dioses de las tierras que Roma conquistaba fueron usualmente incorporados al Panteón Romano bajo nombres diferentes. Diocleciano, como los demás emperadores antes que él, buscaba utilizar la religión para unificar a Roma bajo una colección de dioses romanos, griegos e internacionales tales como Júpiter, Hércules, Baco, Mercurio, Apolo, Isis, Venus, Mitra, Hermes, Poseidón, Afrodita, Pluto, Diana, el dios Sol, el dios Egipcio Sarapis, y otros. Según su creencia supersticiosa, la adoración de esas falsas deidades ayudaría a asegurar la protección del Imperio Romano. Sin embargo, Roma se negó a incorporar el Cristianismo a su colección de religiones y falsos dioses simplemente porque el Cristianismo era una excepción de la regla.

Los cristianos fueron totalmente renuentes a compartir la lealtad a su rey celestial con otros falsos dioses. Roma en cambio esperaba que sin importar la religión que un individuo profesara, su primera lealtad debía ser para con el estado y sus líderes políticos. Por mucho tiempo, los cristianos fueron percibidos como miembros de una sociedad secreta de caníbales y desleales al estado. Los cristianos eran bien conocidos, en primer lugar, por su fidelidad deliberada a su rey celestial y a Sus leyes, contrario a las leyes de Roma. Como un pre-requisito por una co-existencia pacífica con los gobernantes del imperio, Roma esperaba sumisión y obediencia completa de cada ciudadano a las leyes y costumbres romanas. Sin embargo, los cristianos nacidos de nuevo prefirieron morir antes que obedecer aquellas leyes y costumbres que les pondrían en conflicto con las leyes de su rey celestial. Para los cristianos era una blasfemia adorar cualquier persona o cosas que no fuera Dios. Por ejemplo, Fabián, el obispo de Roma y el obispo Babilas de Antioquía, ambos fueron ejecutados porque rechazaron cumplir con las exigencias imperiales de que debían prometer lealtad a Roma y a César por encima de su fidelidad al Rey Jesús. Origen murió de sus heridas un año después de haber sido torturado por mantener su fidelidad al Señor Jesús. La Iglesia tomó una posición firme contra los decretos imperiales que demandaban de los cristianos ofrecer sacrificios a los dioses romanos o participar en ceremonias cívicas y nacionales y ofrecer adoración al Emperador Romano. Consecuentemente, los cristianos rechazaron las fiestas públicas paganas, rehusaron puestos públicos, y criticaron públicamente las tradiciones paganas de la sociedad romana. Los cristianos resistieron la presión a que se conformasen al sistema de adoración idólatra de Roma y su estilo de vida. Vale la pena notar que éstas fueron las mismas cosas que con mucho gusto el clero Católico Romano abrazó inmediatamente después de que el Emperador Constantino se proclamó a sí mismo líder supremo de su iglesia oficial.

La posición Cristiana en contra de los sacrificios a dioses paganos fue tal que, por ejemplo, la historia cuenta que un diácono llamado Román visitó una corte mientras se llevaban a cabo los sacrificios preliminares e interrumpió las ceremonias, condenando el acto en alta voz. La acción de Román provocó tal indignación en el Emperador Diocleciano que éste ordenó inmediatamente que su lengua le fuese arrancada antes de que fuese ejecutado el 17 de Noviembre, 303 D.C. El estándar moral del Cristianismo era para los romanos como un reproche constante e irritante a su estilo de vida corrupta. En contraste, el estilo de vida de los cristianos era como una luz brillante que exponía la oscuridad moral de la sociedad romana, exponiendo sus vicios e inmoralidad. Como alguien una vez dijo, "A menudo ocurre, que simplemente por ser ellos mismos, la conducta cristiana pasaba juicio sobre otros". La posición que tomaron los cristianos con respecto a la adoración exclusivamente a Dios fue tan radical, que los romanos la interpretaron como un acto de rebelión y traición deliberada, lo cual los puso directamente en un curso de colisión directa con el imperio.

Diocleciano y su Co-Emperador Galerio resolvieron su disputa sobre cuál debía ser la política imperial hacia el Cristianismo. Diocleciano pensó que prohibirles a los cristianos el ingreso en el ejército y trabajar en el gobierno sería suficiente para "apaciguar a los dioses sin derramamiento de sangre". Consecuentemente, la primera fase de la persecución de Diocleciano procuro traer a los cristianos bajo sumisión utilizando tácticas de intimidación, sin resultar en derramamiento de sangre. Así que, el primer edicto publicado el 23 de Febrero, 303 D.C., trajo como resultado la destrucción de la iglesia Cristiana y sus escrituras en Nicomedia y la confiscación de sus bienes. Un día después, el 24 de Febrero, 303 D.C., como parte del mismo edicto, el Emperador Diocleciano ordenó la destrucción universal de escrituras, literaturas religiosas, y lugares de adoración a través de todo el imperio; y además prohibió las reuniones públicas de cristianos para adorar. El edicto también expulso a los cristianos de trabajos públicos y les quitó el derecho de presentar cargos en contra del gobierno.

Es interesante notar que Diocleciano utilizó las mismas estrategias que el Emperador Decio había utilizado, durante la primera persecución universal de cristianos en el Imperio Romano en 250–251 D.C. Por ejemplo, en Enero del 250, Decio promulgó un edicto requiriendo que todos los cristianos sacrificasen al emperador en la presencia de un oficial romano y obtuvieran un certificado probando que habían cumplido. El emperador que siguió después de Decio, Valeriano (253–258 D.C.) también demandó de los cristianos ofrecer un sacrificio a los dioses. En el 257 D.C., el Emperador Valeriano además decretó que cualquiera que no cumpliera con sus demandas o que se convirtieran al Cristianismo, sería exiliado o condenado a trabajar en las minas. En Agosto del 258 D.C., Valeriano decretó la pena de muerte para aquellos que se opusieran al sacrificio a los dioses romanos.

Mientras el Emperador Diocleciano procuró traer a los cristianos bajo obediencia por medio de intimidación y amenazas, el Co-Emperador Galerio por el otro lado, llevaba a cabo una política de exterminación del Cristianismo, especialmente en el Este. El método de Galerio era radical y agresivo. Bajo su autoridad, los cristianos que se opusieron al sacrificio a los dioses o al emperador, eran quemados vivos.

El Emperador Diocleciano renunció el 1 de Mayo, 305 D.C. y fue sucedido por Máximo quien continuó la persecución de cristianos. Desde el 306-309 D.C., Máximo emitió sus propios decretos demandando que los cristianos ofrecieran sacrificio. Es de interés notar que los edictos que demandaban que los cristianos ofrecieran un sacrificio a los dioses romanos estaban todavía en vigor cuando el Emperador Constantino I terminó oficialmente la persecución de cristianos con el Edicto de Milán en el año 313 D.C. Igualmente importante es recordar el hecho de que el Emperador Constantino comenzó su gobierno oficialmente el 25 de Julio, 306 D.C.

Consecuentemente, si la persecución de cristianos en el Este terminó oficialmente el 30 de Abril, 311 D.C como dice la historia; entonces, hubo un período de cinco años de persecución de cristianos en el Imperio Romano bajo el gobierno del Emperador Constantino.

Imagine cómo habrán reaccionado todos los cristianos a través de todo el Imperio Romano cuando, menos de dos años después de que la persecución terminara, en el año 313 D.C., ellos oyeron decir que el Emperador Constantino había emitido un decreto permitiéndoles adorar su Dios en público, y que además el emperador mismo estaba ofreciéndoles protección. Para poder entender la aprensión y el miedo que los verdaderos cristianos debieron haber sentido cuando escucharon decir que Constantino estaba actuando como un verdadero amigo de los cristianos, necesitaríamos tener conocimiento sólido de la persecución por la que los cristianos pasaron bajo Diocleciano. De manera que echémosle un vistazo más profundo a la Persecución de Diocleciano.

Cuando vemos los tres últimos edictos que Diocleciano promulgó referente a la persecución de cristianos, aprendemos que, en el verano del 303 D.C., él emitió un segundo edicto ordenando el arresto y encarcelamiento de todos los líderes cristianos. Con todos los líderes religiosos en la prisión, el 20 de noviembre del 303 D.C., Diocleciano promulgó un tercer edicto declarando una amnistía general. Bajo este edicto, cada líder cristiano que estuviera en la cárcel se le garantizaba el perdón siempre y cuando estuviere dispuesto a ofrecer sacrificio a los dioses. Por lo tanto, el tercer edicto proveyó una oportunidad para que los líderes cristianos negaran su fe en el Señor Jesús y se convirtieran en apóstatas. La historia dice que muchos de los líderes cristianos bajo la persecución de Diocleciano, voluntariamente ofrecieron un sacrificio a los dioses. Diocleciano emitió un cuarto edicto en el 304 D.C., ordenando, "Toda persona, hombres y mujeres, y niños, para reunirse en espacio público y ofrecer un sacrificio colectivo". El edicto establecía que aquellos que se negaran serían ejecutados. Los últimos decretos de Diocleciano estuvieron deliberadamente dirigidos a los líderes cristianos, donde se les intimidaban para que ofrecieran sacrificio a los dioses si querían vivir.

Consecuentemente, bajo la persecución de Diocleciano los líderes cristianos enfrentaron la opción de renunciar a su fidelidad al Señor Jesucristo y vivir, o enfrentar muerte por ejecución si rehusaban obedecer el decreto. La historia dice que durante este período, un gran número de llamados "Cristianos" renunciaron a su lealtad al Señor Jesús y ofrecieron sacrificio a los dioses paganos romanos y por tanto cometieron apostasía. Por ejemplo, se cree ampliamente que durante la persecución de (251–52 D.C.) en Cartago, hubo una apostasía masiva de líderes cristianos. Y también se sostiene que en Esmirna, el obispo Euctemon decidió ofrecer sacrificio a los dioses y también les facilitó a las autoridades romanas los nombres de otros cristianos al mismo tiempo que los animó a ofrecer sacrificio. Eusebio, Obispo de Cesárea (260–339 D.C) nos dice que como resultado de estos decretos imperiales, aquellos que cometieron apostasía eran "incontables" en número. Se debe notar que cada vez que uno líder cristiano ofrecía sacrificio a los dioses romanos, entonces era introducido al círculo de aquellos que continuaban colaborando con las autoridades romanas. Estos luego llegaron a ser los líderes fundadores de la organización que el Emperador Constantino formalmente estableció y que después llamo la "Iglesia Universal Romana".

Los líderes cristianos que cometieron apostasía ya habían estado colaborando con las autoridades romanas mucho antes de que Constantino firmara el Edicto de Milán en el 313 D.C. El Emperador Constantino favoreció a muchos de los líderes apóstatas con posiciones de liderazgo dentro de la iglesia oficial y del gobierno. Por ejemplo, en el 312 D.C., un año antes de que el Edicto de Milán fuera firmado, el Emperador Constantino presentó a uno de los líderes apóstatas con el Palacio Laterano como un regalo personal. El nombre de este líder apostata aparentemente fue Milcíades, a quien el falso Cristianismo ha introducido como "Papa Milcíades" (311–314 D.C.). Éste fue uno de los primeros actos de soborno de líderes religiosos apóstatas que el Emperador Constantino cometió mientras el Imperio Romano continuaba con la persecución de los cristianos que rehúsan negar al Señor Jesús. Se debe recordar que el Palacio Laterano se convirtió en residencia papal y en el asiento del gobierno oficial de la iglesia apóstata. De acuerdo a la mitología papal de la Iglesia Católica, Silvestre fue el papa después de Milcíades desde el 314 D.C., hasta el 335 D.C.

La iglesia apóstata falsamente reclamó que después de su bautismo, el Emperador Constantino 'donó' al Papa Silvestre y a sus sucesores en perpetuidad, la ciudad de Roma con todas las provincias, distritos y ciudades de Italia y la Región Occidental del Imperio Romano. Durante la Baja Edad Media, la Iglesia Católica Romana utilizó exitosamente este documento falso llamado la "Donación de Constantino" como la base para los reclamos papales sobre autoridad temporal y la tierra de Italia. Sin embargo, en el siglo 8 D.C., el documento la 'Donación de Constantino', fue identificado como un fraude prosaico. Evidencias históricas indican fuertemente que durante los veinte años que siguieron a la firma del Edicto de Milán en el 313 D.C., el Emperador Constantino organizó la mayoría de los líderes apóstatas religiosos que habían renunciado a su fe en el Señor Jesucristo durante la persecución de cristianos.

Por un lado, la Iglesia Católica Romana proyecta la imagen del Emperador Constantino como el patrón y benefactor de la Cristiandad. Sin embargo, no hay evidencia de que Constantino fuese cristiano. El hecho es que el Emperador Constantino cambió la estrategia imperial de confrontación y persecución abierta de cristianos, a un método más amigable de soborno, especialmente de los líderes que parecían inclinados a renunciar a su fe y cumplir con las demandas de las autoridades romanas.

Constantino tomó gran diligencia y cuidado personal en organizar la iglesia apóstata. El proveyó asistencia financiera, y promovió muchos de los líderes de su iglesia oficial a posiciones de alto rango dentro de su gobierno. Constantino retornó a la iglesia oficial las propiedades que habían sido confiscadas durante las persecuciones. Además, construyó un gran número de basílicas, incluyendo la Basílica de St. Giovanni Laterano, la cual él dedicó al Salvador el 9 de Noviembre del año 318 D.C. Esta fue también la primera iglesia jamás construida en Roma para la Cristiandad.

Todos los sobornos y la confabulación del Emperador Constantino con los líderes religiosos apóstatas lo pusieron rápidamente a cargo del mismo Cristianismo que el Imperio Romano no pudo dominar en casi tres siglos de persecución y abusos. Es muy importante notar que justo doce años después que Constantino firmó el Edicto de Milán, él personalmente convocó y presidió en Nicea (Turquía), el Primer Concilio Ecuménico Oficial que la Iglesia Católica Romana celebró en el 325 D.C. El hecho de que el Concilio no fuera convocado y presidido por un líder cristiano que afirmara ser el papa es una clara indicación de que, el Emperador Romano, no el papa, era el líder espiritual o la cabeza de la Iglesia Católica Romana. Además, no hay evidencia histórica que pruebe irrefutablemente que en los primeros trescientos años del Cristianismo alguna vez existiera un líder de la Iglesia conocido como el papa.

Los archivos históricos muestran que el Emperador Constantino convocó a mil ochocientos obispos o delegados para que asistiera el Primer Concilio de Nicea en el año 325 D.C. Sin embargo, de acuerdo a reportes de los que asistieron al Primer Concilio de Nicea, el número de asistentes fue variado y extremadamente bajo. Eusebio de Cesárea quien estaba entre los asistentes reportó la asistencia de sólo doscientos obispos. Atanasio de Alejandría quien también asistió al Concilio reportó trescientos dieciocho obispos en asistencia. Y Eutasio de Antioquía, otro asistente reportó que sólo doscientos setenta obispos asistieron al Primer Concilio de Nicea. Eso significa que aproximadamente trescientos dieciocho (un dieciocho por ciento) del número total de obispos convocados, realmente asistieron al Concilio. Eso también significa que aunque un número insignificante de obispos asistió, el Emperador Constantino decidió proceder con la reunión. Considerando que éste Concilio no fue convocado, ni presidido por un líder Cristiano representante de la iglesia y que el número de obispos en asistencia fue tan bajo, la legalidad de este ha sido históricamente cuestionado.

¿Qué pasó con el otro ochenta y dos por ciento—mil cuatrocientos ochenta y dos—de los líderes cristianos que decidieron abstenerse de asistir el Primer Concilio de Nicea? Yo creo que la razón por la cual estos líderes decidieron no asistir al Primer Concilio de Nicea fue simplemente porque ellos tenían miedo o no querían tener nada que ver con la iglesia apóstata oficial del Emperador Constantino. Se debe notar que los obispos que asistieron al Concilio probablemente fueron parte del clero apóstata que el emperador había reclutado personalmente.

Imagine la reacción de la mayoría de los miembros de la verdadera Iglesia de Cristo cuando escucharon que el Emperador Constantino había convocado a todos los líderes cristianos para que asistieran al Primer Concilio Ecuménico en Nicea. Imagine la reacción de los líderes cristianos de la Iglesia perseguida, cuando recibieron la invitación después de que muchos de ellos habían sufrido persecución y tortura bajo el reinado de los Emperadores Decio, Valeriano,

Diocleciano, Máximo y Constantino. Imagine por un momento cómo esos líderes pudieron haber recibido la noticia de que el Emperador Constantino mismo presidiría la reunión como líder supremo de la iglesia.

Lo cierto es que mil cuatrocientos ochenta y dos líderes—ochenta y dos por ciento—de la verdadera Iglesia de Cristo, se negó a tener ningún tipo de asociación con los trescientos dieciocho—dieciocho por ciento—de los obispos apóstatas que asistieron al Primer Concilio Ecuménico de Nicea. Los trescientos dieciocho obispos apóstatas que asistieron al Primer Concilio de Nicea, como Judas, traicionaron al Señor Jesús. Y después de haber vendido sus almas a Satanás, adrede rindieron su lealtad y servicio al Imperio Romano y a sus líderes políticos.

El lector debe notar que por los primeros siete siglos después del Edicto de Milán, todos los Concilios y otras reuniones oficiales que la iglesia celebró durante ese período, fueron convocados y presididos por un emperador Romano. El emperador Romano actuó como la única cabeza reconocida o autoridad legítima de la iglesia apóstata. Los papas que la Iglesia Católica Romana ha reportado para los primeros trescientos doce años antes del Edicto de Milán son parte de las falsificaciones y fabricaciones inescrupulosas de una iglesia que ha buscado legitimar sus falsos reclamos a la Sede Apostólica y la Primacía de la Iglesia. Los líderes de la Iglesia Católica Romana han decidido creer deliberadamente que la autoridad de la iglesia y el Obispo de Roma tiene su justo lugar por encima de la historia y la autoridad de la Biblia.

La historia muestra que Constantino y los emperadores que lo sucedieron fueron los líderes espirituales incuestionables y cabeza de la Iglesia Católica Romana, los únicos con autoridad para convocar y presidir las reuniones oficiales de la iglesia. Por ejemplo, es un hecho irrefutable que los emperadores Romanos estuvieron presidiendo sobre los diferentes Concilios de la Iglesia y escogiendo el Obispo (papa) de Roma desde el año 325 D.C hasta el Octavo Concilio Ecuménico de Constantinopla, el cual fue convocado por el Emperador Basilio en el 869–870 D.C. Es un hecho histórico e innegable que el emperador del Imperio Romano fue el fundador y líder espiritual indiscutible de la Iglesia Católica Romana, no el apóstol Pedro, ni Cristo. Desde el año 325 D.C., los emperadores Romanos presidieron sobre las reuniones oficiales de la Iglesia hasta que el Papa Calisto II (1119–1124 A.D.) convocó el Noveno Concilio Ecuménico, Laterano I, el cual se celebró en Roma en el año 1123 D.C.

El noveno Concilio Ecuménico Laterano I confirmó el Concordato de Worms en el año 1122 D.C, entre el Emperador Enrique V de Alemania y el Papa Calisto II, el cual permitió a los papas gobernar las reuniones oficiales de la iglesia y también elegir los obispos y el prelado fuera de Alemania. Según el Concordato de Worms, el Emperador Enrique V retuvo el derecho de presidir sobre las elecciones libres de obispos en Alemania. Es de interés notar que desde el primer Concilio de Nicea en el 325 D.C. hasta el primer Concilio Laterano en el 1123 D.C., no se hace mención de ningún papa en la asistencia de esas importantes reuniones oficiales. El Obispo de Roma, si es que entonces existía ese cargo, fue simplemente un títere en la mano de la real autoridad detrás de la Iglesia Católica Romana, la cual fue el Emperador Romano. Sin embargo, después que el papado se independizó del rey de Alemania, después del Concordato de Worms, el mundo vio siglos de guerra, persecución religiosa y conflictos políticos, mientras el papado procuraba traer los reyes de la Tierra y la sociedad Europea bajo la bota de la Iglesia Católica Romana. En la mayoría de los casos, el falso Cristianismo tuvo éxito en controlar la sociedad a través de las autoridades seculares, y avanzaron así su diabólica agenda religiosa y consolidaron su poder político.

"Traditore" o "entregador" fue el nombre dado a cualquiera que cedía a la presión de renunciar a su fe en Cristo y ofrecer sacrificio a los dioses romanos. "Traditore" es la raíz latina para nuestra palabra en español "traidor". Más exactamente, los "traditores", o traidores recibían este nombre porque cuando ellos renunciaban a su fe en Cristo, también proveían a las autoridades el nombre de otros cristianos. Ellos también entregaban los libros y propiedades de la iglesia a las autoridades romanas a cambio de sus vidas. El Emperador Constantino y otros líderes de la iglesia oficial nombraron traidores en posiciones de liderazgo dentro de la Iglesia. Estos nombramientos fueron parte de la causa de la división entre el movimiento Donatista y la Iglesia Católica Romana, la cual fue la primera división que ocurrió en la historia del Cristianismo. Donato y sus seguidores se opusieron a la interferencia del estado en los asuntos de la iglesia.

Consecuentemente, la disputa resultó en la división entre los Donatistas y el grupo que más tarde se conoció como Católicos Romanos que seguían a Constantino. La disputa se centró en si era correcto que un líder religioso que había negado su fe en Cristo era espiritual y moralmente apto para desempeñar la posición de liderazgo en la iglesia.

Debe notarse que los traidores o apóstatas ya habían probado su fidelidad al emperador y a las autoridades romanas. El Emperador Constantino estaba dedicado al reclutamiento de líderes y feligreses apóstatas para su iglesia oficial. De hecho, fue la adhesión insistente a los principios de la fe cristiana de los Donatistas, que provocó el odio de Constantino y su clero apóstata hacia ellos. Por razones obvias, el Emperador Constantino encontró que los "traidores" o apóstatas eran los candidatos más apropiados para posiciones de liderazgo dentro de su iglesia oficial. Irónicamente, aunque los "traidores" se habían descartado ellos mismos como ministros de Cristo y no tenían futuro en la verdadera Iglesia de Cristo, fue a ellos a quienes el Emperador Constantino les confió el liderazgo espiritual de su iglesia.

Sin embargo, los Donatistas no abandonaron su posición sin una buena batalla. Consecuentemente, cuando el Emperador Constantino y su grupo de "traidores" tomaron el control absoluto del Cristianismo existente y lo renombraron la "Iglesia Católica Romana", otra vez se encontraron con la oposición del movimiento Donatista, quienes sostenía que su iglesia representaba la "Iglesia de Pedro" y que la Iglesia Católica representaba la Iglesia de Judas. Además, los Donatistas enfatizaron que la Iglesia debía ser una iglesia de santos, no de impíos. La posición de los Donatistas era clara y sencilla. Ellos argumentaron que los líderes que habían caído de la fe durante la persecución no debían ser reintegrados a la membrecía de la iglesia mucho menos estar en posiciones de liderazgo, sin probar que se habían arrepentido, que eran re-bautizados y re-ordenados. Cualquiera que conoce lo que la Biblia enseña con respecto a estos asuntos, aún hoy, estaría de acuerdo en que la posición de los Donatistas estaba cien por ciento en la línea con la sana doctrina y la práctica bíblica. Los Donatistas estaban en desacuerdo con el privilegio que la iglesia oficial les había dado a los traidores.

Los Donatistas se negaban a aceptar la autoridad espiritual de los líderes que habían entregado otros cristianos a las autoridades romanas. Además, ellos creían que la santidad personal valida el trabajo en la iglesia y que la iglesia oficial se había corrompido a sí misma y había perdido sus reclamos de legitimidad. Los Donatistas creían que el Emperador Constantino, el fundador del nuevo Cristianismo, la Iglesia Católica Romana, era de hecho el diablo. Esta opinión estaba sustentada por la falta de evidencia que probara que Constantino era un verdadero cristiano. Los Donatistas se alarmaron por la fuerte interferencia y la manipulación del gobierno de la iglesia por parte de Constantino. Por ejemplo, la historia muestra que el Emperador Constantino organizó la Iglesia Romana aún antes de que él publicara el Edicto de Milán reconociendo el Cristianismo en el año 313 D.C. En el 312 D.C., un año antes de que Constantino promulgara el Edicto de Milán, él personalmente nombró a Ceciliano Obispo de Cartago. Por lo tanto, queda claro que antes que Constantino firmara el Edicto de Milán, él había reclutado y nombrado apóstatas como líderes espirituales dentro de su iglesia oficial. Se dice que el Obispo Ceciliano era bien conocido por su posición a favor del gobierno, incluso antes de que se firmara el Edicto de Milán. La razón fundamental por la que Donato apeló directamente al Emperador Constantino, para protestar contra el nombramiento de Ceciliano como Obispo, fue porque el emperador romano era la cabeza y el único líder conocido de la iglesia. Todo parece indicar que hasta el momento que Constantino tomo control del Cristianismo, la iglesia no tenía el líder espiritual que siglos después fue conocido como el papa de Roma.

En el 314 D.C., (menos de un año después de la firma del Edicto de Milán), el Emperador Constantino, como la cabeza indiscutible de la nueva Iglesia Católica Romana, convocó la "Conferencia de Arles", la cual se llevó a cabo en lo que es hoy la moderna Francia, para tratar con el asunto relacionado a la primera división del Cristianismo entre el grupo de Donato y el clero Católico Romano de Constantino. Los relatos históricos confirman que con una asistencia de sólo "treinta o cuarenta" de los cientos de obispos que fueron convocados, Constantino encontró culpables de insolencia a Donato y otros líderes que asistieron a la reunión. Consecuentemente, el Emperador Constantino confiscó sus Iglesias y en el 317 D.C., envió tropas a Cartago quienes persiguieron brutalmente a los miembros del Movimiento Donatista. El Emperador Constantino temía a los Donatistas y no quería que ellos fueran parte de su iglesia apóstata. Este evento marcó el comienzo de cerca de quince siglos de persecución mundial oficial, de judíos y cristianos. En el 347 D.C., Constantino exilió a Donato a Galia (Francia) en donde murió en el año 355 D.C.

Desde el nacimiento de la Iglesia Católica Romana en el 325 D.C., hasta el fin de la "Santa (Demoníaca) Inquisición" en el año 1860, la historia la vio persiguiendo y asesinando judíos y cristianos con el apoyo total de los emperadores del Imperio Romano y luego del Santo Imperio Romano. Cualquier oposición a la iglesia oficial era un desafío directo a las autoridades romanas, lo cual el imperio no toleraría. Sin embargo, a pesar de la muerte de Donato y la persecución de sus seguidores, el Movimiento Donatista no murió. La historia nos dice que el Movimiento Donatista todavía era fuerte a fines del siglo cuatro. Por ejemplo, en el 409 D.C., Marcelino de Cartago, secretario de estado del Emperador Honorio, decretó herético al Movimiento Donatista y le exigió que entregaran sus iglesias. Irónicamente, alrededor de ese tiempo, San Agustín probó con documentos oficiales de la Conferencia de Arles, que el Emperador Constantino había favorecido y escogido a la Iglesia Católica sobre los Donatistas, como la iglesia oficial del Imperio. Debe notarse que San Agustín no argumentó que la Iglesia Católica Romana era la iglesia verdadera porque el Señor Jesús la estableció, sino porque Constantino la escogió sobre los Donatistas.

Los Donatistas fueron declarados criminales y fugitivos de la ley y eventualmente desaparecieron de la consciencia pública. Pero en los siglos seis y siete ellos eran todavía una minoría de cristianos perseguidos por la Iglesia Católica y el Imperio Romano. La historia parece sugerir que el Movimiento Donatista representó el remanente fiel de la Iglesia de Cristo después que la cizaña (la Iglesia Católica) tomó control del trigo (la verdadera Iglesia) en el campo (el mundo).

La Iglesia Católica Romana nunca olvidará los principios por los cuales Donato vivió y murió. Por ejemplo, durante la Reformación, la Iglesia Católica Romana utilizó la palabra "Donatista" como una etiqueta peyorativa para referirse a aquellos del Movimiento de la Reformación que negaran o se opusieran a la teología Católica herética, que afirma que durante la Eucaristía la gente realmente come "el verdadero cuerpo y la verdadera sangre de Jesús". La historia parece señalar al Movimiento Donatista como los predecesores de los Anabaptistas. Y tal vez por esa razón, después de la Reforma, la Iglesia Católica Romana despectivamente se refirió a los Anabaptistas como los "Neo-Donatistas", por su insistencia en que aquellos que creían en Jesús debían ser re-bautizados por inmersión sin importar su antecedente religioso, ni si habían sido bautizados antes. Por otra parte y como la historia lo muestra, los Anabaptistas son los precursores de los Bautistas de hoy en día. Con la persecución de los Donatistas vimos a la "mujer...la gran ramera", la iglesia apóstata, montando la bestia de siete cabezas e inaugurando dieciséis siglos de persecución y asesinato de judíos y cristianos nacidos de nuevo.

Los Donatistas creían y defendieron el principio de separación de iglesia y estado. Cuando Constantino incorporó el Cristianismo al Imperio Romano y lo hizo la religión del estado en el año 325 D.C., el principio de separación de iglesia y estado fue violado. Como resultado, la Iglesia Católica Romana nunca más se contentó como portar solo la espada espiritual, sino que también procuraría portar la espada de la autoridad temporal o civil. La violación del principio de separación de iglesia y estado causó la muerte de millones de personas, siglos de conflictos y sufrimiento sin igual a la humanidad.

Al Señor Jesús se le preguntó, "¿Es lícito pagar tributo al Cesar o no?", Y Él les dijo, "...Dad, pues, a Cesar lo que es de Cesar, y a Dios lo que es de Dios..." (Mateo 22:17–21 VRV). El Señor Jesús utilizó la pregunta para trazar la línea que debe separar la iglesia y el estado. Debe notarse que en Su respuesta, el Señor Jesucristo reconoce la legitimidad del estado para existir y recaudar impuestos. Por otra parte, en los escritos Apostólicos, Dios estableció los deberes y responsabilidades que los cristianos tienen hacia las "autoridades gubernamentales. Porque no hay autoridad sino de parte de Dios, y las que hay, por Dios han sido establecidas" (Romanos 13:1; 1Timoteo 2:1–2; Tito 3:1–2). Consecuentemente, la autoridad del estado es legítima, pero delegada por y subordinada a Dios quien es Rey Supremo por encima de toda autoridad y todas las cosas en el universo. La respuesta de Jesús provee la base para lo que llamamos el principio de separación entre iglesia y estado.

De acuerdo a la respuesta del Señor Jesús, el hombre le debe lealtad a Dios y al estado. Sin embargo, la única manera en que estas dos lealtades no entran en conflicto una en contra de la otra es manteniéndolas en su lugar apropiado o separadas. Ese es el significado de "Dad a Cesar lo que es de Cesar, y a Dios lo que es de Dios". Para los cristianos, nuestra lealtad al estado existe sólo en subordinación al Señorío de Cristo; pues Él es el Rey de reyes y Señor de señores. Eso significa que el estado no debe imponer su autoridad sobre la iglesia ni la iglesia afirmar su autoridad sobre la autoridad secular, porque ninguna de las dos tiene el mandato de gobernar sobre la otra. La iglesia y el estado deben conducir sus negocios independientemente de cada uno y estar plenamente conscientes de que el Señor Jesús reina supremo sobre ambos la iglesia y el jefe de estado. El Señor Jesús está también diciendo que el estado está limitado en que no debe buscar, ni demandar a los cristianos "rendir al Cesar" la lealtad que se debe dar sólo a Dios. Al mismo tiempo que los cristianos cumplen con sus obligaciones para con el estado, la Iglesia de Cristo debe luchar para mantener su separación del estado y obtener y preservar su libertad religiosa. Como lo expresaron los Bautistas del Sur en el folleto titulado Fe y Mensaje Bautista 2000: "El estado debe protección y completa independencia a cada iglesia en la consecución de sus propósitos espirituales. Una iglesia libre en un estado libre es el ideal Cristiano".

Por tanto, la Iglesia de Cristo nunca debe apoyarse en el estado; ni utilizar medios seculares para llevar a cabo su misión espiritual. La Iglesia de Cristo debe buscar y mantener su independencia del estado, y por encima de toda autoridad terrenal, su lealtad a Dios (Hechos 4:19–20 VRV). Aún hasta este día, mientras la Iglesia Católica Romana enseña que la separación de la iglesia y el estado es permisible, ellos sin embargo, no aprueban una separación de religión y política. En virtud de su posición predominante como la religión oficial en muchos países alrededor del mundo, la Iglesia Católica Romana ejerce influencia considerable en política y opinión pública. La influencia de la Iglesia Católica Romana en el gran mundo se ve hoy en asuntos y controversias relacionados al aborto, control de natalidad y eutanasia. La separación de iglesia y estado está ilustrada en su purista por el Decreto de Virginia para la Libertad Religiosa, originalmente del autor Jefferson y promovida por Madison, la cual establece:

> "...Ningún hombre será obligado a frecuentar o apoyar ninguna adoración religiosa, lugar, o ministerio cualquiera

que sea, ni será forzado, refrenado molestado o gravado en su cuerpo o bienes, ni deberá por lo contrario sufrir a cuenta de sus opiniones o creencia religiosa, sino que todos los hombres serán libres de profesar, y por argumento mantener su opinión en asuntos de religión, y que el mismo en ninguna manera deberá disminuir, o aumentar, o afectar sus capacidades civiles."

El Dr. Walter B. Shurden en su libro "La Doctrina del Sacerdocio de los Creyentes" escribió:

"La libertad Religiosa está basada en la naturaleza de Dios y el concepto bíblico del hombre y en la naturaleza bíblica de la fe. Para que la fe sea genuina, debe ser libre. La fe genuina o verdadera no puede ser forzada o negada por el estado. Para que el discipulado sea vital y genuino, la respuesta del hombre hacia Dios debe ser voluntaria".

Basado en estas verdades, podemos decir valientemente que el derecho de un individuo para escoger el objeto de su fe es tan sagrado como el derecho de no creer en nada. Nadie tiene la autoridad de forzar un sistema de creencia sobre otro ser humano. Consecuentemente, un individuo no debe ser penalizado por lo que cree; puesto que Dios será el Juez final en materia de fe, no el rey, ni el papa. La violación de los linderos de separación que deben existir entre iglesia y estado lanzo la Iglesia Católica Romana en la búsqueda de la dominación de la autoridad temporal y gloria terrenal. Por casi diecisiete siglos, el mundo vio la Iglesia Católica Romana persiguiendo y asesinando todo aquel que sostenía creencias fuera de las prescriptas en su dogma. Por casi diecisiete siglos, esta iglesia apóstata suprimió derechos humanos básicos y cometió crímenes horrendos en contra de la humanidad.

Un Emperador Pagano Crea el Falso Cristianismo

La historia muestra que el Emperador Constantino, el padre del falso Cristianismo, fue un pagano "vestido de oveja". La fábula dice que en el año 312 D.C., mientras el Emperador Constantino iba a luchar contra su rival Majencio en la batalla del Puente Milvio, Constantino vio el milagro de una cruz que se le apareció en el cielo, y con ésta, las palabras griega "V Tout Nika," la cual significa, "Por este signo, vencerás". Según Constantino, aquella noche él tuvo un sueño en el que el Señor Jesucristo mismo le instruyó a usar la señal de la Cruz en contra de sus enemigos. De acuerdo al mito, Constantino mandó a sus tropas que adornaran sus escudos con el símbolo Cristiano (Chi-Rho) y como resultado, surgieron victoriosos de la batalla.

En consecuencia, la veneración del crucifijo y la señal de la Cruz tienen su origen no solamente en la fábula inventada por Constantino, sino también en la creencia supersticiosa de que la razón por la que Constantino derrotó sus enemigos fue simplemente porque sus tropas adornaron sus escudos con el signo de la Cruz. Como resultado de la creencia en que el signo de la Cruz protegió a Constantino y sus soldados y les dio la victoria, la Cruz se convirtió en un objeto de veneración y un símbolo "cristiano" para la buena suerte y protección en contra del mal. El uso que supuestamente Constantino le dio al crucifijo fue inmediatamente adoptado por el clero Católico, como una tradición de venerarlo como un artefacto o reliquia de bendición y protección personal. Esta veneración idólatra del crucifijo ha continuado a través de los siglos hasta el día de hoy. La verdad es que un emperador inspirado por el diablo hizo que el mundo entero adorase la Cruz. Varios siglos después de la revelación del mito de Constantino y la práctica de veneración del crucifijo, en el 787 D.C., el Segundo Concilio de Nicea, oficialmente decretó que:

> "Como la cruz sagrada y vivificante está por todas partes establecida como un símbolo… junto con imágenes debe ser exhibida en los muros de las iglesias, en las casas, al lado de la carretera y en todas partes, para ser reverenciada por todos los que la pudieran ver".

La Iglesia Católica Romana venera a Constantino como a un hombre santo y benefactor de la Iglesia. ¿Fue el Emperador Constantino un hombre santo y verdaderamente temeroso de Dios? Debe notarse que al Rey David en el Antiguo Testamento se le refiere como a "un hombre conforme al corazón de Dios" (1Samuel 13:14

VRV). David quiso construir una casa (templo) de adoración para Dios en Jerusalén, pero Dios no le permitió hacerlo. ¿Por qué? David fue un hombre de guerra quien tenía sangre en sus manos. Dios no quería que Su casa de adoración fuera construida por un guerrero, o un rey quien hubiere derramando sangre. Dios le prometió a David que le daría un hijo que luego construiría el templo. La Biblia dice que Dios dio paz de todos su enemigos al Rey Salomón, hijo de David. Salomón no peleó ninguna batalla; él fue un hombre de paz. De manera que fue el Rey Salomón quien construyó el templo de Dios en Jerusalén, no David. Consecuentemente, es poco probable que Dios usaría a un emperador romano pagano, con sangre en sus manos para crear y propagar el la fe Cristiana, cuando El no permitió que David le construyera un lugar de adoración en Jerusalén. El Diablo usó a Constantino para crear y propagar el falso Cristianismo de la Iglesia Católica Romana.

Durante la época de Constantino, un cristiano nacido de nuevo hubiera preferido morir antes que deshonrar a Cristo. Un cristiano en esos días, estaba dispuesto a morir para honrar su compromiso personal con Cristo y Su santa Palabra. Tal como lo muestra la historia, un verdadero cristiano en esos días prefería la muerte antes que comprometer su fidelidad a Cristo. Y un verdadero cristiano en los días de Constantino no pospondría o rechazaría el bautismo. No hay evidencia histórica indicando que el Emperador Constantino fue un cristiano nacido de nuevo. Puede ser que Constantino haya sido Católico Romano, pero no cristiano. Podemos evaluar las acciones de Constantino para demostrar que él nunca fue un cristiano nacido de nuevo. En Junio del 326 D.C., Constantino asesinó su hijo mayor Crispo, y en Julio, asesinó también a su esposa, la Emperatriz Fausta, a petición de su madre Helena, a quien la Iglesia Católica ha representado como una cristiana devota y santa.

En esos días, traición contra el emperador o el rey era un crimen usualmente castigado con la muerte. Sin embargo, los historiadores solo han podido especular acerca de la razón por la que Constantino asesinó a su esposa y a su hijo. Sin embargo, la historia no ha presentado justificaciones convincentes para tales crímenes brutales. Aunque el falso Cristianismo mantiene que Constantino fue cristiano, la verdad sigue siendo que él rechazo bautismo. En cuanto al bautismo final de Constantino, el mito de la iglesia apostata dice que Constantino siguió la costumbre de la época, la cual retrasaba el bautismo hasta la vejez o la muerte. La Iglesia Católica Romana defiende las acciones de Constantino respecto al bautismo diciendo que "Se pensó que Constantino pospuso su bautismo por tanto tiempo como lo hizo con el fin de ser absuelto de tantos pecados como fuese posible". Según las creencias heréticas sostenidas por el falso Cristianismo, "en esa época mucha gente difería el bautismo hasta estar cerca del final de la vida, de manera que pudieran pasar a la otra vida completamente puros y sin mancha de pecados". Sin embargo, no hay evidencia histórica que muestre que "era la costumbre de aquella época" para nuevos convertidos al Cristianismo, el "posponer el bautismo hasta la vejez o la muerte". Fue Constantino mismo y su clero quienes establecieron en el Credo de Nicea (325 D.C.) la mentira de que, "hay una sola Iglesia Católica y un solo bautismo". Desde Nicea hasta el día de hoy, la Iglesia Católica siempre ha creído y ensenado que la única manera en que una persona—niño o adulto—se salva es exclusivamente a través del bautismo en la Iglesia Católica Romana. Esto es así porque de acuerdo al Catolicismo Romano, "el bautismo es la puerta a la vida espiritual". De acuerdo a la teología Católica, la vida espiritual (salvación) empieza con el rito del bautismo. De manera que desde el momento de su supuesta conversión, hasta un poco antes de su muerte, Constantino no debió haber sido considerado cristiano porque el rechazó el bautismo. Si Constantino rechazó el bautismo, ¿Fue el realmente cristiano?

Historietas no comprobadas sugieren que mientras Constantino estuvo cerca de la muerte él solicitó ser bautizado en el Río Jordán en donde Jesús había sido bautizado, pero no fue bautizado. Sin embargo, de acuerdo a las fabricaciones de la Iglesia Católica, Constantino fue bautizado en su lecho de muerte. La Iglesia Católica inventó todas estas historietas con el sólo propósito de esconder el hecho de que Constantino veía a la Iglesia Católica Romana como una herramienta política, más bien que como una fuente espiritual de salvación. Es mi creencia que, para salvar la iglesia de vergüenza, el clérigo romano administró el agua del bautismo a Constantino, en su lecho de muerte, solamente después de que él estuvo comatoso o realmente muerto, con el fin de reclamar que él fue bautizado antes de morir, como un cristiano devoto.

El Edicto de Milán y la Expansión de la Apostasía

El Edicto de Milán creó condiciones para que el verdadero Cristianismo fuera tomado por creencias paganas e idolatrías. Los hechos históricos parecen indicar que cuando el Emperador Constantino adoptó el Cristianismo como religión oficial del estado, como ya hemos notado, los verdaderos cristianos desertaron de la iglesia oficial. Muchos cristianos tienden a creer que la apostasía de la cual la Biblia habla con respecto a los "últimos tiempos" es cosa del futuro y limitada solo a los siete años del gobierno del Anticristo. Sin embargo, los "traidores" o apóstatas fue exactamente lo que el apóstol Pablo tenía en mente cuando él escribió: "Pero el Espíritu dice claramente que en los postreros tiempos algunos apostarán de la fe, escuchando a espíritus engañadores y a doctrinas de demonios..." (1Timoteo 4:1 VRV). Pablo advierte que en "los postreros tiempos", lo cual es el período de tiempo comprendido entre las dos venidas del Señor Jesús a la Tierra, "algunos apostarán de la fe, escuchando a espíritus engañadores y a doctrinas de demonios". En otras palabras, el período entre las dos venidas de nuestro Señor Jesús a la Tierra estaría caracterizado por una apostasía, la cual alcanzaría su punto más alto poco antes de la segunda venida de Cristo. Es a este acto de apartarse "de la fe" que la Biblia llama apostasía. La apostasía es un pecado que solamente los cristianos profesantes o nominales pueden cometer. De acuerdo al apóstol Pablo, la apostasía de "los últimos tiempos" comenzaría dentro de la verdadera Iglesia de Cristo. Por ejemplo, es de particular interés notar la advertencia del apóstol Pablo:

> "Porque yo sé que después de mi partida entrarán en medio de vosotros lobos rapaces, que no perdonarán al rebaño. Y de vosotros mismos se levantarán hombres que hablen cosas perversas para arrastrar tras sí a los discípulos" (Hechos 20:29–30 VRV).

Partiendo de las enseñanzas de Jesús con respecto a los maestros apóstatas o falsos, Pablo declara que los maestros apóstatas "vendrán en medio de vosotros" y "de vosotros mismos se levantarán hombres...". De manera que de acuerdo al apóstol Pablo, los maestros apóstatas vendrían de dos direcciones: Ellos "vendrán en medio de vosotros" y "de vosotros mismos se levantarán". En otras palabras, los falsos maestros "vendrían" de afuera y "se levantarían" de adentro de la iglesia, "hablando cosas perversas, para arrastrar tras sí a los discípulos" y como "lobos rapaces" tratarán de devorarlos. El período al cual Pablo se refiere ha visto a estos lobos rapaces ir y venir, dejando detrás un rastro de destrucción. Muchos de nosotros quizás todavía recuerdan las imágenes de la matanza de Johnstown, la cual Jim Jones perpetró en la Guayana Británica en el año 1980; o los crímenes de David Coresh en Waco, Texas. Cuando estos falsos maestros se dieron cuenta de que sus causas estaban perdidas, ellos entregaron sus seguidores al matadero. Pero más específicamente, yo creo que las predicciones del apóstol Pablo incluyen mayormente al Emperador Constantino quien "vino a vosotros" desde fuera, y los líderes apóstatas que "se levantaron de entre vosotros" (de dentro de la iglesia). De estos dos grupos – los que vienen de afuera y los que se levantan "de entre vosotros" – los más peligrosos son los falsos maestros quienes "se levantarán de entre vosotros". Este grupo de falsos maestros es mucho más peligroso que los que "vienen" desde afuera. Como falsos maestros, ellos "vienen a vosotros con vestidos de oveja, pero por dentro son lobos rapaces" (Mateo 7:15 VRV). El clero apóstata de Constantino estaba dentro de la iglesia antes de "apartarse de la fe". Y después de "apartarse de la fe", no solamente volvieron y reclamaron su lugar como miembros de la iglesia en buena relación, sino que también tomaron la iglesia.

El Emperador Constantino y clero apóstata usaron su poder e influencia dentro de la iglesia "para arrastrar tras sí a los discípulos, hablando cosas perversas". La palabra "perversas" en el original griego significa "distorsionado", "torcido". El apóstol Pablo nos está diciendo que estos falsos maestros "distorsionarían y torcerían" la palabra de Dios para su propio beneficio. Esto es exactamente lo que el falso Cristianismo ha estado haciendo desde que ellos tomaron control de la Iglesia de Cristo en el año 325 D.C. El clero apostata ha distorsionado y torcido el verdadero significado de la Palabra de Dios para arrastrar hombres y mujeres lejos, no solamente de la Palabra de Dios, sino también del poder de Su gracia salvadora. Como norma general, Los maestros falsos o apóstatas distorsionan y tuercen la Palabra de Dios justamente como lo hizo Satanás en "el huerto de Edén", en la tentación de Eva. Satanás utilizó la estrategia de "distorsionar o torcer" la Palabra de Dios así como los falsos maestros harían después dentro de la iglesia:

"Tomó, pues, Jehová Dios al hombre, y lo puso en el huerto de Edén, para que lo labrara y lo guardase. Y mandó Jehová Dios al hombre, diciendo: De todo árbol del huerto podrás comer; más del árbol de la ciencia del bien y del mal no comerás; porque el día que de él comieres, ciertamente morirás". (Génesis 2:15 –17 VRV). Pero la serpiente (Satanás)...dijo a la mujer: "¿Conque Dios os ha dicho: No comáis de todo árbol del huerto?...Entonces la serpiente dijo a la mujer: No morirás; sino que sabe Dios que el día que comáis de él, serán abiertos vuestros ojos, y seréis como Dios, sabiendo el bien y el mal". (Génesis 3:1–5 VRV).

Normalmente los maestros falsos o apóstatas siguen la estrategia de Satanás al pie de la letra. ¿Qué estrategia utilizó Satanás con Adán y Eva en el Jardín de Edén? Dios simplemente mandó: "De todo árbol del huerto podrás comer; más del árbol de la ciencia del bien y del mal no comerás". A Adán se le mandó comer del noventa y nueve punto nueve por ciento (99.9%) de todos los árboles del huerto. La restricción "no comerás" era solo en un 00.1 % de todos los árboles del huerto. Sin embargo, Satanás se le apareció a Eva y le preguntó, "¿Con que Dios ha dicho: No comáis de todo árbol del huerto?" La pregunta de Satanás implicaba que Dios había mandado a Adán y a Eva a no comer en absoluto de ningún árbol del huerto. Satanás Torció o pervirtió el significado del mandato expreso de Dios, "De todo árbol del huerto podrás comer". Dios también advirtió y aseguró a Adán "Porque el día que de él comieres, ciertamente morirás" (Génesis 2:17). Satanás fue al corazón del asunto cuando le dijo a Eva, "No moriréis; sino que sabe Dios que el día que comáis de él, serán abiertos vuestros ojos, y seréis como Dios, sabiendo el bien y el mal...".

De estos pasajes aprendemos que Satanás torció o cambió el significado de todo lo que Dios le había mandado a Adán y Eva. Además, Satanás llamó a Dios mentiroso y le aseguró a Eva que no moriría si comía la fruta del árbol prohibido. Satanás habló a Eva como si él fuera el verdadero Dios. La audacia del diablo y la simplicidad con que el manejó las palabras expresas de Dios fueron horrendas y en línea con la estrategia de los falsos maestros. En asuntos tan serios tales como el destino eterno de la humanidad, Satanás distorsionó el significado de lo que Dios le había ordenado a

Adán y Eva. Satanás le sugirió a Eva que ella no debía tomar a Dios ni Su Palabra tan seriamente porque después de todo, ella no moriría.

Satanás formuló la pregunta de tal forma que haría que Eva deseara comer del fruto del árbol prohibido, creyendo que la acción de comer—pecar—era normal. En lugar de seguir la Palabra de Dios, Eva fue impulsada por sus sentimientos e instinto natural. Satanás proveyó una ruta corta para la felicidad por medio de la gratificación instantánea de los deseos naturales. Es como si Satanás le dijo a Eva: Tú puedes obtener lo que tú quieres ahora mismo sin que tengas que espera a que mueras para ir al cielo y ser feliz. Además, la forma intencional en que Satanás formuló la pregunta hizo que Eva resintiera a Dios por restringir su libre albedrio y "comer de todos los arboles del huerto" como Satanás le sugirió que hiciera. La audacia de Satanás fue tan lejos como para asegurarle a Eva, "No morirás"; cuando de hecho ella "de seguro que moriría". Satanás trivializó e hizo que un asunto tan serio apareciera a Eva como algo simple y atractivo. La atracción a comer del árbol prohibido fue tan fuerte que Eva pensó que era en su mejor interés tomar y comer el fruto. Eva no pensó en el impacto que su decisión tendría no solamente en su propia vida, sino en la vida de aquellos que vendrían después de ella. El falso Cristianismo ha seguido las estrategias de Satanás para arrastrar a los hombres lejos del plan de Dios para sus vidas, por medio de la distorsión del evangelio de gracia sola, por medio de la fe, en Cristo solo.

La historia del mundo no ha registrado un evento que haya tenido un impacto más devastador como la caída del hombre en el pecado. Sin embargo, aunque Satanás conocía las consecuencias, el actuó sin preocupación por el dolor, el sufrimiento y la muerte que el pecado traería sobre la humanidad. El clero de la Iglesia Católica adoptó esta misma actitud de despreocupación por el impacto que su falsa teología ha tenido y tendrá, en el destino eterno del hombre. Satanás distorsionó la palabra de Dios lo suficiente como para cambiar no solamente su significado sino también el destino eterno del hombre. La Iglesia Católica Romana ha estado torciendo y pervirtiendo la teología pura del evangelio desde su comienzo en el 325 D.C. Esa falsa representación de la verdad ha causado que millones de personas a través de la historia odien y repudien al verdadero Cristianismo. Consecuentemente, cuando mucha gente escucha la palabra "Cristianismo", ellos tienden a pensar, con buena razón, en todo lo que es vil, despreciable y depravado. La creencia en que la Iglesia Católica Romana es la verdadera Iglesia de Cristo en la Tierra es en mi opinión, el engaño más grande que el mundo jamás haya conocido. El falso Cristianismo no sólo ha distorsionado y pervertido el significado y la enseñanza de la Palabra de Dios, sino que también ha creado un sincretismo de fiestas Cristianas y paganas para ofrecer culto a Satanás.

El Sincretismo de Fiestas Cristianas y Paganas

Como parte de la expansión de la apostasía, el Emperador Constantino y el clero de su Iglesia Católica, no solamente legalizó el Cristianismo, sino que también unió las festividades cristianas y paganas en una sola celebración. Dado que millones de paganos se unieron a la iglesia mientras seguían aferrados a sus creencias idolátricas, Constantino y el clero de la Iglesia Católica Romana tenía que encontrar la manera de acomodar ambos grupos. Esta situación permitió un proceso lento de apostasía dentro de la iglesia oficial, el cual culminó con la formulación de lo que el apóstol Pablo llamó, "espíritus engañadores y doctrina de demonios" (1Timoteo 4:1 VRV). Consecuentemente, el Emperador Constantino y el clero de la iglesia apóstata se apartaron de los principios de la fe Cristiana por medio de la perversión del evangelio de Cristo con mitos, ritos, dogmas y el culto a la "Virgen María". La iglesia apóstata fusionó las celebraciones "cristianas" con fiestas paganas antiguas de la manera siguiente:

Nombre del Principal Día de Adoración: "Domingo"

"Domingo", el primer día de la semana literalmente significa, "el día del sol", el cual es la traducción de la frase en latín "dies solis". Se le llamó "el día del sol" porque era el día cuando se le rendía culto al "dios-sol" ¿Quién fue en realidad el dios-sol? En el culto original de la madre y el hijo de la antigua Babilonia, después de que el dios-hijo (Tamuz) murió, su madre Semiramis y todos los Babilonios lo adoraron coN el nuevo nombre de "el dios del sol naciente". Cuando esta religión de Babilonia llegó a Roma, los paganos a través de todo el Imperio Romano abrazaron el sistema de adoración idólatra del dios-sol Tamuz y su diosa madre Semiramis. Es muy interesante notar que desde su comienzo en Babilonia, el dios-sol Tamuz era representado por un círculo que simbolizaba "el sol naciente". Alguna vez te has preguntado la razón por la que la Iglesia Católica Romana escogió usar para la Comunión una "hostia" redonda la cual ellos dicen es el cuerpo autentico del Señor

Jesús? Fue en base a esta creencia pagana que la "hostia" se convirtió en el símbolo del culto que se le rendía al dios-sol Tamuz. Por esta misma razón hasta el dia de hoy, por medio de la celebración del "dia del sol" (el "Domingo") y la "hostia" de la Eucaristía, la Iglesia Católica Romana honra al "dios-hijo" de la trinidad satánica (Nimrod, Semiramis y su hijo Tamuz). Estos tópicos son ampliamente discutidos en este libro y en el libro titulado "El Rapto, El Rapto, El Gobierno Mundial Y La Gran Tribulación"". De manera que el Emperador Romano, Constantino y los líderes apostatas del falso Cristianismo combinaron la celebración "cristiana" de "el día del Señor" (el "Domingo) y el uso de la "hostia" con celebración del día del "dios-sol" de la antigua Babilonia. Consecuentemente, por los últimos diecisiete siglos del "Cristianismo" oficial, los paganos y los llamados "cristianos" de la Iglesia Católica adoraron y continúan adorando a ambos, Tamuz el dios-hijo de Semiramis y al "dios-hijo" de María la "Reina del cielo" en una sola celebración.

Lo mismo se hizo con respecto a las festividades relacionadas a las festividades asociadas con la Resurrección de Cristo y la Navidad.

El Domingo de Resurrección

De acuerdo al sistema de creencia Babilónico, Semíramis era la madre diosa, también conocida por los asirios como Ishtar. Ishtar era honrada durante la primavera de cada año, con una fiesta por la resurrección de su hijo Tamuz. Como parte de un acto de sincretismo bien calculado, la Iglesia Católica Romana fusionó un festival pagano e idólatra altamente reconocido en el mundo romano, con la celebración de la resurrección del Señor Jesús. Tal como lo explicamos en este libro, una de las razones por la que Constantino convocó y presidió el Primer Concilio de Nicea fue para resolver el asunto relacionado con la calculación de la fecha de la semana de la muerte y resurrección del Señor Jesús, para empezar la conmemoración. Eso indica que por los primeros trescientos años, antes del reino de Constantino, la verdadera Iglesia de Cristo no conmemoraba la muerte y resurrección de Cristo, con la Semana Santa.

La Navidad y las Fiestas Paganas de Yule y Saturnalia

Sí es un hecho históricamente establecido que el Señor Jesús no nació en Diciembre, ¿Por qué razón la iglesia apóstata escogió celebrar la Navidad el 25 de Diciembre de cada año? Debemos notar que muchas de nuestras costumbres cristianas comenzaron mucho antes de que el verdadero Cristianismo naciera. Existen conexiones fuertes entre la celebración Católica del nacimiento de Cristo y las festividades que algunos paganos antiguos celebraban cada año al final de Diciembre. Los paganos creían que ciertas fiestas de invierno aumentarían el poder del sol. El falso Cristianismo escogió el 25th de Diciembre para la celebración de la Navidad de manera que esta celebración "Cristiana" coincidiera o correspondiera con la celebración de por lo menos dos grandes fiestas paganas de invierno— Yule and Saturnalia.

Yule era una celebración que buscaba honrar el dios de la fertilidad conocido como Yule. Las fiestas se sostenían durante doce días desde finales de Diciembre hasta principio de Enero, principalmente en lo que es ahora la moderna Noruega, Finlandia y Suecia. Como parte de las celebraciones, los hombres de la villa iban al bosque a cortar un árbol grande llamado Yule. El tronco o árbol de Yule era quemado durante los doce días de la fiesta. Animales y a veces sacrificios humanos eran colocados en el fuego como ofrenda al dios Yule. Los participantes se daban a la depravación, orgías sexuales y borracheras, y contactaban el mundo de los espíritus. La canción moderna de Navidad "los doce días de Navidad" tiene su inspiración en esta antigua festividad pagana.

Saturnalia era celebrada por los antiguos romanos entre el diecisiete y veinticinco de Diciembre. Durante esta festividad, los romanos sostenían grandes fiestas y banquetes. La gente intercambiaba regalos tales como plantas de hojas perennes como el pino y se usaban arbustos y luces para propósitos decorativos. El 25 de Diciembre (el solsticio de invierno) era un día muy importante de la celebración porque marcaba el fin de largas noches y el retorno del dominio del sol. Vale la pena notar que hasta el día de hoy, muchas de las gentes italiana alrededor del mundo se envían tarjetas y regalos de Navidad, con el saludo: ¡Feliz Saturnalia!, en vez del saludo tradicional: ¡Feliz Navidad!

El 25 de Diciembre, los romanos también honraban al dios pagano Mitras en una fiesta llamada "el nacimiento del inconquistable dios sol".

Basándose en la proximidad de las fechas de la celebración de las festividades de Yule, Mitras y Saturnalia, El falso Cristianismo amalgamo las tres festividades y la re-empaqueto bajo el nuevo nombre de Navidad. Hasta el día de hoy, Navidad todavía se celebra en la misma fecha de las festividades paganas mencionadas arriba. Navidad es realmente una celebración cien por ciento pagana, disfrazada como un evento cristiano. La celebración pagana que todavía llamamos "Navidad" llegó a ser tan indecente que en el siglo diecisiete, bajo el reglamento Puritano de Oliver Cromwell, se prohibió su celebración en Inglaterra desde el 1647 hasta el 1660. Y por la misma razón, Navidad fue declarada ilegal en las Colonias de Nueva Inglaterra de la América Británica, con la excepción de Nueva York y Virginia. De hecho, no fue sino hasta los años 1800s que las gentes realmente comenzaron a celebrar la Navidad en América. Como sabemos, las primeras personas que inmigraron a América eran la mayoría cristianos nacidos de nuevo, quienes no seguían la tradición Católica. El mercantilismo es, más que Cristo, el centro de lo que el mundo llama "Navidad".

Cada verdadero cristiano debería empezar a hacerse preguntas tales como: ¿Por qué ponemos árbol de Navidad, y decoramos la casa con luces de Navidad, y cantamos canciones tales como "los doce días de Navidad", o por qué intercambiamos regalos, y asistimos a grandes fiestas donde muchas veces se cae en excesos de bebidas alcohólicas, comida y drogas? ¿Es eso realmente Navidad? Ciertamente, para el mundo pagano, la Navidad es lo que es: una celebración pagana que no tiene nada que ver con el nacimiento de Cristo. Si los Cristianos queremos celebrar el nacimiento de Cristo, debemos primero analizar seriamente nuestro involucramiento y participación en lo que el falso Cristianismo y el mundo llama "Navidad". Si queremos celebrar el nacimiento de Cristo, la primera cosa que deberíamos hacer es encontrar una fecha, y un nombre que honre el nacimiento de Cristo. Aunque "Navidad, o Misa de Cristo" es la palabra que el falso Cristianismo ha utilizado para referirse al nacimiento de Cristo, la palabra y la ocasión no están del todo conectadas con el nacimiento de Cristo.

Igualmente ofensivo son los reclamos blasfemos de divinidad que el clero del falso Cristianismo ha hecho a través de los siglos, para honrarse a sí mismos.

Reclamos Blasfemos del Catolicismo Romano

¿Cuáles son las reclamaciones y el lenguaje blasfemo que por siglos los líderes espirituales del falso Cristianismo han usado? Es el mismo lenguaje irrespetuoso, arrogante y antagónico que Satanás utilizó cuando él se rebeló contra Dios:

"Subiré al cielo; en lo alto, junto a las estrellas de Dios, levantaré mi trono, y en el monte del testimonio me sentaré, a los lados del norte; sobre las alturas de las nubes subiré, y seré semejante al Altísimo". (Isaías 14:13–14 VRV).

Satanás fue y continua siendo un ser muy blasfemo. Su ambición era y todavía es "ser como el Altísimo". Este impostor busca "ascender sobre las alturas de las nubes, y exaltar su trono sobre las estrellas de Dios". Satanás quiso "sentarse en el monte de la congregación", para recibir la adoración que sólo corresponde a Dios. En otras palabras, el pecado de Satanás procedió de su egotismo y orgullo y también de su deseo intenso de recibir la adoración que pertenece solo a Dios. El lenguaje y los títulos que la iglesia apóstata ha usado para describir los diferentes papeles y funciones del clero, incluyendo el papa, están preñados con el mismo espíritu diabólico de rebelión, egocentrismo, orgullo y desprecio hacia Dios. Los títulos de deidad que el falso Cristianismo ha usado, en mi opinión claramente indican que el clero de esta iglesia apóstata, deliberadamente, ha tratado de suplantar a Dios en la Tierra. La mujer estaba "sentada sobre una bestia escarlata llena de nombres de blasfemias".

El uso de la palabra "blasfemia", en el Nuevo Testamento está asociada, principalmente con las acciones humanas que indicó que alguien buscaba suplantar a Dios. Por ejemplo, Jesús le dijo a un paralítico, el cual Él estaba a punto de sanar, "Ten ánimo, hijo; tus pecados te son perdonados. Entonces algunos de los escribas decían dentro de sí: Este blasfema". (Mateo 9:3–4 VRV).

Como los escribas no creían que Jesús era Dios encarnado, la blasfemia para ellos consistió en que Jesús siendo un hombre estaba tomando el lugar de Dios. Cuando el Señor Jesús confirmo que Él eran en verdad, "¡El Cristo, el Hijo de Dios!" entonces "El Sumo Sacerdote rasgó sus vestidos, diciendo, "¡Ha blasfemado! ¿Qué más necesidad tenemos de testigos?" (Mateo 26: 63–65 VRV).

La razón por la que los escribas y el Sumo Sacerdote pensaron que Jesús había cometido blasfemia en cada caso, fue porque ellos vieron en Jesús a un pecador como cualquier otro ser humano, reclamando ser igual a Dios. Además, según el Nuevo Testamento, una blasfemia era una declaración o proclamación que es irreverente, ofensiva o que insulta a Dios. Por ejemplo, en Mateo 12:24-30, encontramos que los fariseos cometieron el "pecado imperdonable" cuando ellos a sabiendas rechazaron la obra del Espíritu Santo, la cual era evidente en los milagros que el Señor Jesús había ejecutado en medio de ellos, y se lo atribuyeron al Diablo.

Veamos pues en que forma el sistema religioso de "la gran ramera" ha sido y continua siendo un sistema "lleno de nombres de blasfemia", lo cual significa que es un sistema que es totalmente antagonista, irreverente, y ofensivo a Dios desde toda perspectiva. Es intrigante que una institución que proclama representar al verdadero Cristianismo, la Biblia la describe como un sistema "lleno de nombres de blasfemias". ¿Cómo podemos identificar estos "nombres de blasfemias" o nombres blasfemos dentro del sistema de adoración idólatra de la Iglesia Católica Romana? Los siguientes son los nombres blasfemos, títulos y reclamos de divinidad que el falso Cristianismo consistentemente ha hecho a través de sus diecisiete siglos de existencia.

Titulo Papal: Santo Padre o Santo Papá

¿Te has preguntado alguna vez la razón por la que el papa o la cabeza del falso Cristianismo es llamado el "Santo Padre o el Santo Papa"? En español, la palabra "papá" se deriva directamente del latín "papa", la cual significa padre. "Padre" es uno de los títulos divinos utilizados en la Biblia para describir la relación de Dios con Su pueblo. En el Viejo Testamento Dios se identifica a sí mismo como el Padre de Su Pueblo (Éxodo 4:22; Deuteronomio 32:6; Isaías 64:8; Malaquías 2:10). El Nuevo Testamento también introduce a Dios como el "Padre celestial" (Mateo 6:9; 7:11), de aquellos que creen en El. La Biblia claramente enseña que Dios es el único Santo Padre a quien los hombres deben reconocer y clamar.

Parece que el Señor Jesús vio de antemano el día cuando hombres malvados vendrían reclamando el título espiritual de "Padre". Por lo tanto, el Señor Jesús les mandó a sus seguidores, "Y no llaméis padre vuestro a nadie en la tierra; porque uno es vuestro Padre, el que está en los cielos" (Mateo 23:9 VRV). Es de interés notar que en la ocasión cuando Jesús dio este mandamiento, en Mateo, Capítulo 23, Él estaba condenando a los líderes religiosos, los Fariseos. Sin embargo, el Señor Jesús no estaba pensando solamente en ellos cuando mandó "Y no llaméis padre vuestro a nadie en la tierra". En Mateo 23: 36, el Señor Jesús añadió, "De cierto os digo que todo esto vendrá sobre esta generación". Sabemos que la generación de la cual el Señor estaba hablando terminó en el año 70 D.C. cuando el ejército romano destruyó el santo templo y a Jerusalén y dispersó a los judíos por todas las naciones de la Tierra. Con la caída de Jerusalén los infames Fariseos del tiempo de Jesús dejaron de existir. De manera que cuando el Señor Jesús mandó, "No llaméis padre vuestro a nadie en la tierra", Él no se estaba refiriendo a los Fariseos, sino al clero del "enemigo", el falso Cristianismo, los "hijos del malo", quienes sembrarían cizaña en el campo en donde el Hijo del Hombre plantó la buena semilla. Vale la pena notar que la única iglesia que usa el titulo divino "papa" es la iglesia Católica Romana y las otras iglesias que también se deriva del Catolicismo Romano. Por otra parte, es suficiente decir que cuando el Señor Jesús dijo, "No llaméis padre vuestro a nadie en la tierra", Él no se refería a nuestro padre terrenal, pues la Biblia se refiere a ellos como "tu padre y tu madre" y también nos manda a que los amemos, los honremos y los respetemos" (Éxodo 20:12; Efesios 6:2). Por tanto, cuando el Señor Jesús mandó, "No llaméis padre vuestro a nadie en la tierra", Él estaba hablando de líderes espirituales, falsos maestros que aparecerían en el mundo después de Su partida, tratando de afirmarse como gurus espirituales y demandando para sí mismos la adoración que es debida al único Dios y Padre que hay. Como parte de una larga tradición, los católicos devotos acostumbran inclinarse delante de los "papas" ("padres") en señal de adoración y reverencia, exactamente como si fueran Dios. De hecho, los apóstoles de Jesús y los ángeles del cielo rechazaron este tipo de adoración idólatra y blasfema que los "papas" reclaman y reciben (Hechos 10:25, 26; Apocalipsis 19:10; 22:9).

Titulo Papal: Su Santidad o El Santísimo

Su Santidad o el Santísimo es otro título divino que los líderes espirituales (papas) del falso Cristianismo han usado. El título "Santísimo" en la Biblia es utilizado para describir el carácter de Dios, el Dios perfecto y puro, que se distingue de todas las cosas en el universo. Puesto que Dios es el Santo, no hay otro como Él. Dios es el Único, distinto, sagrado y separado como el Único de Su clase. Como el Santísimo, Él es absolutamente perfecto y único y sin rival, que permanece en relación al mundo como Creador y Señor, y el único digno de verdadera alabanza y adoración. Sin embargo, increíble como es, por muchos siglos, los "papas" de la "gran ramera" ha estado usando este título "Su Santidad", para demandar adoración de los hombre y mujeres, y para honrarse a ellos mismos. Por tanto, no importa cuán humilde los "papas" aparezcan. Si en su orgullo ellos utilizan títulos divinos y el nombre de Dios para honrarse a sí mismos, ello prueba que han sido inspirados por el diablo para cometer el más serio acto de irreverencia y rebelión en contra de Dios. El clero, del falso Cristianismo también, como el diablo, quiere "ser como el Altísimo". De hecho, a través de los siglos, los "papas" han suplantado el papel de Dios aquí en la Tierra, lo cual es un pecado grave que acarrea el más severo castigo en el infierno.

Falsa Infalibilidad y Primacía del Catolicismo

¿Es cierto que el líder principal de la Iglesia Católica Romana (el papa) y el clero son infalibles? El clero del falso Cristianismo afirma que:

> "Para mantener a la Iglesia en la pureza de la fe transmitida por los apóstoles, Cristo, quien es la verdad, quiso conferir a su iglesia una participación en su propia infalibilidad...Para cumplir este servicio, Cristo ha dotado a los pastores con el carisma de la infalibilidad en materia de fe y de costumbres" (Catecismo de la Iglesia Católica, p. 212–889 y 890).

En un intento por legitimar la primacía del apostolado, el papado ha afirmado que la Iglesia Católica heredó de San Pedro, la Sede Apostólica. Sin embargo, debe notarse que la creencia en la primacía de la Iglesia Católica y la Infalibilidad del papa van mano a mano. Por ejemplo, según Números 27:19–21, la gente Judía creía que cuando un Sumo Sacerdote le pedía consejo a Dios, El hablaría a través de él. Por tanto, el pueblo veía al Sumo Sacerdote como el canal de la palabra de Dios tanto para los líderes como para el pueblo de Israel. Parece que la Iglesia Católica Romana tomó prestada esta idea del Viejo Testamento para desarrollar un sistema de creencia teológico alrededor de la primacía del Catolicismo, el sacerdocio, y el papel del Obispo de Roma (el papa) como Vicario de Cristo y Mediador entre Dios y los hombres. Debe notarse que durante el Segundo Concilio del Vaticano en 1965, la infalibilidad del papa incluyendo los obispos, fue reafirmada:

"La infalibilidad también reside con el cuerpo de obispos, en el ejercicio del magisterio (doctrina y autoridad) en conjunto con el papa".

El Concilio Vaticano II además declaró:

"Es solamente a través de la Iglesia Católica de Cristo que la plenitud de salvación puede ser obtenida, la cual es el medio de salvación que lo abarca todo".

El Concilio Vaticano II explícitamente considera a los protestantes y anglicanos como "hermanos separados" porque de acuerdo al Concilio, la Iglesia Católica cree que no-católicos pueden alcanzar "plenitud de salvación solo a través de la Iglesia Católica". Aún más, la Iglesia Católica Romana afirma:

"Fuera de la Iglesia no hay salvación...Por esa razón no pueden ser salvos aquellos que sabiendo que Dios fundó la Iglesia a través de Jesucristo, la Iglesia Católica como necesaria para la salvación, sin embargo, no querrían entrar y perseverar en ella" (Catecismo de la Iglesia Católica, p. 202–846).

Sin embargo, debe notarse que aunque la Biblia enseña que la iglesia de Cristo es Su agencia de salvación, ella no es sin embargo, El agente de salvación. Ninguna iglesia puede realmente salvar u ofrecer salvación. El Señor Jesús salva; y porque Él es el único Salvador, el hombre puede encontrar salvación exclusivamente por medio de Cristo. Una vez que el pecador es salvo, Jesús desea que este se integre a una iglesia local para adorar, para tener compañerismo con otros creyentes, para servir, y para aprender de otros cristianos maduros, cómo vivir la vida cristiana y llevar a cabo la gran comisión. ¿Son los obispos y el papa infalibles en materia de fe y costumbres? ¿Cómo le beneficia al falso Cristianismo la creencia en la infalibilidad del papa y los obispos? El clero romano quiere que la gente crea que el Espíritu Santo ha inspirado divinamente todas sus falsas doctrinas, sacramentos, dogmas y "costumbres" o tradiciones. Ellos buscan legitimar sus reclamos de que su teología abominable y corrupta es la fuente exclusiva para la salvación del hombre. Una de las razones por la cual la Iglesia Católica ha sido tan renuente en perseguir e implementar la reforma moral y espiritual que la iglesia desesperadamente necesita, es porque si admiten la necesidad de cambios dentro de la iglesia, entonces tendrían que admitir que han cometido errores inexcusables que necesitan ser corregidos. Cualquier admisión de responsabilidad de errores desacreditaría o destruiría la doctrina de la Sucesión Apostólica, la Primacía de la Iglesia y la llamada "infalibilidad de los obispos".

Impostores, Disfrazados Como Vicarios de Cristo

De acuerdo a la Iglesia Católica Romana, los sacerdotes y el papa son "Vicarios de Cristo en la Tierra". En este contexto, las palabras "Vicario de Cristo" significan sustituto de Cristo o uno que está en el lugar de Cristo. Es de interés notar que los papas de la Iglesia Católica Romana no siempre utilizaron este título. Ellos comenzaron a usar este título en el siglo trece, debido a las reformas introducidas por el Papa Inocente III (1198–1216). Es importante notar que a este respecto, el Catecismo de la Iglesia Católica (1994) enseña que:

> "Los obispos como vicarios y legados de Cristo gobiernan las Iglesias particulares que han sido confiadas a ellos no solamente con sus proyectos, con su consejo y ejemplos, sino también con su autoridad y poder sagrado…Esta autoridad la cual ellos personalmente llevan en el nombre de Cristo, "es propia, ordinaria e inmediata" (Catecismo de la Iglesia Católica, p. 213–894, 895). "El Pontífice Romano, en efecto, tiene en la Iglesia, en virtud de su función de Vicario de Cristo, y como Pastor de toda la iglesia tiene poder completo y universal sobre la Iglesia completa, un poder que siempre puede ejercer sin obstáculos como pastor supremo y maestro de todos los fieles" (El Catecismo de la Iglesia Católica Romana, P. 211–882).

¿Tiene la Iglesia Católica Autoridad Para Perdonar Pecados?

La Iglesia Católica Romana afirma que tanto el papa como el clero tienen poder para perdonar pecados en la tierra. Ellos afirman que por medio al Sacramento de Confesión, su clero tiene poder para perdonar pecados. Según la propia afirmación de la Iglesia Católica:

"Se llama sacramento de confesión porque la declaración y manifestación, la confesión de pecados al sacerdote, es un elemento esencial de este sacramento...Se le llama sacramento del perdón porque, por la absolución del sacerdote, Dios concede al penitente "el perdón y la paz" (Catecismo de la Iglesia Católica, p.328–1424).

Debe notarse que la creencia de que el Sacerdocio Católico ha sido dotado de autoridad para perdonar los pecados de la iglesia comenzó en Roma y Cartago a mediados del tercer siglo D.C. En su libro, Cristianismo, los Primeros Tres Mil Años, Diarmaid MacCulloch nos dice que durante la persecución del Emperador Decio alrededor del año 256 D.C., una "abrumadora mayoría de Cristianos sucumbió o se rindió" a las demandas imperiales de ofrecer sacrificios a los dioses romanos. MacCulloch también nos dice que se produjo una controversia entre el "sacerdote Novaciano en Roma" y sus oponentes en Cartago, el Obispo Cipriano y el Obispo Cornelio, "sobre el asunto del perdón" de aquellos que habían recaído en negar su fe en Jesucristo y ofrecieron el sacrificio que las autoridades romanas habían demandado. MacCulloch añadió también que Cornelio creía y ensenaba abiertamente "que el perdón a manos de un obispo era posible". Obviamente, Cornelio sostenía el punto de vista de los apóstatas o "traditores". Novaciano estaba en contra del nombramiento de Cornelio para la posición de Obispo. MacCulloch dice además que Novaciano cuestionó si aquellos quienes habían negado a Cristo debían ser perdonados y aceptados en la membrecía de la iglesia. Cipriano por otra parte, no solamente insistió en que el Obispo tenía autoridad para perdonar pecados, sino que también "subrayó que el obispo era...un sucesor de los Apóstoles en cada diócesis". Cuando los obispos Cipriano y Cornelio unieron fuerzas en contra de Novaciano, el punto de vista de ellos prevaleció. MacCulloch nos dice que mientras los Novacianos mantenían su creencia y continuaron creciendo en Roma, Novaciano se fue a África del Norte en donde el añadió nuevos miembros a su iglesia. Sin embargo, debemos notar que MacCulloch hace esta observación sorprendente con respecto a algunos de los adeptos de Novaciano que regresaban a Roma desde África:

> "Cuando algunos de estos nuevos convertidos venían a Roma buscando membrecía en la iglesia de Cipriano y Cornelio en Cartago y Roma, eran sujetos a escrutinio. ¿Era el bautismo Novaciano válido? Cipriano pensaba que no, pero un Nuevo Obispo en Roma, Stephen, deseando ser conciliador con aquellos que llegaban a Roma, estuvo en desacuerdo con Cipriano, quien lo llamó Anticristo. Los seguidores de Novaciano en África del Norte creían que "el bautismo sólo podía hacerse dentro de la comunidad Cristiana la cual es la iglesia. Por otra parte, los seguidores de Cipriano y Cornelio creían que el sacramento pertenecía a Cristo y no a la iglesia, y que por lo tanto era válido por cualquiera que lo realizare siempre y cuando fuera hecho en la forma correcta y con las intenciones correctas" (Diarmaid MacCulloch: Cristianismo, los Primeros Tres Mil Años, p. 175).

Cualquier estudioso serio de la historia de la Iglesia notaría que no fue por casualidad que Donato, un cristiano de África del Norte cuya teología y punto de vista con respecto a aquellos que negaban a Cristo y luego buscaban reingreso en la membrecía de la iglesia, fueron compatible con aquellas de Novaciano. Además debemos notar que Donato también se opuso firmemente al nombramiento de otro traidor o apóstata a la posición de Obispo de Cartago en el 311 D.C., alrededor de sesenta años después de la disputa entre Novaciano y Cipriano. La historia parece indicar que África del Norte fue un bastión de la creencia teológica de Novaciano. Parece ser muy probable que la razón por la que Donato sostuvo las mismas creencias de Novaciano fuera porque Donato mismo fue producto del ministerio Novaciano en África del Norte. Por otro lado, parece que desde mediados del siglo tres, Cartago, el lugar donde Donato ejercía su ministerio, también permaneció como un baluarte del movimiento Donatista. Debe recordarse que Cartago fue el primer lugar donde Constantino ordenó la persecución de cristianos - seguidores de Donato - después que el Emperador Constantino reconoció el Catolicismo Romano como religión oficial del Imperio Romano. En mi opinión, existen evidencias históricas contundentes que probarían que miembros del clero apostata Católico fueron nombrados en posiciones de liderazgo en la iglesia. El estudiante de la Biblia debe considerar los hechos presentados arriba como parte del trasfondo teológico y la enseñanza Católica con respecto a la creencia Católica de que el papa y los obispos tienen autoridad para perdonar pecados aquí en la Tierra.

De acuerdo a la enseñanza del Catolicismo Romano, en Juan 20:21–23: "Jesús confiere este poder a los hombres para ser ejercido en su nombre" (Catecismo de la Iglesia Católica, p.332–1441). Esta doctrina o creencia está basada en Mateo 16:19, en donde el Señor Jesús le dijo al apóstol Pedro:

"Y a ti te daré las llaves del reino de los cielos; y todo lo que atares en la tierra será atado en los cielos; y todo lo que desatares en la tierra será desatado en los cielos". Comentando en este pasaje, la Iglesia Católica afirma:

"Está claro que también el Colegio de los Apóstoles, unido a su cabeza (cf Mt 18, 18; 28, 16-20), recibió la función de atar y desatar dada a Pedro". (cf Mt 16, 19) (Catecismo de la Iglesia Católica, P. 333–1444).

La Iglesia Católica ha utilizado este pasaje para justificar su creencia de que Pedro como el primer papa es el fundamento y la cabeza de la Iglesia. El papado cree que con la confesión de Pedro, la Iglesia Católica ganó el derecho de la primacía y a la autoridad de perdonar los pecados de los hombres en la Tierra. Sin embargo, nada está más lejos de la verdad que esta creencia. La confesión de Pedro, no la persona Pedro, constituye la verdad, la cual es la roca sobre la cual la iglesia de Cristo fue edificada y continua todavía siendo edificada. Debe notarse que la palabra "Pedro" en el idioma griego es "Petros", la cual significa "piedrita" o pequeña piedra (Juan 1:42). Por lo tanto, existe una diferencia obvia entre una piedra y una roca. Pedro no es la roca, la confesión que él hizo es la roca. Los que han estudiado la Biblia conocen muy bien que el Señor Jesús es la "Roca... la principal piedra del ángulo". Por tanto, la Iglesia está fundada sobre la "Roca", no en la piedra pequeña (Pedro). Todo lo contrario,

Pedro fue la primera "piedra viva" que fue añadida al fundamento (la Roca). No es verdad que el Señor Jesús usó el nombre "Pedro" como equivalente de, "Sobre esta piedra edificaré Mi Iglesia". Cuando el Señor Jesús le dijo a Pedro, "Serás llamado Cefas", cuya traducción es, "una piedra", es como si Jesús estuviera diciendo:

> "Mira eso Pedro, tú siendo una pequeña piedra has confesado que yo soy 'el Cristo, el Hijo del Dios viviente'. Por tanto, 'sobre esta roca' (la confesión, no Pedro) 'edificaré Mi Iglesia, y tú eres la primera piedra'".

¿Sobre cuál roca dijo Jesús que edificaría El Su Iglesia? No sobre Pedro, lo cual significa "pequeña piedra", sino "sobre esta roca", lo cual se refiere a la confesión de Pedro, "Tú eres el Cristo, el Hijo del Dios viviente". ¿Qué es la Iglesia? Es un organismo viviente; es el cuerpo de Cristo. Consecuentemente, todos los creyentes en Cristo como "piedras vivas" se han unido a la Iglesia de la misma manera que Pedro, confesando y creyendo que Jesús es "el Cristo, el Hijo del Dios viviente". La Iglesia de Cristo está compuesta por "piedras vivas", las cuales son todos aquellos que han creído que Jesús es el "Cristo, el Hijo del Dios viviente":

> "Vosotros también, como piedras vivas, sed edificados como casa espiritual y sacerdocio santo, para ofrecer sacrificios espirituales aceptables a Dios por medio de Jesucristo. Por lo cual también contiene la Escritura: He aquí, pongo en Sion la principal piedra del ángulo, escogida, preciosa; Y el que creyere en él, no será avergonzado. Para vosotros, pues, los que creéis, Él es precioso; pero para los que no creen, la piedra que los edificadores desecharon, ha venido a ser la cabeza del ángulo". (1 Pedro 2: 5–7 VRV).

El Señor Jesús es el fundamento sobre el cual la Iglesia es edificada y al mismo tiempo, Él es la cabeza de la Iglesia. En consecuencia, la primacía y jefatura de la Iglesia pertenece solamente al Señor Jesucristo. No pertenece a Pedro, ni a "sus sucesores" como la Iglesia Católica Romana afirma. ¿Qué quiere decir el clero de la Iglesia Católica cuando afirma?:

"Está claro que también el Colegio de los Apóstoles unido a su cabeza (cf Mt 18, 18; 28, 16-20) recibió la función de atar y desatar dada a Pedro (Mt 16, 19)".

Otra vez, de acuerdo a la doctrina del Catecismo de la Iglesia Católica,

"Las palabras atar y desatar significa: aquel a quien excluyáis de vuestra comunión, será excluido de la comunión con Dios; aquel a quien recibáis de nuevo en vuestra comunión, Dios lo acogerá también en la suya. La reconciliación con la Iglesia es inseparable de la reconciliación con Dios" (Catecismo de la Iglesia Católica, p. 333–1445).

Durante las diferentes persecuciones de la Inquisición, el papado utilizo el poder que de acuerdo a ellos, la iglesia tiene "para excluir de la comunión con Dios, aquel a quien excluyáis". El papado uso ese poder para amenazar reyes y ciudadanos con ser ex comunicados de la iglesia. Mucha gente a través del mundo todavía cree la mentira de que la iglesia Católica tiene la función y el poder único para excluir a los hombres de la comunión con Dios. Realmente, ¿enseñó el Señor Jesús que la iglesia tiene autoridad para perdonar pecados? El clero de la Iglesia Católica Romana ha afirmado que el Señor Jesús dio a la Iglesia la autoridad para perdonar pecados:

"Puesto que Cristo confió a sus apóstoles el ministerio de la reconciliación (ref. Jn. 20, 23; 2Co. 5:18), los obispos, sus sucesores, y los presbíteros, colaboradores de los obispos, siguen ejerciendo este ministerio. En efecto, los obispos y los presbíteros, en virtud del sacramento de la Orden, tienen el poder de perdonar todos los pecados "en el nombre del Padre y del Hijo y del Espíritu Santo" (p. 337–1461). "En caso de peligro de muerte, cada sacerdote, aún privado de la facultad de oír confesiones, pueden absolver la persona de cualquier pecado..." (Catecismo de la Iglesia Católica, p. 338–1463).

Consideremos la fórmula que el sacerdote católico utiliza cuando perdona pecado(s). De acuerdo al Catecismo Católico, las siguientes son las palabras que el sacerdote usualmente dice después de que un penitente le ha confesado sus pecados:

"Dios Padre misericordioso, que reconcilió consigo al mundo por la muerte y la resurrección de su Hijo y derramó el Espíritu Santo para la remisión de los pecados, te conceda, por el ministerio de la Iglesia el perdón y la paz. Y yo te absuelvo de tus pecados en el nombre del Padre y del Hijo y del Espíritu Santo" (Catecismo de la Iglesia Católica, P. 334–1449).

Sólo Dios Puede Perdonar Pecados

De acuerdo a la Biblia, Dios y sólo Dios puede perdonar pecados. Antes de abordar el tema, siendo que la Iglesia Católica Romana enseña que la salvación se puede perder, me es necesario clarificar, en primer lugar, que un verdadero cristiano nunca pierde su salvación. Aquellos que son salvos, por la gracia de Dios, perseverarán por la eternidad. Sin embargo, según la Biblia, es un hecho innegable que los cristianos pecan aún después de ser salvos. Por lo tanto, cuando un cristiano peca, él debe ir a Dios en oración y confesar sus pecados directamente a Él: "Si confesamos nuestros pecados, Él es fiel y justo para perdonar nuestros pecados, y limpiarnos de toda maldad". (1 Juan 1:9 VRV).

Segundo, de acuerdo a las sagradas Escrituras, Sólo Dios puede perdonar pecados. "Cuando Jesús vio la fe de ellos, le dijo al paralítico: Hijo, tus pecados te son perdonados". (Marcos 2:5). Se nos dice en esta porción bíblica que cuando los escribas oyeron lo que el Señor Jesús le dijo al hombre, ellos decían para sí mismos, "¿Por qué habla éste así? Blasfemias dice. ¿Quién puede perdonar pecados, sino sólo Dios?" (Marcos 2:6–7 VRV). Por supuesto, tal como hemos dicho, los escribas vieron en Jesús justamente a otro hombre, por tanto ellos concluyeron que Jesús había cometido una blasfemia al afirmar que Él podía perdonar pecados. Sin embargo, sabemos que la razón por la cual Jesús tiene autoridad para perdonar pecados es porque Él es Dios. La Biblia es clara en enseñar que Dios no le ha dado esta prerrogativa a ningún ser humano en esta Tierra, contrario a lo que el clero del falso Cristianismo asegura. En consecuencia, permanece cierto que es una seria blasfemia para cualquier hombre tomar el lugar de Dios y proclamar tener autoridad para perdonar pecados. Naturalmente, la creencia hereje de la Iglesia Católica a este respecto está convenientemente basada en su interpretación torcida de las palabras que el Señor Jesús le dijo a Pedro:

"Y a ti te daré las llaves del reino de los cielos; y todo lo que atares en la tierra será atado en los cielos; y todo lo que desatares en la tierra será desatado en los cielos" (Mateo 16:19 VRV).

Además, esta creencia hereje está basada en una interpretación pervertida de lo que el Señor Jesús les dijo a sus discípulos con respecto al mismo tema:

"Entonces Jesús les dijo otra vez: Paz a vosotros. Como me envió el Padre, así también yo os envío. Y habiendo dicho esto, sopló, y les dijo: Recibid el Espíritu Santo. A quienes remitiereis los pecados, les son remitidos; y a quienes se los retuviereis, les son retenidos.". (Juan 20:21–23 VRV).

"De cierto os digo que todo lo que atéis en la tierra, será atado en el cielo; y todo lo que desatéis en la tierra, será desatado en el cielo". (Mateo 18:18 VRV).

Sabemos que el Señor Jesús no estaba contradiciendo Su propia Palabra cuando les dijo a Sus discípulos, "A quienes remitiereis los pecados, les son remitidos; y a quienes se los retuviereis, les son retenidos". Por eso, si El no contradijo la palabra de Dios, entonces ¿cómo hemos de interpretar Mateo 16:19; Juan 20:21–23 y Mateo 18:18? "Las llaves del reino de los cielos", representa la autoridad que el Señor Jesús dio a Pedro y por extensión a todo líder espiritual de la iglesia Cristiana para declarar lo que estaba atado o desatado en los cielos, exclusivamente con respecto a la disciplina de un miembro en la iglesia. Debe notarse que en Mateo 18:18, el Señor Jesús repitió lo que Él había dicho previamente a Sus discípulos en Mateo 16:19. Sin embargo, vale la pena recordar que el significado de Juan 20:21–23 y Mateo 16:19, debe ser interpretado en el contexto de Mateo 18:15–17:

"Por tanto, si tu hermano peca contra ti, ve y repréndele estando tú y él solos; si te oyere, has ganado a tu hermano. Más si no te oyere, toma aún contigo a uno o dos, para que en boca de dos o tres testigos conste toda palabra. Si no los oyere a ellos, dilo a la iglesia; y si no oyere a la iglesia, tenle por gentil y publicano".

En "La Biblia de Estudio MacArthur", John MacArthur comparte cómo en las Santas Escrituras, el Señor Jesús estableció un proceso de cuatro pasos para tratar con el pecado en la iglesia:

Paso uno: "ve y repréndele estando tú y él solos; si te oyere, has ganado a tu hermano".

Paso dos: "Más si no te oyere, toma aún contigo a uno o dos, para que en boca de dos o tres testigos conste toda palabra".

Paso tres: "Si no los oyere a ellos, dilo a la iglesia".

Paso Cuatro: "Si no oyere a la iglesia, tenle por gentil y publicano".

De acuerdo con la enseñanza de Jesús a este respecto, si el intento de reconciliar el hermano falla en el paso número tres, entonces el asunto debe ser tomado directamente a la iglesia. Si el hermano no se arrepiente, entonces la iglesia debe excomulgar al impenitente miembro y tenerlo como a un "gentil y publicano". Es precisamente a este proceso disciplinario y particularmente a la decisión de la Iglesia con respecto a la actitud de un miembro que ha pecado, que el Señor Jesús se refiere cuando dijo, "De cierto os digo que todo lo que (la Iglesia) atéis en la tierra, será atado en el cielo; y todo lo que (la Iglesia) desatéis en la tierra, será desatado en el cielo". Este es también el caso exclusivo en donde, "A quienes (ustedes, la Iglesia) remitiereis los pecados, les son remitidos; y a quienes (ustedes, la Iglesia) se los retuviereis, les son retenidos" (Juan 20:23 VRV).

Veamos un ejemplo de la aplicación de este principio en los escritos del apóstol Pablo, en el Nuevo Testamento. En 1Corintios

5:1–5, Pablo señaló la inmoralidad de un hermano de la Iglesia de Corinto quien estaba durmiendo con "la esposa de su padre":

"Ciertamente como ausente en cuerpo, pero presente en espíritu, ya como presente he juzgado al que tal cosa ha hecho. En el nombre de nuestro Señor Jesucristo, reunidos vosotros y mi espíritu, con el poder de nuestro Señor Jesucristo, el tal sea entregado a Satanás para destrucción de la carne, a fin de que el espíritu sea salvo en el día del Señor Jesús".

Pablo decidió que el juicio de este miembro en particular de la iglesia en Corinto fuera excomulgado. Él les dijo, "reunidos vosotros" como iglesia para pasar juicio al impenitente miembro, yo estaré ahí con ustedes en espíritu para que sepan que "todo lo que atéis en la tierra, será atado en el cielo". Sabemos que el castigo fue la excomunión puesto que Pablo "decidió entregarlo a Satanás". Siempre que un miembro de la iglesia es excomulgado, él es removido de la esfera de bendición (la iglesia) "para destrucción de su carne, a fin de que su espíritu pueda ser salvo...".

Por lo tanto, lo que el Señor Jesús enseñó en Mateo 18:15–17, es que cualquier cuerpo de creyentes propiamente constituido—una iglesia local—actuando de acuerdo a la palabra de Dios para aplicar la disciplina a un hermano impenitente, tiene la autoridad de declarar si el hermano en cuestión es perdonado o no, cuando la iglesia se reúne para juzgar los pecados de ese miembro. En tal caso, la Iglesia tiene la autoridad de declarar el juicio del cielo basado en el proceso de los cuatro pasos o principios de la palabra de Dios que hemos mencionado arriba. Cuando los miembros de una iglesia hacen tal juicio basado en la Palabra de Dios, ellos pueden estar seguros de que todo lo que la iglesia "atare" y "desatare" en la tierra, será "atado" y "desatado" en el cielo". Cuando los miembros de una iglesia dicen que un miembro impenitente está atado en pecado, Dios está de acuerdo con lo que ellos dicen acerca de esa persona. Cuando los miembros de una iglesia reconocen que un miembro arrepentido ha sido desatado o perdonado de su pecado porque ha mostrado arrepentimiento, Dios está de acuerdo con el pronunciamiento de los miembros de tal iglesia. En resumen, Dios no le ha dado autoridad a ningún miembro en particular de la iglesia para perdonar el pecado de la gente, más bien le ha dado a los líderes espirituales dentro de la iglesia, autoridad para administrar la disciplina cuando un creyente ha pecado.

Sin embargo, la Iglesia Católica clama que Dios le ha dado al clero la autoridad de perdonar pecado, especialmente después de que el miembro de la iglesia ha perdido su salvación o ha caído de la gracia. La Iglesia Católica cree que una persona puede "recobrar la gracia de la justificación", después de haberla perdido. Una persona a través del Internet pregunto si es verdad que un creyente puede perder su salvación. Otro individuo en el Internet que parecía impaciente en usar la oportunidad para enfatizar su creencia Católica dijo:

> "Cuando nosotros somos bautizados en el Cuerpo Místico de Cristo, nosotros entramos en un estado de Gracia. Pecar seriamente/mortalmente es equivalente a removernos nosotros mismo del estado de Gracia, y en ese punto, nuestra salvación se pierde, si la persona no se arrepiente. Para arreglar las cosas, la persona debe sentir pena por su pecado, y recibir el Sacramento de la Confesión. Esa es la única manera de regresar al estado de Gracia a la que se entró por medio del bautismo, restaurando así la salvación de la persona".

La Iglesia Católica Romana cree que sus miembros pueden alcanzar un punto en su travesía espiritual, donde la salvación puede ser "perdida", cuando nos removemos "nosotros mismos del estado de Gracia". Es evidente que la salvación obtenida por medio de la Iglesia Católica no es el tipo de salvación de la que habla la Biblia. Si la salvación que el pecador obtiene por medio de la Iglesia Católica no es de Dios, entonces no debe haber ningún argumento en contra de su creencia de que ésta se puede perder. La Iglesia Católica afirma que Dios le ha dado a su clero la autoridad de perdonar pecados, especialmente después que un miembro de la iglesia ha perdido su salvación o ha caído de la gracia. De acuerdo al Catolicismo Romano, un miembro de la iglesia que ha perdido la salvación puede "recuperar la gracia de la justificación" sólo si utiliza los recursos espirituales de la confesión de los pecados a un sacerdote quien le absolverá de todos su pecados y luego participa del sacramento de la Eucaristía o Comunión. Una vez hecho esto, el miembro es restaurado. No puedo más que sentir conmiseración por cualquier persona que viva su fe bajo la opresión y el miedo que resultaría de un sistema de creencias que enseña que la salvación se puede perder. Tal vez la pregunta que nos debemos hacer es, ¿cómo puedes tú perder lo que no posees? La falta de fe y confianza para creer que la muerte de Cristo en la Cruz es suficiente para salvar eternamente los que se arrepienten y creen en Él es una clara indicación de que ellos no están en posesión de la fe salvadora. Hagámonos la pregunta otra vez, ¿Puede un cristiano nacido de nuevo realmente perder su salvación? El Señor Jesús nos asegura que eso no es posible, de lo contrario, no era salvación:

"De cierto, de cierto os digo: El que oye mi palabra, y cree al que me envió, tiene vida eterna; y no vendrá a condenación, más ha pasado de muerte a vida…y yo les doy vida eterna, y no perecerán jamás, ni nadie las arrebatará de mi mano. Mi padre que las dio, es mayor que todos, y nadie las puede arrebatar de la mano de mi Padre" (Juan 5:24; 10:27–29 VRV).

El lenguaje que el Señor Jesús usa aquí no deja dudas de que la salvación de los que creen en Él está segura por toda la eternidad. Por favor note el énfasis en la palabras de Cristo "El que oye mi palabra y cree al que me envió tiene vida eterna; y no vendrá a condenación…Yo les dio vida eterna, y no perecerán jamás; ni nadie las arrebatará de la mano de mi Padre". Aquellos que creen que un cristiano puede perder su salvación deben estudiar estos dos pasajes a profundidad para que puedan entender que cuando Dios salva una persona, esa salvación durará por toda la eternidad.

La posición de un creyente está segura porque "yo les doy vida eterna", y "vida eterna" es la vida divina, es la vida de Dios. Es una vida de gozo, paz y compañerismo con Dios que durara para siempre. Si a pesar de las propias palabras de seguridad que el Señor Jesús mismo nos dio para que no dudemos, todavía tú crees que puedes perder tu salvación, entonces te sugiero que tomes la fe y lealtad que tú tienes en tu iglesia y las pongas en Dios, para que puedas ser salvo. La Biblia dice, "Porque sin fe es imposible agradar a Dios, porque es necesario que los que a Él se acercan, crean que existe y que es galardonador de los que le buscan" (Hebreos 11:6 VRV). El énfasis hecho en los Capítulos once y doce del libro a los Hebreos es que, los héroes de la fe mencionados allí, siempre demostraron su fe tomando a Dios por Su palabra. Por lo tanto, si alguien desea ser salvo, debe creer y seguir a Dios convencido de que Él es real. Porque "es imposible agradar a Dios", y ser salvo si al mismo tiempo le llamas a Dios mentiroso. Ningún individuo podrá ser salvo si el tal coloca la autoridad de su iglesia, o la autoridad de un líder religioso, por encima de la Palabra autoritativa de Dios.

Nada podrá jamás alterar el hecho de que esos que creen en el Señor Jesús "tienen vida eterna y no vendrán a condenación, más han pasado de muerte a vida". De acuerdo a la Iglesia Católica Romana, uno que ha perdido su salvación, puede "recobrar la gracia de la justificación" por medio de los "Sacramentos de la Penitencia". Esto es lo que la Iglesia Católica enseña:

> "Cristo instituyó el Sacramento de Penitencia en favor de todos los miembros pecadores de su Iglesia, ante todo para los que, después del Bautismo, hayan caído en el pecado grave y así hayan perdido la gracia bautismal y lesionado la comunión eclesial. El sacramento de la Penitencia ofrece a estos una nueva posibilidad de convertirse y de recuperar la gracia de la justificación. Los padres de la Iglesia presentan este sacramento como "la segunda tabla (de salvación) después del naufragio que es la pérdida de la gracia" (Catecismo de la Iglesia Católica, p. 333–1446).

Es de interés notar que el clero Católico admite que "los padres de la Iglesia introdujeron este sacramento", no el Señor Jesús. Según el Catolicismo Romano, el "Sacramento de Penitencia" involucra tres cosas: la confesión de pecados al sacerdote, la absolución de pecados por parte del sacerdote y la participación del creyente en la Eucaristía. En el Catolicismo Romano, los miembros de la iglesia pueden obtener el perdón de pecados (no necesariamente "pecados mortales") confesando sus pecados al sacerdote y participando de la Eucaristía. Sin embargo, para aquellos miembros "que han caído en pecados graves después del bautismo, y han perdido su gracia bautismal" el "Sacramento de Penitencia" les ofrece "una nueva posibilidad de convertirse y recuperar la gracia de la justificación".

El Sacramento de Penitencia consiste en confesar los pecados al sacerdote quien absolverá al penitente de todos sus pecados y le ayudará a participar en la Eucaristía. Esto también explica la razón por la que muchos Católicos participan diariamente o muy frecuentemente en la Eucaristía o Comunión, la cual de acuerdo al Catolicismo Romano es el verdadero cuerpo de Cristo, presente en el elemento de la comunión, y "el antídoto que nos libera de nuestras faltas diarias y nos preserva de los pecados mortales" (Catecismo de la Iglesia Católica, p. 331–1436).

La Biblia aconseja a todos verdaderos creyentes en Cristo a que confesemos nuestros pecados directamente a Dios para obtener el perdón: "Si confesamos nuestros pecados, él es fiel y justo para perdonar nuestros pecados, y limpiarnos de toda maldad". (1 Juan 1:9 VRV). Los cristianos no somos salvos, ni santificados, ni preservados "por obras de justicias que nosotros hubiéramos hecho" (Tito 3:5), sino solo por gracia, por medio de la fe en Cristo solo: "Porque por gracia sois salvos por medio de la fe; y esto no de vosotros, pues es don de Dios; no por obras, para que nadie se gloríe". (Efesios 2: 8–9 VRV).

La Base del Reclamo a la Primacía de la Iglesia

¿Cuáles fueron los objetivos del Primer Concilio Ecuménico de Nicea? Para los propósitos de este libro, solo exploraré los tres objetivos más importantes que fueron logrados con el Primer Concilio de Nicea, el cual fue convocado y presidido por el Emperador Constantino en el 325 D.C.

Como dijimos anteriormente, el Primer Concilio de Nicea determinó la fecha de la Semana Santa. El hecho de que el Emperador Constantino y su clero apóstata buscaron establecer la fecha para celebrar la Semana Santa prueba que ésta celebración no formó parte de la costumbre del Cristianismo durante los primeros trescientos años después de la muerte y resurrección de Cristo. Estamos de acuerdo en que el Señor Jesús murió y resucitó en una fecha que correspondería con la fecha de la celebración de lo hoy llamamos la Semana Santa, al comienzo de la primavera de cada año. Sin embargo, el falso Cristianismo le dio a la celebración de nuestro domingo de resurrección, el nombre de una celebración pagana (Ishtar), la cual se celebraba también en la primavera de cada año. La iglesia apostata escogió un nombre y una fecha para conmemorar la muerte y resurrección del Señor Jesús, que agradara por igual tanto a cristianos como a paganos. En segundo lugar, debe notarse que el Emperador Constantino y el clero apóstata del falso Cristianismo utilizaron el Primer Concilio de Nicea para crear la primera parte del Credo de Nicea el cual dice: "Creemos en una santa iglesia católica y apostólica y en un solo bautismo".

El Credo trató de hacer ilegítimo los dos reclamos principales de los seguidores de Donato, quienes desde el principio insistieron en que ellos solos representaban la verdadera Iglesia de Cristo, no los "traidores o apóstatas, y que el bautismo realizado por el clero de Constantino no era válido. Por tanto, cuando el Primer Concilio de Nicea decretó, "Creemos en una santa iglesia católica y apostólica…y en un solo bautismo", lo que ellos en realidad hicieron fue anular la legitimidad de los dos reclamos fundamentales de los Donatistas.

Por medio del Credo de Nicea, Constantino estableció la mentira de que la Iglesia Católica Romana es la única verdadera iglesia y que el bautismo de la Iglesia Católica es el único verdadero bautismo. Por lo tanto, por más de dieciséis siglos, Constantino y su clero apóstata han hecho que el mundo crea que la Iglesia Católica Romana es la única iglesia verdadera y que la salvación de los hombres puede ser alcanzada solamente a través del bautismo y membrecía en la Iglesia Católica. Aún más, a través de la creación del Credo, Constantino inventó y aseguró la primacía de la Iglesia Católica Romana y también repudio la posición del Movimiento Donatista.

Es de interés notar que la palabra "católico" es la traducción de la palabra Latina que significa "universal". Por lo tanto, el nombre "católico" fue acuñado deliberadamente para proyectar la creencia de que como la única iglesia "universal" y verdadera, la Iglesia Católica lo abarca todo y que nada fuera de ella pertenece a Dios. A través de toda la historia de la Cristiandad, ningún verdadero cristiano nacido de nuevo ha estado jamás de acuerdo con esta afirmación arrogante y blasfema. El cuerpo de Cristo (Su Iglesia) es tan diversa como el número de sus miembros. La verdadera Iglesia Universal de Cristo encuentra su expresión o manifestación física real a través de todas las congregaciones locales esparcidas por el globo terráqueo. Según la Biblia, cada congregación local es parte del cuerpo universal de Cristo.

De acuerdo al modelo bíblico, cada congregación local debe ser libre de gobernarse a sí misma bajo el Señorío de Cristo, sin la interferencia del estado o cualquier otra iglesia local o universal. Esto es lo que los Bautistas llaman el "gobierno eclesiástico congregacional". Esto no significa que las iglesias locales no se asociaran bajo concilios, conferencias o convenciones, para fortalecer el lazo del compañerismo cristiano entre ellas y también para trabajar juntos y ser más efectivos en la tarea de la evangelización del mundo. Sin embargo, bajo este tipo de gobierno eclesiástico, cada congregación local es independiente solamente en su relación con otras congregaciones, pero en su relación con Cristo, ella es totalmente dependiente y responsable ante Cristo quien es la cabeza de la Iglesia Universal. Bajo esta forma de gobierno eclesiástico, el Señor Jesús es la cabeza de cada iglesia local de la misma forma que Él es la cabeza de la Iglesia Universal. De hecho, según la Biblia, la Iglesia Universal sólo tiene un líder y una cabeza en la Tierra, y ése es nuestro Señor Jesucristo Mismo, no el papa.

Tenemos que reconocer que algunos líderes religiosos de otras denominaciones se han salido de la Biblia para abrazar otras formas de gobiernos eclesiásticos tales como el Episcopal, en donde de acuerdo con sus proponentes: la fuente de autoridad viene a través de la sucesión de episcopus u obispos. Aquellos que creen en este tipo de gobierno eclesiástico afirman que el Señor Jesús mismo estableció la sucesión apostólica a través de Pedro. Esta es la forma de gobierno eclesiástico que la Iglesia Católica Romana ha practicado desde que nació en el 325 D.C. Bajo este tipo de gobierno eclesiástico, la Iglesia Católica no existiría fuera de la autoridad del obispo de Roma (el papa), quien es no sólo la cabeza de la iglesia, sino también la iglesia. Constantino plantó la semilla de esta forma absolutista y hereje de gobierno eclesiástico, cuando con una fracción insignificante de todos los obispos que debieron asistir el Primer Concilio de Nicea, procedió a decretar, "Creemos en una santa iglesia católica y apostólica…y en un solo bautismo…". No existe evidencia histórica o bíblica alguna que pueda indicar que antes del Edicto de Milán, los cristianos creyeron que solo había "una santa iglesia católica y apostólica". Sin embargo, después del Primer Concilio Ecuménico de Nicea, el clero de la religión imperial escogió convenientemente creer la mentira de que los pecadores pueden encontrar salvación a través del bautismo y los sacramentos dispensados exclusivamente por la Iglesia Católica Romana. Por ejemplo, en el XII Concilio Ecuménico Laterano IV que se celebró en San Juan de Letrán, en Roma, en el 1215, el Papa Inocencio III (1198–1216) reafirmó el Credo de Nicea cuando declaró,

> "Sólo hay una iglesia universal de los fieles, fuera de la cual nadie en absoluto es salvo".

Además, el Papa Bonifacio VIII (1294–1303) en su 1302 Sanctam Bull Unam, declaró ex cátedra que es:

> "absolutamente necesario para la salvación de cada criatura humana estar sujeta al Pontífice Romano".

El clero ha afirmado que la Iglesia Católica Romana es la fuente absoluta de verdad divina para la humanidad, y que el hombre debe aceptar su versión de la verdad sin cuestionarla. Por ejemplo, el Papa Clemente V (1305–1314), durante el XV Concilio Ecuménico de Viena, el cual se celebró en Viena (sur de Lyon), (1311–1312), declaró que los individuos que obstinadamente sostienen, "que el alma racional o intelectual no es la forma del cuerpo humano en sí misma y esencialmente, debe ser visto como un hereje". Cuando el Papa Clemente hizo ese pronunciamiento, la Iglesia Católica ya estaba en el negocio de quemar "herejes" vivos simplemente por haber escogido o retenido una religión o creencia doctrinal diferente a la Católica Romana. De esa manera, por casi siete siglos, el clero de la Iglesia Católica Romana se mantuvo violando el más grande de los dones que Dios le ha dado al hombre, el derecho a la autodeterminación, el derecho a escoger su propia creencia. La Biblia y la historia prueban que la primacía de la Iglesia Católica Romana surgió y fue sostenida por autoridad imperial, no por designación divina.

Aunque cuando el Señor Jesús estuvo en la Tierra tuvo muchos discípulos, El "estableció a doce, para que estuviesen con él, y para enviarlos a predicar, y que tuviesen autoridad para sanar enfermedades y para echar fuera demonios". (Marcos 3:14–15 VRV). Estos doce, excepto Judas, llegaron a ser sus apóstoles. La palabra apóstol es la traducción de la palabra griega apóstolos, la cual significa "enviado". Cuando es usada en referencia a los trece apóstoles de Jesús, la palabra apóstol tiene un significado restringido y único. Los apóstoles fueron escogidos y comisionados directamente por el Señor Jesús. Es muy importante notar que no existe evidencia en la historia del Nuevo Testamento, ni en la iglesia primitiva, de que la posición de los trece apóstoles de Jesús continuó, o fue ocupada de nuevo después de la muerte de todos los apóstoles originales. La razón es que la función de los trece apóstoles del Señor Jesús tuvo un papel específico y limitado. Según la Biblia, el Señor Jesucristo escogió a los apóstoles originales para las siguientes tareas temporales:

Para poner el fundamento de la Iglesia (Efesios 2:20).

Para recibir, declarar y registrar la Palabra de Dios tal como el Santo Espíritu se las reveló (Efesios 3:5; Hechos 11:28; 21:10–11).

Para confirmar la Palabra revelada de Dios y su apostolado, a través de señales, maravillas, y milagros (2 Corintios 12:12; Hechos 8:6–7; Hebreos. 2:3–4).

De manera que, de acuerdo a Efesios 2:20 la enseñanza de los apóstoles se convertiría en la fundación de la Iglesia. Por tanto, las señales milagrosas que acompañaron el ministerio de los apóstoles tenían esencialmente el propósito de proveer evidencia de la autenticidad y autoridad de su apostolado. El oficio o la función del apostolado finalizó con los escritos apostólicos y las subsecuentes muertes de todos los apóstoles de Jesús en el primer siglo D.C. Aunque después de la muerte de los trece apóstoles no se necesitó más revelación de Dios para la Iglesia, todavía en un sentido más amplio, cada cristiano es un apóstol (un enviado) de Jesús. Así que los apóstoles establecieron el fundamento doctrinal de la Iglesia de Cristo. La enseñanza apostólica es autoritativa y final, tal como Pablo lo expresó:

"Estoy maravillado de que tan pronto os hayáis alejado del que os llamó por la gracia de Cristo, para seguir un evangelio diferente. No que haya otro, sino que hay algunos que os perturban y quieren pervertir el evangelio de Cristo". (Gálatas 1:6–7 VRV).

Pablo se maravilló que algunos cristianos se estaban apartando, no del Señor Jesús, pero sí del evangelio de salvación por gracia, para seguir otra doctrina diferente a la que él le había ensenado. La unidad de la iglesia alrededor de la enseñanza apostólica es tan esencial, que cuando Pablo se refirió al sectarismo en la Iglesia de Corintios, él les dijo:

"Os ruego, pues, hermanos, por el nombre de nuestro Señor Jesucristo, que habléis todos una misma cosa, y que no haya entre vosotros divisiones, sino que estéis perfectamente unidos en una misma mente y en un mismo parecer". (1 Corintios 1:10 VRV).

Fue claro para Pablo que había "divisiones", y "contiendas" alrededor de las facciones en la iglesia, las cuales sostenían creencias doctrinales que eran diferentes a las que Pablo personalmente les enseñó. Pablo no estaba suplicándoles por unidad espiritual sino por unidad doctrinal. "Que habléis todos una misma cosa" no significa repetir lo que otros dicen en la iglesia. La expresión literalmente significa, decir la misma cosa, o ser de una misma mente o pensamiento y creencia alrededor asuntos doctrinales en la iglesia. Los hermanos de Corinto debían adherirse a la misma doctrina apostólica tal como Pablo se las había pasado a ellos. Por lo tanto, la sana doctrina debe ser el criterio o el estándar para la unidad del cuerpo de Cristo, la Iglesia. Que la Biblia es la palabra autoritativa y final de Dios debe estar en el corazón de cada teología cristiana sana.

Basado en este principio, es virtualmente imposible esperar que cualquier iglesia evangélica conservativa participara en cualquier movimiento ecuménico que busque traer a todos los "creyentes" juntos, simplemente porque dicen que son cristianos. Recuerda, si no existe unidad doctrinal entre los cristianos de diferentes denominaciones, entonces no podemos, ni debemos estar "perfectamente unidos en una misma mente y en un mismo parecer". Si no estamos unidos en la doctrina básica y en los principios cristianos, entonces no debemos procurar la unidad de propósito. Cualquier desviación de las enseñanzas doctrinales de los apóstoles tal y como ellos las dejaron en la Biblia por inspiración divina, es una herejía que debe ser fuertemente condenada y repudiada. Si queremos honrar la Palabra de Dios, debemos evitar asociación con cualquier individuo, grupo religioso u organización que haya "pervertido el evangelio de Cristo" (Gálatas 1:7). Eso es precisamente lo que los apóstatas o falsos maestros han estado haciendo. Los falsos maestros "alejan a las personas" del verdadero "evangelio de la gracia". La palabra "alejado" en Gálatas 1:6 sugiere que de su propio libre albedrio, algunos llamados cristianos nominales estaban abandonando el evangelio de salvación por gracia, para abrazar el evangelio de salvación por gracia más algo; en este caso, obediencia a la ley (legalismo), la cual estaban enseñando los judaizantes dentro de la iglesia. Para Pablo, la doctrina apostólica, la cual ya había sido establecida en la Iglesia, era tan definitiva que él advirtió:

"Más si aún nosotros (los apóstoles), o un ángel del cielo, os anunciare otro evangelio diferente del que os hemos anunciado (los apóstoles), sea anatema. Como antes hemos dicho, también ahora lo repito: Si alguno os predica diferente evangelio del que habéis recibido, sea anatema" (Gálatas 1:8–9 VRV).

En primer lugar, el apóstol Pablo nos dice que los cristianos deben permanecer firmes contra aquellos que "quieren pervertir el evangelio de Cristo". No sólo debemos rechazar su enseñanza pervertida, sino también evitar asociación con ellos. Segundo, Pablo claramente advierte que si alguno quita o añade al evangelio de salvación por gracia sola, que "sea anatema". La palabra "anatema" traduce una palabra griega que significa: "maldito" o "bajo maldición", reservado para condenación eterna en el infierno. Cualquiera que pervierte el evangelio de Cristo, añadiendo o substrayendo algo a su contenido, cae bajo condenación eterna.

Aquellos que causaban problemas en la iglesia eran apóstatas quienes vinieron a la iglesia buscando "pervertir el evangelio de Cristo". Debe notarse que en el griego original la palabra "pervertir", como se utiliza aquí significa "hacer basura" el evangelio por medio de añadirle algo a su contenido sagrado. De acuerdo al "evangelio de Cristo", y la fundación doctrinal que los apóstoles pusieron en la Iglesia, la única manera en que los pecadores pueden ser salvos es por gracia sola, por medio de la fe en Cristo solo. Este es el hermoso y simple mensaje relacionado al "evangelio de Cristo"; salvación por gracia sola, por medio de la fe en Cristo solo. Sin embargo, los maestros apóstatas siempre han tratado de pervertir o hacer basura, la pureza, hermosura y simplicidad del evangelio de la gracia al añadirle las ceremonias y estándares del Viejo Pacto como un requerimiento para salvación. De igual manera, el clero del falso Cristianismo, la iglesia apostata de nuestros días, ha insistido en que aparte de la gracia y fe en Cristo, los pecadores necesitan los sacramentos de la Iglesia, principalmente el Bautismo, la Eucaristía, la Penitencia, las buenas obras, las limosnas, la veneración de "santos" o ídolos, para así alcanzar salvación. Ellos han anulado el poder de la salvación "por gracia, por medio de la fe" al insistir en que la salvación se encuentra en la autoridad y los sacramentos de la Iglesia Católica. A través de los diecisiete siglos de su historia, la Iglesia Católica Romana ha perfeccionado el arte de arruinar (hacer basura) el evangelio de la gracia al añadirle idolatría y "doctrina de demonios", y al insistir en que a través de buenas "obras" (efesios 1:9) los pecadores tienen que ganar o merecer el favor de Dios para ser salvos.

La Arrogancia del Falso Cristianismo

La Biblia habla de la arrogancia y esplendor imperial del falso Cristianismo. En virtud de su relación política y religiosa con el Imperio universal Romano, el Cristianismo oficial quedo condenado a cometer fornicación espiritual con "los reyes de la tierra y con los moradores de la tierra" (Apocalipsis 17:2). Y como se debía esperar, según Apocalipsis 17:4, el ostentoso Imperio Romano atavió el clero de "la mujer", la "gran ramera", con vestidos de "púrpura y escarlata, y adornada de oro, de piedras preciosas y de perlas" y puso en su "mano un cáliz de oro lleno de abominaciones y de la inmundicia de su fornicación" tal como se declara en la "Donación de Constantino". En su comentario acerca del Libro de Apocalipsis, con respecto a los colores "púrpura y escarlata", John MacArthur escribe:

> "Los colores de la realeza, la nobleza y la riqueza. La mujer es presentada como una prostituta quien ha practicado su ocupación exitosamente y llegado a ser extremadamente rica".

Como un cumplimiento profético, el falso Cristianismo ha usado la misma vestidura pomposa de su Patrón, el Imperio Romano, para adornar sus obispos, arzobispos y sacerdotes en un intento de emular la gloria, la dignidad y el poder de la realeza. Hasta el día de hoy, la historia ha presenciado el clero del falso Cristianismo usando prácticamente las misma insignias oficiales y la extravagancia del decoro personal que fue característico de la nobleza y la pompa romana oficial ("púrpura y escarlata") y una tiara—Triple Corona— la cual según ellos, representa lo celestial, espiritual y poderes temporales o seculares. Irónicamente, así es exactamente cómo los impostores de Pedro se describieron a sí mismos en la falsa Donación de Constantino que luego discutiré más adelante. Además de su vestido, "la gran ramera" está descrita vistiendo joyas caras en un intento de impresionar y seducir a los adoradores a tomar de su "cáliz de oro lleno de abominaciones" (Apocalipsis 17:4). ¿Es también pura coincidencia o una señal profética el hecho de que desde el momento en que fue organizada, la iglesia apóstata universal ha usado un cáliz de oro en sus abominables liturgias diarias? Los adornos externos han hecho que la iglesia apóstata parezca sofisticada, educada, decente y poderosa. Pero ella no es más que una prostituta sucia quien está constantemente intoxicada con la abundancia del éxito que fluye del "cáliz de oro lleno de abominaciones" (idolatría). La imagen de una prostituta sosteniendo un "cáliz de oro en su mano" habla de la riqueza e inmoderaciones de la Iglesia Católica Romana. Por supuesto, la iglesia humilde se convirtió en rica, política, famosa y poderosa más allá de toda comparación.

En verdad, la iglesia apóstata llego a ser muy exitosa en la práctica de su ocupación o fornicación espiritual. Uno tendría que estudiar la historia de falso Cristianismo para poder darse cuenta de que, es inconcebible e improbable que alguna vez ella haya representado realmente a la Iglesia de Cristo en la Tierra en alguna forma. ¿Cómo es posible que la iglesia que afirma representar el verdadero Cristianismo siempre caiga en inmoralidad terrible y cometa los crímenes atroces que por dieciséis siglos ella ha cometido en contra de judíos y cristianos nacidos de nuevo?. Una mirada crítica a la historia de la Iglesia Católica Romana guiaría a uno a la conclusión de que ella podría ser cualquier cosa, menos cristiana. Es una imposibilidad ser cristiano y al mismo tiempo ser tan malvado, ya que una es la antítesis de la otra. La promiscuidad espiritual que la iglesia apóstata ha cometido con "los reyes de la tierra" no sólo le ha traído gran fortuna, sino también poder y privilegio. Ella ha sido elevada al más alto lugar de prominencia política y religiosa. A través de la historia de los últimos dieciséis siglos, ella ha sido abrazada como la religión oficial en la mayoría de los países del mundo, logrando tanto la primacía y, a veces, la supremacía sobre otras religiones y autoridades seculares. Mientras que a otras religiones se les han negado aun el derecho de existir, el falso Cristianismo, en cambio, ha sido siempre agasajado con donaciones de terrenos, bienes inmuebles y dinero. Ella ha sido también distinguida con honores que son reservados solo para la nobleza y los reyes de la Tierra. Estos privilegios serán esbozados en la falsa "Donación de Constantino" la cual fue un documento que el clero de la iglesia apóstata falsificó para satisfacer su insaciable apetito de gloria y poder mundano. Aunque ha sido establecido como un hecho histórico que la Donación de Constantino fue una falsificación, ninguno de los gobernantes del mundo ha desafiado o cuestionado el derecho de primacía religiosa que la Iglesia Católica Romana ha reclamado para sí.

Por el contrario, muchos de los gobernantes seculares alrededor del mundo todavía parecen utilizar la "Donación de Constantino" como norma para asignar distinciones y privilegios especiales a la iglesia apóstata, la "gran ramera". Por ejemplo, Canadá le ha concedido a la Junta de Educación Católica, el derecho de tener su propia Escuela Católica, financiada completamente por el gobierno, en un acto abierto de discriminación en contra de todas las otras religiones que existen en el país. Es inconcebible que una institución religiosa sea totalmente financiada con el dinero de los impuestos que los ciudadanos pagan, para que la iglesia promueva el proselitismo Católico en el sistema nacional de educación pública. Según la Junta de Educación Católica en Canadá, al menos uno de los padres debe ser católico bautizado, para que el estudiante pueda ser aceptado en el sistema de Escuela Católica. A los niños de padres no Católicos se les niega educación, lo cual en mi opinión, constituye un acto incontestable de discriminación sobre la base de la creencia religiosa de uno.

La iglesia apóstata se atrevió a afirmar que el Emperador Constantino le dono a la Sede Apostólica, su propia corona junto con todas las prerrogativas reales, la ciudad de Italia y las provincias occidentales. Este fraude llego a ser la base para siglos de gobierno papal sobre una gran área geográfica que se extendía diagonalmente a través de Italia desde el Tirreno hasta el Adriático. Los papas gobernaron sobre estas tierras hasta la unificación de Italia en 1871. El Rey Franco, Pepín, también conocido como Pepino III, recapturó las tierras de Italia del rey Lombardo en dos campañas militares (754, 756 D.C.) y retornó la tierra al papado como un reconocimiento de derecho de la Iglesia a la tierra de Italia.

Esta Donación fue más tarde confirmada y expandida por el Rey Carlomagno en el 774 D.C. Se cree que la primera copia de la "Donación de Constantino" fue hecha un poco después de mediado del siglo ocho para poder asistir al Papa Esteban II en sus negociaciones con el Rey Franco Pepino III (752–768 D.C.). La "Donación de Constantino" es una de las falsificaciones medievales más famosas. El manuscrito afirma ser un documento legal emitido por el Emperador Constantino, transfiriendo el control de Italia y las provincias occidentales al Papa Silvestre en gratitud por haberlo curado de lepra. Sin embargo, alrededor del 1450, mientras trabajaba para el Rey Alfonso de Aragón, Sicilia y Nápoles, el erudito Lorenzo Valla descubrió que el documento era un fraude. Lo siguiente es el "Discurso de la Falsificación de la Alegada Donación de Constantino", el cual es el trabajo de Lorenzo Valla. La traducción en inglés fue hecha por Christopher B. Coleman (Prensa Histórica New Haven, 1922) y fue parte del Proyecto de Texto Histórico Hanover; Escaneado y corregido por Jonathan Perry:

"El Emperador Constantino cedió su corona, y toda su prerrogativa real en la ciudad de Roma, y en Italia, y en las partes occidentales a la (Sede) Apostólica. Porque en las Actas del Bendito Silvestre (las cuales el Bendito Papa Gelasio en el Consejo de las Setenta Tiendas relata como leída por los católicos, y de acuerdo con el uso antiguo que muchas iglesias siguen este ejemplo) ocurre lo siguiente: El Emperador Constantino el cuarto día después de su bautismo confirió este privilegio al Pontífice de la Iglesia Romana, que en todo el mundo romano los sacerdotes deben considerarlo como su cabeza, como hacen los jueces del Rey. En este privilegio entre otros está esto: "Nosotros, juntos, con todos nuestros sátrapas y todo el senado y los nobles y todos los romanos, quienes están sujeto a la gloria de nuestro gobierno--lo consideraron aconsejable que, como en la tierra él (Pedro) es visto como habiendo sido constituido vicario del Hijo de Dios, de manera que los pontífices quienes son los representantes de ese mismo jefe de apóstoles deben obtener de nosotros y nuestro imperio el poder de una supremacía más grande que la clemencia terrenal de nuestra serenidad imperial le ha sido concedida-nosotros eligiendo el mimos príncipe de los apóstoles, o sus vicarios, para ser nuestros constantes intercesores ante Dios.

"Y, en la medida de nuestro poder imperial terrenal, decretamos que su santa iglesia Romana será honrada con veneración; y que, más que nuestro imperio y trono terrenal, la más sagrado silla de San Pedro será gloriosamente exaltada, nosotros le damos poder imperial, y dignidad de gloria, y vigor, y honor imperial. "Y ordenamos y decretamos que él (el papa) tendrá la supremacía así como también sobre las cuatro sillas principales, Alejandría, Antioquía, Constantinopla y Jerusalén, así como también sobre todas las iglesias de Dios en todo el mundo. Y él que por el momento será pontífice de esa santa iglesia Romana, será más exaltado que, y jefe sobre, todos los sacerdotes de todo el mundo, y de acuerdo con su juicio todo lo que se necesita ser provisto para el servicio de Dios y para la estabilidad de la fe de los Cristianos debe ser administrado. En las iglesias de los benditos apóstoles Pedro y Pablo, para la provisión de las luces, hemos conferido tierras de los terratenientes de las posesiones, y las hemos enriquecido con diferentes objetos, y a través de nuestro mandato imperial sagrado le hemos garantizado de nuestras propiedades en el éste así como en el occidente, y aún en el lado norte y en el lado sur; a saber, en Judea, Grecia, Asia, Tracia, África y Italia y las varias islas; bajo esta condición en verdad, que todo será administrado por la mano de nuestro más bendito padre el supremo Pontífice, Silvestre, y sus sucesores. "Y a nuestro Padre, el Bendito San Silvestre, supremo Pontífice y Papa universal de la ciudad de Roma, y a todos los Pontífices sus sucesores, quienes se sentarán en la silla del Bendito Pedro aún hasta el fin del mundo, nosotros por medio de esta presente damos nuestro palacio imperial Laterano, luego la diadema, esto es, la corona de nuestra cabeza, y al mismo tiempo la tiara y también la banda del hombro, esto es, la correa que generalmente rodea nuestro cuello; y también el manto de púrpura y la túnica escarlata, y todo el vestido imperial; y también el mismo rango como los de aquellos que presiden sobre la caballería imperial, confiriendo también el cetro imperial, y al mismo tiempo todos los estándares, banderas, y diferentes ornamentos, y toda la pompa de nuestra eminencia imperial, distinción, poder y excelencia, por la gloria de nuestro poder".

"Aún más decretamos, como a los más reverenciados de los hombres, el clero de diferentes órdenes que sirven esa misma santa iglesia Romana, que ellos tengan esa misma eminencia, distinción, poder y excelencia, por la gloria de lo cual parece apropiado para nuestro más ilustre senado para ser adornado; esto es, que ellos sean hechos patricios y cónsules, y también hemos proclamado que sean decorados con las otras dignidades imperiales. Y así como nuestra milicia imperial se adorna, decretamos que así mismo que el clero de la santa iglesia Romana también sean decorados. Aun cuando el poder imperial es adornado con diferentes oficinas, de chambelanes, en efecto, y porteros, y todos los guardas, así queremos que la santa iglesia Romana sea adornada. Y para que la gloria pontifical brille más plenamente, decretamos esto también; que los caballos del clero de esta misma santa iglesia Romana sean decorados con ropa de silla y lino, esto es, del color más blanco, y que son a montar así. Y así como el senado usa utilizó zapatos con calcetines de fieltro, esto es, distinguidos por lino blanco, así también el clero debe usarlos, de modo que, aun cuando las órdenes celestiales, así también la terrenal pueda ser adornada para la gloria de Dios. Sobre todo, además, damos permiso a este mismo más santo nuestro Padre Silvestre y sus sucesores, de nuestro edicto, que puede hacer sacerdotes a quien él quiera, según su propio placer y consejo, y reclutarlo en el número de clérigos religiosos [i.e., regular, o monástico, clérigo o, quizás, el cardenal], quienquiera que sea que no presuma de actuar de manera dominante en esto.

"También decretamos por lo tanto esto, que él mismo y sus sucesores, podría utilizar y llevar sobre sus cabezas—para la alabanza de Dios para el honor del Bendito Pedro—la diadema, esto es, la corona la cual le hemos dado de nuestra propia cabeza, de oro más puro y gemas preciosas. Pero siendo él mismo, el más bendito Papa, no permitió en absoluto que esa corona de oro sea usada sobre la corona clerical que él viste para la Gloria del bendito Pedro, colocamos sobre su más santa cabeza, con nuestras propias manos, una brillante tiara de un blanco deslumbrante representando la resurrección del Señor, y sosteniendo el freno de su caballo, en reverencia al Bendito Pedro, hemos realizado para él, el deber del novio, decretando que todos sus sucesores, y sólo ellos, utilizan esta misma tiara en procesiones a imitación de nuestro poder. Por tanto, a fin de que el supremo pontificado no deteriore, sino que pueda ser adornado con gloria y poder incluso más de lo que es la dignidad de un gobernante terrenal; he aquí, entregamos y renunciamos a lo antes dicho nuestro más bendito Pontífice, Silvestre, el Papa universal, así como nuestro palacio, como se ha dicho, como también la ciudad de Roma, y todas las provincias, lugares y ciudades de Italia y las regiones occidentales, y decretamos por ésta nuestra sanción divina y pragmática que ellos están para ser controlados por él y por los sucesores, y la santa iglesia Romana".

"Por eso lo hemos percibido como apropiado que nuestro imperio y el poder de nuestro reino sea transferido en las regiones del Este, y que en la provincia de Bizancio, en el lugar más adecuado, una ciudad debe ser construida en nuestro nombre, y que nuestro imperio debe ser establecido, por donde la supremacía de los sacerdotes y la cabeza de la religión Cristiana ha sido establecido por el Emperador celestial, no es correcto que un emperador terrenal deba tener jurisdicción. Decretamos, además, que todas estas cosas, las cuales a través de esto nuestro sagrado imperio [carta] y a través de otro decreto divino hemos establecido y confirmado, permanece inviolable e inconmovible hasta el fin del mundo. Por eso, ante el Dios viviente quien nos mandó a reinar, y ante su terrible juicio, rogamos, a través de ésta nuestra sanción imperial, todos los emperadores nuestros sucesores, y todos los nobles, los sátrapas también, el más glorioso senado, y toda la gente en el mundo entero, ahora y en todos los tiempos por venir conforme a nuestra regla, que en uno de ellos en ninguna manera lo remuevan. Si alguno, por otra parte, -lo cual no creemos- demuestra ser un burlador o despreciador en este asunto, estará sometido o ligado a condenación eterna, y sentirán los santos de Dios, el jefe de los apóstoles, Pedro y Pablo, opuestos a él en la vida presente y futura, y él será quemado en el infierno más bajo y perecerá con el diablo y todos los impíos. La página, por otra parte, de este nuestro decreto imperial, nosotros, confirmándola con nuestras propias manos, colocamos sobre el venerable cuerpo del Bendito Pedro, jefe de los apóstoles. Dado en Roma al tercer día ante las Calendas de Abril, o el maestro el augusto Flavio Constantino, por la cuarta vez, y Gallianus, los hombres más ilustres, siendo consejeros".

La "Donación de Constantino" le permitió a la iglesia apóstata agrandar su estado, su riqueza, su poder y prestigio público. Hasta este día, la Iglesia Católica Romana es la más rica e influyente institución religiosa en el mundo entero. La Iglesia Católica posee incluso, su propia ciudad-estado de ciento ocho acres, la Ciudad Vaticano, lo cual eleva el estado de su Obispo (el Papa) por encima de cualquier gobierno terrenal. Lo más terrible acerca de la falsificación del documento, la Donación de Constantino es que el documento revela no solamente la deshonestidad y la codicia del falso Cristianismo, sino también su sed de gloria y poder terrenal, lo cual es la antítesis del amor, humildad y servicio que debe caracterizar a un verdadero seguidor de Cristo. La esencia de lo que el papado quiso lograr por medio de la "Donación de Constantino" se puede ver claramente en el siguiente resumen del documento:

"Que la santa iglesia Romana será honrada con veneración y más que nuestro imperio y trono terrenal, la más sagrada silla de San Pedro será gloriosamente exaltada".

"Que el (el papa) tendrá la supremacía sobre los cuatro asientos principales, Alejandría, Antioquía, Constantinopla y Jerusalén, así como también sobre todas las Iglesias de Dios en todo el mundo...quien por el momento será pontífice de la santa iglesia Romana y será más exaltado que, y jefe sobre, todos los sacerdotes del mundo entero".

"Y para sus papas, la falsa Cristiandad deseó, 'Una diadema, eso es la corona que le hemos dado de nuestra propia cabeza, de oro puro y gemas preciosas y la tiara de brillante esplendor; la banda del hombro, que rodea el cuello imperial; el manto púrpura y túnica escarlata, y todo el vestido imperial; y también el mismo rango como los de aquellos que presiden sobre la caballería imperial, los estándares imperiales, banderas, y diferentes ornamentos, y toda la pompa de nuestra eminencia imperial, distinción, poder y excelencia, para la gloria de nuestro poder... y a todos los Pontífices sus sucesores, quienes hasta el fin del mundo se sentarán en la silla del Bendito Pedro; concedemos y, por medio de la presente, conferimos, nuestro Palacio Imperial Letrán, el cual es preferido a, y está por encima de todos los palacios en el mundo entero'".

De acuerdo al fraude y la suplantación que el clero de la Iglesia Católica hizo de todo lo que los oficiales de la iglesia dijeron en el documento estaba supuesto a ser así, 'Para que el pontificado supremo no deteriore, sino que en vez, pueda ser adornado con gloria y poder aún más que la dignidad de un gobernante terrenal'. El papado de la 'gran ramera', la iglesia apóstata, no estuvo contenta con haber robado la primacía de la iglesia, sino que han buscado establecerse ellos mismos como los líderes supremos de la autoridad secular. De acuerdo a está falsificación, el Emperador Constantino donó su propia corona, su palacio y los territorios occidentales de su imperio al papado. Y además, el emperador supuestamente dotó al papa y a sus sucesores no solamente con la primacía y supremacía religiosa, sino que también los "adornó con gloria y poder aún más que la dignidad de un gobernante terrenal". No debería sorprender a nadie el hecho de que a través de toda su historia, el clero del falso Cristianismo ha demostrado una ambición obsesiva de poder político y gloria terrenal.

A menos que se estudie la historia del falso Cristianismo, la iglesia apóstata, sería difícil entender el significado de las palabras proféticas, "Y la mujer que has visto es la gran ciudad la cual reina sobre los reyes de la tierra". La "mujer" y "la gran ciudad" es una clara referencia tanto a la gran ciudad de Roma con su estado soberano de la Ciudad Vaticano. Como estado soberano, el Vaticano está sujeto a las mismas leyes internacionales del resto de las naciones soberanas del mundo. Por lo tanto, el estado del Vaticano ocupa una posición reconocida en la ley internacional. En su libro "Todos los hombres del Papa: la historia interna de cómo el Vaticano realmente piensa", John L. Allen, Jr. nos habla acerca de la complejidad de las relaciones diplomáticas que el estado del Vaticano sostiene con el resto del mundo:

"Nuncios o embajadores representan al Pontífice ante los doscientos once diferentes países, territorios y cuerpos internacionales o agencias con los cuales la Santa Sede ha hecho intercambio diplomático. Esta lista incluye los Estados Unidos, las Naciones Unidas; la Organización de Estados Americanos; la Organización de Naciones Unidas para Alimento y Agricultura. En la mayoría de los casos la Santa Sede posee una embajada física acreditada al país o cuerpo internacional y emplea un nuncio y un pequeño personal. En las naciones Católicas de Europa y América Latina, el nuncio es considerado el decano del cuerpo diplomático de ese país, puesto que la Santa Sede ha estado enviando embajadores por más tiempo que cualquier otro gobierno en la tierra".

Consecuentemente, el Vaticano tiene representación diplomática prácticamente en cada nación del mundo y además envía representantes a todas las organizaciones mencionadas arriba. La Iglesia Católica Romana la cual debería haber honrado y respetado el principio bíblico de separación de iglesia y estado, tiene un estado completo de su propiedad. El estado del Vaticano tiene las mismas prerrogativas que cualquier otra nación soberana del mundo. La diferencia es que el papa es la cabeza tanto del estado del Vaticano como de la Iglesia Católica Romana. En pocas palabras, el papa es la cabeza de una institución que es intrínsecamente política y religiosa. El lector no debería sorprenderse cuando sugerimos que el falso profeta del Apocalipsis será el papa de la Iglesia Católica Romana y que él y el Anticristo juntos gobernarán el mundo. El papa usa dos sombreros al mismo tiempo, uno político, y el otro, religioso. ¿Cómo llego a suceder esto?

La mentira de que la Iglesia Católica tenía derecho a las tierras de Italia fue legitimada por la falsa "Donación de Constantino". Cuando Italia fue unificada en el año 1870, el papado fue expulsado de Italia; pero el papado mantuvo su reclamo a las tierras de Italia. En el año 1929, el líder fascista Benito Mussolini devolvió la Ciudad del Vaticano al papado en Roma. De manera que, por siglos la Iglesia Católica Romana controló directamente grandes extensiones de territorios y jugó un papel activo en la política de Europa y el mundo.

Según las profecías, estos eventos son muy importantes porque desde el punto de vista bíblico, ellos ponen a la Iglesia Católica Romana y al papado justamente donde deben estar. La historia muestra una asociación política y religiosa muy larga entre el Imperio Romano y más adelante el Santo Imperio Romano y la Iglesia Católica Romana. Por siglos, la Iglesia Católica Romana ha estado ensayando el papel que jugará en el último drama político y religioso de la historia del mundo. La "gran ramera" es la única entidad religiosa en toda la historia del mundo que tiene la experiencia política y las credenciales religiosa acumulada que le permitirán asociarse con el Anticristo para el futuro sistema de gobierno político-religioso mundial. Por dieciséis siglos el falso Cristianismo ha perfeccionado la destreza de alianzas político-religiosa, el arte del engaño, y la adoración de hombres y demonios. Éstas son las herramientas que el falso profeta, el papa, empleará durante la "gran tribulación"; para hacer que "la tierra y a todos los que moran en ella" adoren al Anticristo. El falso profeta, como siempre, tendrá control sobre las aguas ("multitudes, naciones, y lenguas"), donde la "la gran ramera" se ha sentado por cerca de diecisiete siglos consecutivos. Por lo tanto, tal como lo he indicado, la Iglesia Católica Romana es la única organización religiosa que con toda probabilidad podría encajar la descripción bíblica de "Babilonia la Grande, la Madre de las rameras" desde el punto de vista histórico y escatológico.

La Iglesia Católica y sus Ambiciones Políticas

Tal como Satanás antes de que pecara, cuando el clero del falso Cristianismo contempló la belleza, el esplendor y la gloria con la cual el Imperio Romano lo había adornado, fue sobrecogido por un intenso deseo de poseer para sí mismo y de manera independiente, todo el poder y gloria imperial. La historia ofrece una cuenta increíble de intrigas, ambición política incontrolable y excesos que el falso Cristianismo cometió impulsada por un deseo ardiente de grandeza y fama. La iglesia apostata no solamente violó el principio bíblico de separación de iglesia y estado, sino que también buscó ocupar el trono del mundo. Es interesante notar que de acuerdo a la Biblia, el falso profeta de los últimos días será un líder poderoso que estará investido de una gran autoridad religiosa y política. El falso profeta (papa) hará que "a todos, pequeños y grandes, ricos y pobres, libres y esclavos, se les pusiese una marca en la mano derecha, o en la frente; y que ninguno pudiese comprar ni vender, sino el que tuviese la marca o el nombre de la bestia, o el número de su nombre" (Apocalipsis 13: 16–17 VRV). Las ambiciones religiosas y políticas que cada falso profeta de la iglesia apóstata ha demostrado durante toda la historia del falso Cristianismo han sido documentadas y preservadas en las páginas de la historia. La larga historia de la ambición que el falso Cristianismo mostró en querer ejercer autoridad sobre el poder secular, ha dejado a la iglesia apostata y a sus líderes, con una sed insaciables de dominio político. Sin embargo, sus deseos serán plenamente saciados con su futura participación en el gobierno mundial del Anticristo.

La historia muestra el progreso o el aumento gradual de autoridad y el poder que el falso Cristianismo ejerció sobre los gobernantes de la Tierra. El ascenso del falso Cristianismo al poder político vino como resultado del debilitamiento y caída final de la parte occidental del Imperio Romano. Cuando el Imperio Romano cayó en el occidente, el papado, es decir el papa y sus obispos, llenaron el vacío político que dejo el Imperio Romano en la ciudad de Roma. El clero Católico proveyó una especie de continuidad política. Los papas y obispos de Roma se convirtieron en una mezcla de gobernantes políticos y religiosos. La posición como gobernantes temporales y señores feudales sobre una gran área geográfica de territorios del Imperio Romano convirtió la naturaleza religiosa del papado en una institución política, la cual fue siempre deseada y bienvenida.

Cuando el Papa Esteban II en el occidente se dio cuenta de que el poder de la segunda mitad del Imperio Romano en el este estaba debilitándose, él abandonó la desvanecida gloria de Constantinopla y transfirió su lealtad a los Francos. Para asegurar el futuro político del papado en el occidente, el Papa Esteban II acudió a la "Donación de Constantino" para afirmar que el Emperador Constantino había donado la parte occidental del Imperio Romano, incluyendo Italia, al Papa Silvestre I.

El Papa Zacarías (741–752 D.C.) le ordeno al Mayordomo Pepín el Breve que derrocara el último rey de la legítima línea Merovingia y asumirá el trono de Francia en el año 752 D.C. Más tarde en el año 754 D.C., el Papa Stephen II nombró como rey de Francia a Pepín, cuando éste era el mayordomo del Palacio, permitiendo así que la familia Carolingia suplantara la antigua línea real Merovingia. Como ya hemos indicado, en gratitud al Papa Esteban II por su coronación como Rey de los Francos, cuando Pepín derrotó al Rey de Lombardía en 754 y 756 D.C., el Rey le dio al papa las tierras de Italia las cuales los Lombardos habían tomado del Imperio Bizantino.

Con la traición a la legítima familia real de los Francos y la posterior coronación del Emperador Carlomagno en el año 800 D.C., por parte del Papa Leo III, la Iglesia Católica dio a luz a la línea de emperadores del "Santo Imperio Romano". Por lo tanto, no olvidemos que en el comienzo un emperador romano (Constantino) creó su propia iglesia (la Iglesia Católica Romana), la iglesia del imperio. Por el otro lado, cuando el Imperio Romano cayó, el papado en turno creó el Imperio de la Iglesia, el Santo Imperio Romano. Consecuentemente, los papas estuvieron ungiendo los emperadores del Santo Imperio Romano desde el día de navidad en el 800 D.C. hasta la coronación de Carlos V en el 1530. Mucha gente hoy pueda que no sepa la razón por la que ese imperio fue conocido como "El Santo Imperio Romano". En un sentido, ese fue el imperio que la Iglesia Católica Romana creó para su propio beneficio.

De manera que a través de esta asociación estrecha entre iglesia y estado, el papado aumentó su poder político y religioso mediante la intimidación y la amenaza del uso de bula papal, interdicción y excomunión. Estos métodos de intimidación y coerción demostraron la autoridad y poder tangible que el falso Cristianismo tenía sobre los gobernantes políticos del "Santo Imperio Romano". De manera que tal como lo demuestran los siguientes ejemplos, por un período largo de tiempo, los reyes de la Tierra se sometieron completamente a la autoridad de la Iglesia Católica Romana:

La Bula Laudabiliter

En el 1155, mediante la Bula Laudabiliter, el Papa Adriano IV ordenó la invasión de Irlanda por los Normandos bajo el Rey Enrique II de Inglaterra. Fue bajo la concesión del Papa Adrián que Irlanda se convirtió en una posesión de Inglaterra. Consecuentemente, los Reyes de Inglaterra desde Enrique II (1171) hasta Enrique VIII (1541) derivan el título de Señor de Irlanda de esta bula. Basado en la falsa "Donación de Constantino", el Papa Adriano afirmó la jurisdicción sobre todas las islas.

El Papado Puso a Inglaterra Bajo Sanciones

El poder del papado sobre los reyes de Europa era tal que el Papa Inocente III puso a Inglaterra bajo sanciones. En el 1205, el Rey Juan (Lackland) de Inglaterra (1199-1216), se involucró en una disputa con el Papa Inocente III sobre la elección del Arzobispo de Canterbury, la cual duró aproximadamente dos años. En un intento de traer el rey bajo obediencia, en Marzo del 1208, el papa puso un interdicto sobre el reino de Inglaterra. Como el Rey Juan no se sometió a la autoridad de la iglesia, el papa lo excomulgó en Noviembre del 1209. La confrontación entre el rey y el papa llegó a un punto decisivo. Como último recurso para traer el Rey Juan bajo completa sumisión, en Enero del 1213, el papa ordenó al rival de Juan, el Rey Felipe II de Francia a que lo depusiera por la fuerza. Según el Cronista, el monje Parisino Mateo (1200–1259), el Rey Juan, quien temía la pérdida de su trono, aceptó las condiciones de sumisión al papa, en Mayo del 1213, en la Iglesia Templaría de Dover en presencia del legado papal

Pandulph Masca. El Rey Juan rindió el reino de Inglaterra a "Dios y a los Santos Pedro y Pablo por un servicio feudal de mil marcos anualmente; setecientos por Inglaterra y trescientos por Irlanda. Éste es el juramento que el Rey Juan tuvo que tomar: "Ofrecemos y libremente cedemos…a nuestro Papa Inocente III y sus sucesores, católicos, todo el reino de Inglaterra y todo el reino de Irlanda con todos sus derechos y accesorios, para la remisión de nuestros pecados". Consecuentemente, el reino de Inglaterra se convirtió en un sistema feudal bajo la autoridad del papado.

La Bula Inter Carretera

La "Bula Inter Carretera" en 1493 condujo al Tratado de Tardecillas firmado en Tardecillas (ahora Valladolid, España) en Junio 1494, el cual dividió entre España y Portugal, las tierras que Cristóbal Colón descubrió en el nuevo mundo a lo largo de un meridiano 370 leguas al oeste de las Islas Cabo Verde. El 4 de Mayo, 1493, el Papa Español Alexander VI emitió la Bula Inter Carretera, asignando a España todas las tierras al oeste y al sur de una línea de polo-a-polo a 100 leguas, y las tierras al este pertenecerían a Portugal, las cuales incluían las islas de los Azores y las islas de Cabo Verde.

La Bula Regnans in Excelsis

En el año 1570, el Papa Pío V, a través de su "Bula papal Regnans in Excelsis," excomulgó de la iglesia a la Reina Isabel I (1558–1603) de Inglaterra y llamó a sus súbditos a que se levantasen contra ella en desobediencia civil para terminar su reinado. El papa también hizo la siguiente amenaza: "Aquellos que deban actuar a lo contrario están incluidos en la misma sentencia de la excomulgación". Lo que sigue es parte del texto de la "Bula Regnans in Excelsis":

"4. Y aún más (nosotros declaramos) que ella sea despojada de su título pretendido a dicha corona y todo señorío, dignidad y privilegio cualquiera que éste sea.

"5. Y también (declaramos) que los nobles, súbditos y gente de dicho reino y todos aquellos que en alguna manera le han hecho juramento, que sean por siempre absueltos de tal juramento y de cualquier obligación que se derive del señorío, fidelidad y obediencia; y lo hacemos, por autoridad de estos presentes, así absolverlos y así despojar Elizabeth de su título pretendido a la corona y de todo los asuntos dicho más arriba. Cargamos y ordenamos a todos y cada uno de los nobles, súbditos, gentes y otros antes mencionados que no se atrevan a obedecer sus órdenes, mandatos y leyes. Aquellos que se atrevan a actuar a lo contrario lo incluimos en la sentencia de excomulgación. Dado en San Pedro en Roma, el 27 de Abril del 1570 de la encarnación; al quinto día de nuestro pontificado".

El Conflicto de Investiduras

Desde el año 1075 hasta el 1122, el papado y los reyes de Alemania estuvieron involucrados en lo que se conoce como el "Conflicto de Investiduras". Este fue una lucha de poder en donde el papa intentó traer la autoridad temporal bajo el poder de la iglesia, mientras el rey intentó mantener control sobre la iglesia. El Papa Gregorio VII (1073–1085) creía que era su deber establecer el Reino de Dios en la Tierra. Como el sucesor de Pedro, el busco declarar la autoridad suprema de la iglesia sobre el poder secular. Consecuentemente, con el Sínodo de Cuaresma (1075), el Papa Gregorio no solamente trató de prohibir que el rey eligiera y despidiera obispos en Alemania y en Italia, sino que también demandó que el rey y los príncipes se sometieran a la autoridad papal. Como el rey de Alemania Enrique IV ignoró sus demandas, en Diciembre del 1075, el Papa Gregorio emitió un ultimátum: El rey tenía que obedecer la orden o enfrentar "excomunión y además ser privado de su reinado sin esperanza de recuperarlo". El conflicto escaló cuando el rey trató de destituir al Papa Gregorio. Por el otro lado, el Papa Gregorio convocó el Sínodo de Cuaresma (1076) en Roma. De acuerdo a los documentos relacionados con las reuniones del Sínodo, el Papa Gregorio rezó a San Pedro diciendo:

"Yo lo depongo del gobierno de todo el reino de Alemania y de Italia, dejo libre a todos los Cristianos de su juramento de lealtad, y lo privo de ser obedecido como rey".

Además, el Papa Gregorio oró a Pedro diciendo: "Y como tu sucesor lo ato con las cadenas de anatema". La poderosa mano del papado controló el clima político y religioso a través de todo el reino de Alemania e Italia. El papado volvió muchos de los obispos, nobles, príncipes y gente ordinaria en contra del rey. En Octubre del 1076, los príncipes le ordenaron al rey que debía disculparse con el papa. Además, los príncipes le ordenaron al rey que le prometiera al papa cumplimiento con respecto a obediencia futura y reparación. Y siendo que estaba excomulgado, abstenerse de todo gobierno actual. Los príncipes decretaron también que si dentro de un año y un día la excomunión no era levantada, el Rey Enrique debía renunciar a su corona. Los príncipes también resolvieron que el papa debía ser invitado a visitar Alemania en la siguiente primavera para resolver el conflicto entre el rey y los príncipes. El poder del papado estaba a punto de hacer que rey cayera de rodillas. El Rey Enrique IV prometió a los príncipes que él cumpliría con todas las condiciones establecidas por el Papa Gregorio VII. Nunca antes había la historia captado en sus páginas el caso de humillación de un monarca ante un líder religioso, como en este caso. La historia nunca antes había registrado un caso de humillación de un monarca ante un líder religioso, como el caso que sigue. En Enero del año 1077 el Rey Enrique viajó a través de la Montana Cenis para reunirse con el Papa Gregorio en la fortaleza de Canosa. Como un acto de desprecio y humillación al rey, el papa se retiró tan pronto supo que el rey había arribado. El rey esperó por tres días en la entrada del Castillo, descalzo y vestido de penitente. Cuando el rey fue finalmente traído ante la presencia del papa, fue perdonado después de disculparse. El rey prometió obediencia a la Iglesia y aceptó la mediación del papa con los príncipes, de modo que pudiera recuperar el control político de su reino. Sin embargo, el conflicto continuó ya que una vez que el rey retomo el control, otra vez se rebeló contra los deseos de la iglesia. El Papa Gregorio depuso y excomulgó al Rey Enrique IV por segunda vez en el 1080. Sin embargo, en el Sínodo de Brixen, celebrado también en 1080, los obispos que apoyaban al Rey Enrique depusieron al Papa Gregorio. El nuevo antipapa elegido, Gilbert (Papa Clemente III), Arzobispo de Ravena, coronó a Enrique como rey en Marzo del 1084. El Papa Gregorio murió en Salerno en Mayo del 25, 1085, después que el Rey Enrique lo había depuesto.

Otro papa fue elegido para reemplazar a Gregorio dando lugar al conflicto entre el antipapa elegido por los obispos leales al rey y los sucesores de Gregorio. Consecuentemente, el conflicto sobre la supremacía de la iglesia continuó por muchos años. Los que apoyaban al Papa Gregorio dentro de la Iglesia Católica Romana continuaron sus esfuerzos de traer la autoridad temporal bajo la autoridad del papado. Los que apoyaban al Papa Gregorio creían que la "obediencia incondicional al papa" no era solamente "necesario", sino también "el deber supremo de toda la humanidad, y que, aun cuando sea injusto, su excomunión es válida". Los que apoyaban al rey creían que el rey era el delegado de Dios en la Tierra y que estaba por encima de la responsabilidad de sus acciones, y señor del papa. Aún Lambert de Hersfeld, quien era un sacerdote ordenado en el otoño del 1058, aun prejuiciado en contra del Rey Enrique IV, en su folleto "De unitate ecclesiae", el escribió:

"La monarquía viene directamente de Dios; consecuentemente, a Él solo es responsable el rey. La Iglesia no está llamada a ejercer autoridad temporal; ella porta sólo la espada espiritual, esto es, la Palabra de Dios".

La autoridad del papado sobre poderes seculares se puede ver durante el período de la Inquisición, cuando el papado amenazaba a los reyes con castigo severo y excomunión si ellos rendían ayuda a herejes condenados por la Iglesia. Por lo tanto, muchos reyes no se opusieron a la máquina demoníaca de asesinatos llamada la "Santa Inquisición". La Iglesia Católica Romana primero demonizaba, juzgaba y condenaba como herejes en tribunales eclesiásticos, a los individuos más nobles de la sociedad Europea, y luego los entregaba a las autoridades seculares para ser asesinados. En esta macabra asociación entre la iglesia y el estado, las manos de la Santa Iglesia Católica permanecían sin mancha de sangre. Sin embargo, la Iglesia Católica Romana debe recordar que ya Dios encontró "en ella la sangre de todos los santos". Como resultado de la creencia en la supremacía del papado sobre la autoridad temporal, la Iglesia Católica suprimió la libertad de los individuos para que no pudieran escribir y leer literatura que no fuera aprobada por los Arzobispos locales o por el papa. Durante siglos, el falso Cristianismo mantuvo censura de la literatura disponible al público en Europa e impuso esta política de represión oficial hasta bien entrado el siglo veinte, sin la oposición de los gobernantes seculares.

El poder que el falso Cristianismo ejerció sobre la autoridad temporal fue tal, que por cerca de seis siglos, como resultado de la Inquisición, millones de gentes fueron excomulgadas, encarceladas, torturadas, asesinadas o quemadas vivas en la hoguera. Estos fueron sujetos a tal trato brutal simplemente porque se atrevieron a creer, leer, escribir o enseñar ideas que estaban en conflicto con los dogmas de la Iglesia Católica Romana. Otros, meramente se atrevieron a desafiar la corrupción del clero. Las autoridades civiles se negaron a proteger las desafortunadas víctimas de la malvada Inquisición. De manera que estos crímenes groseros fueron cometidos con la ayuda completa de los gobiernos que apoyaban la tiranía de aquellos que se representaban a sí mismos como la verdadera Iglesia de Dios en la Tierra. El falso Cristianismo cometió los más horrendos crímenes, simplemente para proteger los dogmas de una iglesia que buscaba imponer y mantener su primacía y supremacía espiritual sobre las autoridades temporales a cualquier costo.

La Iglesia Católica es la "Gran Ramera" del Apocalipsis

La Biblia parece indicar que la Iglesia Católica Romana y "Babilonia la Grande, la Madre de las Rameras", son una y la misma. ¿Cómo sabemos esto? ¿Dónde revela la Biblia esta verdad? Ante todo, el apóstol Juan describió la "gran ramera" como teniendo "en su frente un nombre escrito: Misterio, Babilonia la Grande, la Madre de las Rameras y de las Abominaciones de la tierra". La frente de la ramera estaba adornada con un triple título describiendo los papeles que jugaría en el sistema religioso e idólatra mundial. Para el apóstol Juan, La "ramera" fue primero un "misterio". Segundo, la "ramera" es "Babilonia la grande". Tercero, la "ramera" es la "Madre de las Rameras". Cuarto, la "ramera" es la "Madre de las Abominaciones de la Tierra".

Era costumbre de las prostitutas en Roma vestir una cinta en la cabeza con su nombre escrito en ella, la cual ellas mostraban orgullosamente. ¿Es ésta otra coincidencia o un cumplimiento profético que históricamente, los papas de la Iglesia Católica Romana también han usado una triple corona en sus cabezas, cada corona representando el poder celestial, espiritual y secular del papa?

"Misterio...". Quizás esto sea nuevo para el lector pero mi interpretación de esta palabra aquí, es que para el apóstol Juan, "Babilonia la Grande, la Madre de las Rameras y de las Abominaciones de la Tierra", era hasta entonces un "Misterio" para él. Un "Misterio" en el Nuevo Testamento es una verdad que no había sido aún revelada. Por lo tanto, ya que por los primeros trescientos años de la era Cristiana el Catolicismo Romano todavía no existía, para el apóstol Juan ella era un "Misterio". En consecuencia, cuando Juan estaba escribiendo el libro de Apocalipsis en la última década del primer siglo (ca. D.C. 94–96), "Babilonia la Grande, la Madre de las Rameras y de las Abominaciones de la Tierra" era un misterio que no había sido aún revelado. Por lo tanto, cuando el apóstol Juan recibió y escribió las visiones del libro del Apocalipsis, "La gran ramera" estaba todavía en el futuro. Sin embargo, aproximadamente dos siglos antes de su nacimiento, Juan nos dijo que "la ramera" estaba destinada a ser "Grande y la Madre de las Rameras y de las Abominaciones de la Tierra". Ella iba a ser "Grande" no en virtud de algún mérito, sino debido sus muchas "abominaciones". La popularidad, fama, riqueza, influencia y el poder terrenal que ella ganaría reinando suprema con los reyes de la Tierra, la harían "Grande" y famosa. En su libro titulado "Los millones del Vaticano", el Autor Avro Manhattan dice: "La Iglesia Católica Romana es la más rica entre los ricos; la institución más rica en la tierra. Ella es el poder financiero más grande, acumuladora de riquezas y poseedora de propiedades en existencia".

Debe notarse que "Babilonia la Grande", la Babilonia religiosa es diferente de la histórica ciudad geográfica de Babilonia y también diferente de la Babilonia comercial mencionada en el Capítulo 18 de Apocalipsis. La Babilonia mencionada aquí en el Capítulo 17 y la Babilonia de Apocalipsis Capítulo 18 son diferentes, lo cual está probado por el hecho de que la Babilonia religiosa, "la gran ramera", será destruida por el Anticristo en el punto medio de su gobierno de siete años. Por otra parte, la Babilonia comercial y política del Anticristo de Apocalipsis Capítulo 18, será destruida con fuego directamente por Dios al término de los siete años de gobierno del Anticristo. Por lo tanto, "Babilonia la Grande" no debe ser relacionada con la ciudad histórica de Babilonia, ni con la futura ciudad comercial y política de Babilonia. La "Misterio, Babilonia la Grande" es la Babilonia religiosa, representada por "la gran ramera". Sin embargo, la historia demuestra que la Babilonia religiosa—la "gran ramera"—y la Babilonia comercial de Apocalipsis 18, compartirían la misma esfera de poder y el mismo sistema religioso idólatra desde el año 325 D.C., hasta el final de la "gran tribulación".

En mi libro, "El Rapto, El Gobierno Mundial y la "Gran Tribulación", yo explico como el Anticristo y el falso profeta de Apocalipsis Capítulo 13 se unirán para crear un nuevo sistema político económico y religioso que les permitirá controlar el mundo entero. En mi libro, yo explico en detalle cómo el sistema político y religioso del Anticristo y del falso Cristianismo se unirá para crear un nuevo sistema político-religioso y económico que servirá para regir y controlar el mundo entero con mano de hierro. La Babilonia financiera y la religiosa formaran una alianza diabólica para explotar al mundo. En un lapso de casi dos mil años, estas dos Babilonias se han mantenido juntas y así mismo, al final el Señor las destruirá, juntas.

La iglesia apóstata es llamada no solamente "la gran ramera", sino también "la Madre de las Rameras". Ella es la madre de las rameras porque ha dado a luz prácticamente a cada sistema de religión falsa e idólatra que existe en la Tierra. Babilonia representaba idolatría y religión falsa, desde Asiria hasta Egipto, India, Grecia, Europa, Persia, Este de Asia y Roma. Por aproximadamente dieciséis siglos el mundo ha sido testigo del renacimiento de la nueva versión del antiguo culto Babilónico de la Madre y el Hijo, extendiéndose a todas las naciones del mundo. Por esta razón, este sistema es llamado "Babilonia la Grande, la Madre de las Rameras y de las Abominaciones de la Tierra". En su libro "Apocalipsis", Jeffrey R. Grant escribió:

> "Este sistema demoníaco motivó cada religión falsa y culto de la Nueva Era moderna que se ha opuesto a la verdadera adoración de Dios. El libro de Génesis nos dice que Nimrod fue el fundador de la ciudad de Babilonia, y que él fue un poderoso cazador delante del Señor. El Tárgum de Jerusalén lo describe como "poderoso en el pecado, al acecho para atrapar y derrocar a los hombres, alejando a los hombres de la adoración al verdadero Dios. Nimrod tenía una esposa llamada Semíramis, según la antigua tradición. Su hijo,

Tamuz, fue muerto. La tradición oculta declara que su madre rezó por cuarenta días y él resucitó. Esta historia de Semíramis y Tamuz fue conocida por los griegos como Afrodita y Eros, a los romanos como Venus y Cupido, y para los egipcios como Isis y Osiris. Los asirios la llamaron Istar y su hijo Tamuz pero los fenicios, quienes habitaron Palestina, la llamaron Astarte y su hijo Baal. Este mito primitivo Babilónico viajó a Asiria; Egipto, Grecia y Roma. Llego a ser la fuente de muchos de las religiones de misterios ocultos del mundo antiguo. La adoración de Astarte envolvía la ofrenda de incienso y llorando por cuarenta días hasta que celebraban la resurrección de su hijo por medio del intercambio de huevos de Astarte" (Apocalipsis: El Juicio Venidero de las Naciones, p.168).

De acuerdo a la Biblia, Nimrod fue el fundador del primer imperio mundial. Génesis 10:10 dice, "Y fue el comienzo de su reino Babel…". Curiosamente, es aquí donde la palabra reino (imperio) es usada por primera vez en toda la Biblia. El reino que Nimrod ensambló en Babel rivalizó con el gobierno de Dios sobre el hombre. Nimrod fue el rebelde que dirigió la humanidad después del diluvio para construir la ciudad y la torre de Babel en un acto deliberado de rebelión contra la voluntad de Dios. Es de interés notar que en cuanto a Nimrod, Génesis 10:9 dice, "Este fue vigoroso cazador delante de Jehová, por lo cual se dice: Así como Nimrod, vigoroso cazador delante de Jehová…". La frase, "éste llegó a ser poderoso en la tierra." (1 Crónicas 1:10) puede ser interpretada como "El comenzó a ser un poderoso déspota en la tierra". La historia narrativa de Babel como nos es dada en Génesis 11:1–9, indica que Nimrod trató de deshacerse del gobierno de Dios sobre el hombre para así poder gobernarlos tiránicamente. Este es el significado de "Este fue vigoroso cazador delante de Jehová, por lo cual se dice: Así como Nimrod, vigoroso cazador delante de Jehová". Nimrod fue un cazador de hombres. Fue a través de su poder para luchar, asesinar y gobernar a la fuerza que él consolidó su reino. Nimrod forzó a los hombres a abandonar a Dios y adoptar su sistema de adoración idólatra de la Madre y el Hijo; el mismo sistema de adoración idólatra que la Iglesia Católica Romana creó alrededor de la Madre María y su Hijo Jesús.

Junto con su esposa Semíramis, Nimrod estableció el culto a la Madre y el Hijo. En la antigua Babilonia, Semíramis la esposa de Nimrod fue adorada como la reina del cielo, la madre original del culto a la Madre y el Hijo. Semíramis afirmaba que su hijo Tamuz nació cuando todavía ella era virgen. Del antiguo sistema de adoración babilónico podemos ver claramente que este culto a la Madre e Hijo fue satánicamente inspirado para pervertir el evangelio de la encarnación de Dios y el nacimiento virginal de nuestro Señor y Salvador Jesucristo. Por lo tanto, el sistema de adoración idólatra de la Madre y el Hijo tiene como objetivo alejar a los hombres de la verdadera adoración a Dios. El serio peligro de este sistema de adoración idólatra es que los hombres participan en adoración real a los demonios creyendo que adoran al verdadero Dios. El antiguo culto babilónico obligaba a hombres y mujeres a adorar la Madre y el Hijo. Aquellos que se opusieron a Nimrod y a su autoridad fueron perseguidos y asesinados. Por lo tanto, la esencia del antiguo culto babilónico consistió en ganar poder terrenal por medio del ejercicio de autoridad religiosa.

De manera que, este antiguo culto babilónico estaba y está todavía centrado en la adoración a la diosa Madre y su Hijo, y en ganar honor y poder terrenal por medio de autoridad religiosa. Babilonia la Grande—la Iglesia Católica Romana—persiguió y asesinó centenares de miles de cristianos y judíos, simplemente porque ellos rehusaron aceptar su culto idólatra de la Madre María y el Hijo. Con eso en mente, examinemos cómo el antiguo sistema de adoración babilónico de la Madre y el Hijo ha permanecido vivo dentro del Catolicismo Romano y cómo, al igual que Nimrod, el papado ha usado la brutalidad y la tiranía de la autoridad religiosa para ganar honor y poder.

En la primavera de cada año, el pueblo de Dios (Judá) en el Viejo Testamento acostumbraba ofrecerle incienso quemado y ofrendas a la diosa babilónica Astoret (Astarte), "la reina del cielo", la misma diosa original que fue conocida y adorada en la antigua Babilonia como Semíramis:

"¿No ves lo que éstos hacen en las ciudades de Judá y en las calles de Jerusalén? Los hijos recogen la leña, los padres encienden el fuego, y las mujeres amasan la masa, para hacer tortas a la reina del cielo y para hacer ofrendas a dioses ajenos, para provocarme a ira" (Jeremías 7:18 NKJV).

"Sino que ciertamente pondremos por obra toda palabra que ha salido de nuestra boca, para ofrecer incienso a la reina del cielo, derramándole libaciones, como hemos hecho nosotros y nuestros padres, nuestros reyes y nuestros príncipes, en las ciudades de Judá y en la plazas de Jerusalén, y tuvimos abundancia de pan, y estuvimos alegres, y no vimos mal alguno. Más desde que dejamos de ofrecer incienso a la reina del cielo y de derramarle libaciones, nos falta todo, y a espada y de hambre somos consumidos" (Jeremías 44:17–18 VRV).

"Y me llevo a la entrada de la puerta de la casa de Jehová, que está al norte; y he aquí mujeres que estaban allí sentadas endechando a Tamuz" (Ezequiel 8:14 VRV).

La "Misterio, Babilonia la Grande, la Madre de las Rameras y de las Abominaciones de la Tierra", es el falso Cristianismo que resultó de la fusión de creencias cristianas y los elementos fundamentales del culto babilónico de la Madre y el Hijo (Semíramis y su hijo resucitado Tamuz). Consecuentemente, la versión corrupta del Cristianismo que se originó con el Emperador Constantino reemplazo los nombres de los dioses babilónicos Semíramis y su hijo Tamuz, por los nombres de María y su Hijo Jesús. Como he indicado más arriba, los asirios adoraron la diosa Semíramis bajo el nombre de Ishtar o Eastre, de donde se derivó nuestra celebración "Easter", o Domingo de Resurrección. Según el sacerdote Católico e Historiador, Venerable Bede (672/3–735), la versión moderna de la celebración de la Cuaresma y el Domingo de Resurrección están "vinculados directamente con una diosa Anglo-Sajona Eastre cuya fiesta era en primavera".(Diccionario Enciclopédico Inglés de Oxford p.450). Semíramis o Istar fue la diosa de la fertilidad, quien era adorada en primavera, cuando el círculo de la vida era renovado. Es de interés notar que en la tradición Católica Romana, el período de cuarenta días de abstinencia de ciertos alimentos, es llamado Cuaresma (desde el Miércoles de Ceniza hasta el Sábado Santo). Se debe notar que la Cuaresma finaliza con la celebración del Domingo de Resurrección al comienzo de la primavera de cada año. En el sistema de adoración babilónico de la Madre y el Hijo, la abstinencia de ciertos alimentos por un período de cuarenta días era parte de la costumbre de lamentar y llorar por la muerte de Tamuz hasta que la diosa madre (Semíramis o Istar) lo volvía a la vida el ultimo día, el Domingo de Resurrección. En el culto babilónico, a Istar se le veía como una diosa poderosa, quien traía a su hijo de vuelta a la vida. Por lo tanto, la adoración a Semíramis, la reina del cielo, y su hijo resucitado Tamuz estaba en el centro del sistema religioso idólatra de la antigua Babilonia.

La Iglesia Católica Romana describe nuestra Cuaresma como un tiempo de penitencia, abstención de ciertos alimentos y un periodo de lloro en conmemoración de "Cristo en el desierto". Sin embargo, los cuarenta días que el Señor Jesús pasó en el desierto sin alimento en preparación para su prueba antes de comenzar su ministerio público, no está en ninguna manera vinculado con Su muerte y resurrección. Uno no tiene que ver nada con el otro. Yo creo que con esta explicación, la Iglesia Católica está tratando de esconder el verdadero origen de la celebración pagana llamada Istar. No es una coincidencia que la Iglesia Católica Romana le dio el nombre de la diosa Babilónica Istar al evento que conmemora la muerte y resurrección de nuestro Señor Jesús. La Iglesia Católica Romana no sólo nombró la celebración Cristiana con el nombre de la diosa Babilónica, sino que también incorporó cada elemento de su fiesta pagana a la "celebración Cristiana" de la muerte y resurrección del Señor Jesús. ¿Por qué habrá hecho esto la Iglesia Católica? El Señor Jesús murió y resucitó de la muerte en primavera. La Iglesia Católica Romana integró convenientemente ambas celebraciones en el evento llamado Cuaresma o Easter (en Inglés). La Iglesia Católica buscó acomodar las necesidades espirituales de ambos paganos y cristianos con una sola fiesta religiosa llamada Cuaresma y Domingo de Resurrección o Easter.

La "Cuaresma y el Domingo de Resurrección" de nuestro presente es una celebración pagana que copió todos los elementos del sistema idolatra de adoración de la Babilonia antigua, la cual tenía a la Madre e Hijo en el centro de su sistema de adoración. La celebración de la Cuaresma Católica Romana es virtualmente idéntica al sistema de adoración idólatra de la antigua Babilonia e incluye invocaciones a María como la reina del cielo; llorando y lamentando por la muerte de su hijo Jesús; y celebrando Su resurrección el Domingo de Istar con huevos de chocolate (un símbolo pagano de fertilidad y de la vida). Puede ser que muchos de los lectores recuerden que cuarenta años atrás, la Iglesia Católica celebraba la Cuaresma con procesiones públicas, cargando un ídolo grande de María llorando, mientras seguía detrás de su hijo crucificado. Esa emulación constituye una réplica exacta de la esencia del culto babilónico de la Madre y el Hijo (Semíramis y Tamuz).

La "Madre de las Abominaciones de la Tierra"

La Biblia indica que el falso Cristianismo, la "mujer", la "gran ramera", es también llamada la "Madre de las Abominaciones de la Tierra". La palabra abominable significa repulsivo, ofensivo, detestable, odioso, despreciable, malvado, vil, depravado y perverso. Pero en la Biblia, la palabra "abominación" describe el pecado de idolatría. En Apocalipsis 17:5, el falso Cristianismo o iglesia apóstata es llamada, "la Madre de las Abominaciones de la Tierra". La Biblia muestra claramente que la palabra "abominación" describe el pecado ofensivo y detestable de idolatría. La Biblia no deja lugar a dudas de que la palabra "abominación" describe el pecado de idolatría o la adoración de ídolos. Exploremos cómo la Biblia explica la palabra abominación en el contexto de la "gran ramera…la Madre de las Abominaciones de la Tierra". Primero que todo, cuando el Señor Jesús dijo, "Por tanto, cuando veáis en el lugar santo la abominación desoladora de que habló el profeta Daniel" (Mateo 24:15), Él estaba hablando acerca de un ídolo o la imagen del Anticristo. De manera que en Mateo 24:15, abominación e idolatría son una y la misma.

Segundo, en el libro de Ezequiel Capítulo 8, está establecido más allá de la duda que abominación es sinónimo de idolatría. A través del Capítulo 8 de Ezequiel, empezando en el verso tres, al profeta se le dio una serie de visiones. Mientras su cuerpo físico permaneció en la casa, en espíritu, Ezequiel fue tomado en visiones "a la tierra de los caldeos (Babilonia), a los que estaban en cautividad" (Ezequiel 11:24) donde se encontraba el pueblo de Dios. Además, de acuerdo a Ezequiel 8:3, el Espíritu lo tomó y lo "alzó entre el cielo y la tierra, y me llevó en visiones de Dios a Jerusalén, a la entrada de la puerta de adentro que mira hacia el norte, donde estaba la habitación de la imagen del celo, la que provoca a celos…". Se le llamó a este ídolo, "la imagen del celo" porque su adoración provocaba el celo o la ira de Dios tal como está revelado en su Palabra santa:

> "No te harás imagen, ninguna semejanza de lo que esté arriba en el cielo, ni abajo en la tierra, ni en las aguas, debajo de la tierra. No te inclinarás a ellas, ni las honrarás; porque yo soy Jehová tu Dios, fuerte, celoso, que visito la maldad de los padres sobre los hijos hasta la tercera y cuarta generación de los que me aborrecen". (Éxodo 20:4–5 VRV).

Otra vez, Dios habló al Profeta Ezequiel:

> "Me dijo entonces: Hijo de hombre ¿no ves lo que éstos hacen, las grandes abominaciones que la casa de Israel hace aquí para alejarme de mi santuario? Pero vuélvete aún, y verás abominaciones mayores. Y me llevó a la entrada del atrio, y miré, y he aquí en la pared un agujero. Y me dijo: Hijo de hombre, cava ahora en la pared. Y cavé en la pared, y he aquí una puerta. Me dijo luego: Entra, y ve las malvadas abominaciones que éstos hacen allí. Entré, pues, y miré; y he aquí toda forma de reptiles y bestias abominables, y todos los ídolos de la casa de Israel, que estaban pintados en la pared por todo alrededor. Y delante de ellos estaban setenta varones de los ancianos de la casa de Israel, y Jaazanías hijo de Safán en medio de ellos, cada uno con su incensario en su mano; y subía una nube espesa de incienso. Y me dijo: Hijo de hombre, ¿has visto las cosas que los ancianos de la casa de Israel hacen en tinieblas, cada uno en sus cámaras pintadas de imágenes? Porque dicen ellos: No nos ve Jehová; Jehová ha abandonado la tierra. Me dijo después: Vuélvete aún, verás abominaciones mayores que hacen éstos. Y me llevó a la entrada de la puerta de la casa de Jehová, que está al norte; y he aquí mujeres que estaban allí sentadas endechando a Tamuz. Luego me dijo: ¿No ves, hijo de hombre? Vuélvete aún, verás abominaciones mayores que éstas. Y me llevó al atrio de adentro de la casa de Jehová; y he aquí junto a la entrada del templo de Jehová, entre la entrada y el altar, como veinticinco varones, sus espaldas

vueltas al templo de Jehová y sus rostros hacia el oriente, y adoraban al sol, postrándose hacia el oriente. Y me dijo: ¿No has visto, hijo de hombre? ¿Es cosa liviana para la casa de Judá hacer las abominaciones que hacen aquí?" (Ezequiel 8:6–17 VRV).

La abominación que Israel cometió, la cual Dios le mostró a Ezequiel en las visiones, estaba relacionada con la adoración de la "imagen del celo". Los setenta líderes supremos de la nación de Israel practicaban esta adoración idólatra en secreto e involucraba el ofrecimiento de incienso quemado. "Las abominaciones" estaban también relacionadas con la representación de los ídolos en las paredes del templo, la adoración Babilónica a Tamuz, y la adoración idólatra al sol. Después que Dios mostró estas cosas a Ezequiel el profeta, Él dijo, "¿No has visto, hijo de hombre? ¿Es cosa liviana para la casa de Judá hacer las abominaciones que hacen aquí?" (Ezequiel 8:17 NKJV). Una vez más, "abominaciones" aquí se refiere a los actos de idolatría que el pueblo cometió contra Dios.

La palabra "abominación" es lo mismo que idolatría. Consecuentemente, podemos traducir la expresión bíblica, "La Madre de las Rameras y de las Abominaciones de la Tierra", como "La Madre de las Rameras y de las Idolatrías de la Tierra". La Iglesia Católica Romana y su gemela, la Iglesia Ortodoxa, han dado continuidad al sistema de adoración Babilónico, el cual dio a luz a todas las idolatrías de la Tierra. Cada sistema de adoración idólatra ha encontrado su origen en la antigua Babilonia. El falso Cristianismo abrazó, perfeccionó y propagó por todo el mundo, el antiguo sistema de adoración Babilónico.

Desde su nacimiento mismo en el 325 D.C., la Iglesia Católica Romana ha demostrado una devoción ciega y resoluta hacia los ídolos. El Concilio de Trento (1559–1563) emitió un número de decretos con respecto a "Escritura y Tradición, Pecado Original, Justificación, Sacramentos, la Eucaristía en la Santa Misa y Veneración a los Santos". Con respecto a la veneración a los Santos, el Concilio de Trento, bajo la autoridad del Papa Pio IV, decretó:

"Las imágenes de Cristo y de la Virgen Madre de Dios, y de los otros Santos son para ser tenidos y para ser mantenidos, especialmente en iglesias, y se les debe dar honor y adoración debida".

Además, a través del Concilio Vaticano II (1962–65), la Iglesia Romana reafirmó:

"Desde los primeros días de la iglesia ha habido una tradición según la cual las imágenes de nuestro Señor, Su santa madre, y de los santos son exhibidos en Iglesias para la veneración de fieles…. Esta práctica de colocar imágenes en las Iglesias para que ellos puedan ser venerados por los fieles debe ser mantenida".

Consecuentemente, sería irrazonable esperar que la Iglesia Católica, con una historia tan larga que apoya su cultura de adoración de ídolos, admita que idolatría es un pecado detestable a los ojos de Dios. En pocas palabras, el falso Cristianismo no abandonará la adoración de ídolos; pues la idolatría define lo que ella es, un sistema de adoración idólatra. Recuerda que la Biblia describe el falso Cristianismo como "Babilonia la Grande, la Madre de las Rameras, y de todas las Abominaciones de la Tierra". Y como hemos demostrado, la palabra abominación, en el lenguaje de la Biblia, significa idolatría. Satanás usa el sistema de adoración idólatra de la Iglesia Católica Romana para satisfacer parte de su insaciable deseo de adoración. El Señor Jesús dijo, "Si un reino está dividido contra sí mismo, tal reino no puede permanecer. Y si Satanás se levanta contra sí mismo, y se divide, no puede permanecer, sino que ha llegado su fin." (Marcos 3:24–26 VRV). Por lo tanto, basado en el principio de que Satanás no se "levantaría contra sí mismo", se debe esperar que la Iglesia Católica Romana nunca renunciará a la adoración de ídolos (santos, íconos e imágenes).

A medida que el tiempo trascurre, nosotros veremos más engaños demoníacos relacionado con los ídolos que millones de devotos adoran y veneran alrededor del mundo. La Iglesia Católica Romana y su gemela la Iglesia Ortodoxa son responsables de convertir el Cristianismo en un sistema de adoración idólatra de la Madre y el Niño. En consecuencia, Dios la está haciendo responsable por llenar la Tierra con idolatría y por toda la maldad que los hombres han cometido en el mundo. Desde el momento en que "la gran ramera" saltó sobre la espalda de la "bestia escarlata" en el año 325 D.C., ella ha corrompido la tierra con su sistema de adoración idólatra, vil y detestable. Por casi mil años durante la Edad Media, también conocida como la Edad Oscura, ella tomó la lámpara del candelero y la "puso debajo de un almud" (Mateo 5:15) y dejó el mundo virtualmente en oscuridad espiritual y moral. La adoración de los ídolos y doctrina de demonios reemplazaron la enseñanza de la Biblia y la verdadera adoración a Dios. Por tanto, ella ha escondido la luz para que así no "alumbre vuestra luz delante de los hombres" (Mateo 5:15). Cuando murió la generación de cristianos que vivían cuando Constantino firmó el Edicto de Milán, la luz espiritual de la Iglesia casi se extinguió.

En su afán de suprimir la verdad, el falso Cristianismo condenó y castigó a cualquier persona que tuviese una Biblia para leerla o estudiarla. Por lo tanto, la tarea de predicar el evangelio y ayudar los pecadores a encontrar a Dios fue descontinuada. Además, la gente dejó de orar y de demostrar la fe verdadera por medio de su estilo de vida. Todo lo contrario, ellos se apoyaron en los sacramentos y en las indulgencias que la iglesia apostata le vendía a los pecadores para obtener el perdón de sus pecados, y así abandonaron el diario caminar con Dios. Naturalmente, sin "la sal", y "la luz del mundo" (Mateo 5:13–14), la humanidad pasó por un lento proceso de decadencia moral que llevó a la sociedad a donde se encuentra ahora. La apostasía del falso Cristianismo lo hizo más fácil para que Satanás gobernara sobre los asuntos del mundo por cerca de dieciséis siglos, prácticamente sin oposición. Sin el conocimiento de Dios y la reverencia a su Santo nombre, la humanidad ha perdido su camino. Como consecuencia:

> "Y se corrompió la tierra delante de Dios, y estaba la tierra llena de violencia. Y miró Dios la tierra, y he aquí que estaba corrompida; porque toda carne había corrompido su camino sobre la tierra." (Génesis 6:11–12 VRV).

En la actual condición moral y espiritual de nuestro mundo, podemos ver una descripción exacta de la generación de Noé. Las páginas de la historia parecen indicar que desde el siglo cuatro D.C. hasta comienzo de la historia moderna, la "Sede Apostólica" fue ocupada por los paganos más blasfemos, violentos y corruptos paganos con el título profano de "Papa" (Padre). A través de sus dieciséis siglos de dominio religioso y político mundial, la iglesia apóstata ha llenado las páginas de la historia con los más sangrientos crímenes y de todo tipo de inmoralidad. Las indecencias morales y espirituales que "la gran ramera" ha cometido en el mundo a través de su dieciséis siglos de historia han sido tan graves que en su obra "La Historia Criminal del Papado", Tony Bushby cita a Roberto Francesco Romulus, Cardenal Bellarmino (1542–1621), como diciendo, "El papado casi eliminó el Cristianismo".

Sin embargo, Dios en Su amor y misericordia, cambió el curso de la historia humana cuando al principio del siglo dieciséis, El utilizó el movimiento de la Reforma y los Ana Bautistas para poner Su "luz" de vuelta en el "candelero" (Mateo 5:15). Poco a poco, la luz comenzó a brillar de nuevo por todo el mundo. Ahora, la Iglesia de Cristo en la Tierra es una vez más fuerte y vibrante, a la vez que encuentra fuerza e inspiración en la promesa de Su Segunda venida.

Los Seis Mitos del Catolicismo con Respecto a María

En un claro intento de demostrar que María es digna de adoración, la Iglesia Católica Romana ha inventado siete mitos, los cuales buscan darle a María la estatura de divinidad. Estos mitos fueron los mismo que sustentaron el sistema de adoración idólatra de la antigua Babilonia. En el culto a la Madre y el Niño, la Iglesia Católica reemplazo los nombres de la diosa Semíramis y su hijo Tamuz con los nombres de la diosa María y su hijo Jesús. Como ya explicamos, estos mitos han sido inspirados en el sistema de adoración idólatra de la antigua Babilonia, el cual giró alrededor del culto a la Madre y el Hijo. El falso Cristianismo ha empleado el sistema idólatra de la Madre y el Hijo para hacer que billones de personas adoren a "la Reina dcl Cielo" y su Hijo Jesús. Estos mitos proveen el vínculo directo entre el falso Cristianismo y el antiguo sistema de adoración Babilónico de la Madre y el Hijo.

El Primer Mito Con Respecto a María

María, "Virgen Inmaculada preservada libre de toda mancha de pecado original"

"Finalmente, la Virgen Inmaculada, preservada libre de toda mancha de pecado original terminado el curso de su vida en la tierra", (Catecismo de la Iglesia Católica p. 227–966).

La Iglesia Católica cree que María fue concebida sin pecado y que aún después de haber nacido, fue preservada de toda mancha de pecado hasta que fue llevada al cielo. En otras palabras, ella fue "Inmaculada". Esta doctrina o dogma pervertido comenzó el 8 de Diciembre del 1854 cuando el Papa Pío IX emitió la bula papal llamada "Ineffabilis Deus", del Latín Dios Inefable. En su bula, el Papa Pío IX decreto:

> "Declaramos, pronunciamos y definimos que la doctrina la cual sostiene que la Bendita Virgen María, en el primer instante de su concepción, por singular privilegio y gracia del Dios Omnipotente, en virtud del mérito de Jesucristo, el Salvador de la humanidad, fue preservada inmaculada de toda mancha de pecado original, ha sido revelado por Dios, y por lo tanto debe ser firme y constantemente creído por todos los fieles".

Cuando el Papa Pío IX definió el dogma de la "Inmaculada Concepción" y vida de María, por primera vez en 1854, fue basado exclusivamente sobre la infalibilidad papal, la cual no fue definida hasta el año 1874. La creencia en la "Inmaculada Concepción" de María es una doctrina sin fundamento en la Biblia y una tradición inventada por la Iglesia Católica. En toda la historia del Cristianismo, ninguna otra iglesia aparte de la Iglesia Católica y la Iglesia Ortodoxa del Este, ha creído que María la madre de Jesús, fue "concebida y nacida libre de la mancha del pecado original". Como discutiremos en el próximo capítulo, según la Biblia, la única persona concebida y nacida en este mundo, sin contaminación de pecado, fue nuestro Señor Jesucristo. Además, la Biblia dice que todos nosotros, sin excepción, hemos pecado, incluyendo a María la madre de Jesús y a todos los papas de la Iglesia Católica. Por tanto, es una blasfemia llamar a María "Inmaculada". Es una blasfemia afirmar que cualquier ser humano que ha nacido de una mujer en este mundo, aparte del Señor Jesucristo, fue o es inmaculado o sin pecado. María, la madre de Jesús, nació en pecado, justamente como cualquier otro ser humano en el mundo. Dios dice que:

"Todos nosotros nos descarriamos como ovejas, cada cual se apartó por su camino..." (Isaías 53:6).

Todo ser humano que haya nacido en este mundo, con la excepción del Señor Jesús, es pecador. Cuando Dios envió a Jesús el Salvador a nuestro mundo, El encontró la raza humana postrada en la condición de pecado. La Biblia afirma una y otra vez que, aparte del segundo Adán (Cristo), todos los descendientes de Adán somos inevitablemente pecadores:

> "No hay justo, ni aún uno...Todos se desviaron, a una se hicieron inútiles; No hay quien haga lo bueno, no hay ni siquiera uno" (Romanos 3:10–12 VRV).

"No hay justo", ni aún María la madre de Jesús. El Señor Jesús es la única persona que fue concebido sin pecado, el cual vivió y murió en este mundo libre de la mancha del pecado original. Todo ser humano es nacido pecador y en necesidad de salvación, incluyendo a María la madre de Jesús y todos los papas de la Iglesia Católica. Como dice la canción: "¿Sabías María que el bebé que diste a luz pronto te liberará?" Consecuentemente, no se debe creer que ningún otro ser humano aparte del Señor Jesucristo nació libre de pecado. La afirmación de que María fue "preservada libre de la mancha de pecado original" es una blasfemia que tiene la intención de engañar y arrastrar al mundo a la adoración a María como la perfecta reina del cielo.

Según este mito, María fue no sólo concebida y preservada inmaculada después de su nacimiento, sino que también permaneció virgen toda su vida, después de haber dado a luz a su hijo Jesús. ¿Era María todavía virgen después de haber dado a luz a su primer hijo, Jesús? ¿Fue ella preservada virgen después de que dio a luz a su primer hijo, Jesús? En el esfuerzo de preservar la virginidad de María, la Iglesia Católica enseña que aunque María dio a luz a su hijo Jesús, ella permanece virgen. Sin embargo, no hay evidencia probada de que María no dio a luz al bebé Jesús de la misma manera que todas las mujeres dan a luz en este mundo. Según la Biblia, es absolutamente cierto que María no tuvo relaciones sexuales con ningún hombre antes de la concepción y nacimiento del niño Jesús, quien fue concebido por obra del Espíritu Santo. Sin embargo, la Biblia también muestra de manera concluyente que después que Jesús nació, María y José vivieron juntos como esposo y esposa y que aún procrearon otros hijos juntos. De manera que la Iglesia Católica ha escogido poner su tradición y creencia mitológica por encima de los relatos bíblicos en cuanto a estos asuntos. Por lo tanto, con el fin de justificar su creencia, la Iglesia Católica le ha restado autoridad a la historia bíblica del nacimiento virginal de Jesús.

La Iglesia Católica Romana también cree que más que una mortal, María es la "Santísima". "Santísimo" es uno de los títulos divinos utilizados en las sagradas Escrituras solo para Dios. Dios es el único "Santísimo" que existe en todo el universo, lo cual significa que no hay otro como Él en Santidad. La Iglesia Católica ha agrandado el papel spiritual de María en la iglesia y su estado espiritual en un intento de presentarla como una divinidad, tal como la gente vio a Semíramis en el antiguo culto babilónico de la Madre y el Hijo.

El Segundo Mito Con Respecto a María

El Catolicismo Romano sostiene la creencia teológica hereje de que María, la madre de Jesús:

"Fue llevada a la Gloria del cielo y elevada al trono por el Señor como Reina del universo para ser conformada más completamente a su Hijo, el Señor de Señores y conquistador del pecado y la muerte" (Catecismo de la Iglesia Católica p.227– 966).

La Iglesia Católica Romana cree que junto con su glorificación, María fue "elevada al trono por el Señor como Reina del universo". La adoración a María como "Reina del universo" demuestra una vez más que la Iglesia Católica es "Babilonia la Grande, la Madre de las Rameras y de las Abominaciones de la Tierra". María, al igual que Semíramis, la diosa de la antigua Babilonia, es también adorada como reina del universo. La Biblia dice que los judíos adoraban a Istar, la diosa asiria y babilónica, también conocida como Astoret y Astarte. Istar o Astarte es la misma diosa Babilónica, madre de Tamuz. La Biblia dice específicamente que "las mujeres amasan la masa, para hacer tortas a la reina del cielo" (Jeremías 7:18) en Judá. Según la Iglesia Católica, el Señor Jesús entronó a María como "Reina del cielo y el universo".

Sin embargo, nada está más lejos de la verdad bíblica que esto. La Biblia, ni ninguno de los primeros líderes cristianos hablaron acerca de la glorificación de María. Debe notarse que entre todos los apóstoles de Jesús, Juan fue el que vivió más tiempo en este mundo. También se cree que Juan escribió el libro de Apocalipsis en la última década del primer siglo (ca. 94– 96 D.C.). Puede que Juan haya muerto a finales del siglo primero o al principio del segundo siglo D.C. Se debe notar que Juan fue ese discípulo a quien el Señor Jesús mismo le confió Su propia madre, María, para que la cuidara y proveyera para ella. Puede que él también fue testigo de la muerte de María la madre de Jesús. Sin embargo, a pesar del hecho de que Juan escribió cinco de los veintisiete libros del Nuevo Testamento, el no mencionó a María la madre de Jesús ni una sola vez, en ninguna forma que sea comparable o que refleje la forma en que la iglesia apóstata ha representado a María a través de los siglos. Juan escribió acerca de las visiones apocalípticas que él recibió con respecto al trono de Dios en el cielo, los ángeles y los veinticuatro ancianos "echando sus coronas ante el trono de Dios adorándolo y al Señor Jesús". Sin embargo, él nunca mencionó a María como "la Reina del universo". Los escritos del apóstol Juan no apoyan los reclamos extra bíblicos del falso Cristianismo con respecto a la "ascensión de María al cielo en cuerpo y alma, y su elevación al trono por el Señor, como reina del universo".

Es también importante notar que ninguno de los otros apóstoles de Cristo escribió o enseñó acerca de algo que la Iglesia Católica Romana y ortodoxa consideran tan transcendental. Sin embargo, la razón por la cual los apóstoles no hablaron, ni escribieron acerca de estos asuntos en las Santas Escrituras, es simplemente porque esas son puras invenciones que el falso Cristianismo ha propagado para atraer a la gente al sistema de adoración idólatra de la "Inmaculada Virgen María…reina del cielo y del universo". En la Liturgia de la Iglesia Católica Romana y Ortodoxa, los personajes centrales del culto babilónico (Samíramis, la reina del cielo y su hijo resucitado Tamuz) han sido reemplazado por los nombres de María, la reina del cielo y su hijo, el niño Jesús.

El Tercer Mito Con Respecto a María

A María, la madre de Jesús, "...se le reconoce y se le venera como verdadera Madre de Dios y el Redentor..." (Catecismo de la Iglesia Católica p. 226–963).

Esta representación de María, junto con la icónica representación de cientos de otras figuras históricas cristianas importantes como los apóstoles de Jesús, constituyen un intento deliberado de agrandar su estado espiritual, de manera que los hombres puedan construir un culto alrededor de ellos. ¿Es María madre de Dios? ¿Cómo puede María, la madre de Jesús ser la madre de Dios cuando la Biblia dice que el Dios Eterno y Creador no tuvo principio? ¿Cómo puede una criatura finita como María ser la madre del Dios infinito y Creador de todas las cosas y que no tuvo principio? Que María sea la madre de Jesús no significa que ella es la "Madre de Dios". Hablando sobre la encarnación de Jesús en Filipenses 2:6, el apóstol Pablo dice que Jesús "siendo en forma de Dios, no estimó ser igual a Dios como cosa a que aferrarse". El término "siendo en forma de Dios" en Griego, enfatiza la esencia de la naturaleza de Jesús, o su continuo estado o condición. En otras palabras, Jesús fue siempre Dios antes de convertirse en hombre. En Juan 1:14 el apóstol dijo, "Y aquel Verbo (Jesús) fue hecho carne y habitó entre nosotros, y vimos su gloria, gloria como del unigénito del Padre, lleno de gracia y de verdad". La palabra "habitó" es la misma palabra que se utilizó en el Antiguo Testamento para "tabernáculo", el cual fue una tienda temporal en donde la gloria de Dios fue desplegada entre Su pueblo en el desierto por cuarenta años. Lo que Juan está diciendo es que Jesucristo fue originalmente, esencialmente, y eternamente Dios, quien en la encarnación, temporalmente, tomó sobre sí la forma de hombre y habitó (tabernáculo) entre nosotros.

Consecuentemente, la divinidad de Cristo era permanente mientras que su humanidad era temporal. En Su encarnación, Jesús era al mismo tiempo, completamente hombre y completamente Dios. Por eso, debe notarse que antes, durante y después de Su encarnación,

Jesús fue Dios desde la eternidad y hasta la eternidad. En Juan 8:58, Jesús afirmó, "De cierto, de cierto os digo: Antes que Abraham fuese, yo soy". Como sabemos, ésta es una afirmación de deidad. Jesús afirmo aquí que Él es interminable, eterno. De acuerdo a Jesús, nunca hubo un tiempo en el que Él empezó a existir. Aunque el hombre, Jesús, no siempre había existido, el eterno Jesús siempre existió. En un sentido, Jesús nació en este mundo y murió como cualquier otro hombre. Sin embargo, en Jesús vemos más que un hombre quien vivió y murió como cualquier otro hombre. En Jesús vemos al eterno Dios quien es el mismo ayer, hoy y para siempre.

¿Cómo podría entonces María ser la madre de Dios? Es más apropiado decir que María fue el instrumento que Dios Padre utilizó para llevar a cabo la encarnación del pre-existente y eterno Jesús. María fue la madre de la humanidad temporal de Jesús. No hay ninguna posibilidad de que María siendo humana pudo haber sido la madre del eterno Creador. Por lo tanto, María no debe recibir ningún crédito por la naturaleza divina y eterna que el Señor Jesús poseía junto a Su naturaleza humana temporal. Basado en la creencia de que María es la madre de Dios, la Iglesia Católica Romana también cree que María es la madre de todos los creyentes (la madre de la Iglesia).

> "Más aún, ella es verdaderamente la madre de los miembros (de Cristo) porque colaboró con su amor a que nacieran en la iglesia los creyentes, miembros de aquella cabeza (S Agustín virg. 6)" (LG 53)" "...María, Madre de Cristo, Madre de la Iglesia Pablo VI, discurso 21 de Noviembre 1964)" (Catecismo de la Iglesia Católica p.226–963).

El "Catecismo" también añade, "Finalmente, Jesucristo, agonizando en la cruz, la dio como madre al discípulo con estas palabras, "Mujer, ahí tienes a tu hijo" (Juan 19, 26 - 27 (LG 58)" (Catecismo de la Iglesia Católica, p. 226–964). "Oh Madre de Dios: tú te has reunido con la fuente de Vida, tú que concebiste al Dios vivió, y que, con tus oraciones, librarás nuestras almas de la muerte (Liturgia bizantina, Troparia de la fiesta de la Dormición, 15 de Agosto")) (Catecismo de la Iglesia Católica p. 227– 966).

El Cuarto Mito Con Respecto a María

"María es nuestra Mediadora e Intercesora con Dios".

Con respecto a María, la madre de Jesús, la Iglesia Católica Romana enseña:

"En efecto, con su asunción a los cielos, no abandonó su misión salvadora, sino que continúa procurándonos con su múltiple intercesión, los dones de salvación eterna... Por eso la Santísima Virgen es invocada en la Iglesia con los títulos de Abogada, Auxiliar, Socorro, Mediadora (LG 62)...La Santísima Virgen "es honrada con razón por la Iglesia con un culto especial. Y, en efecto, desde los tiempos más antiguos, se venera a la Santísima Virgen con el título de 'Madre de Dios', bajo cuya protección se acogen los fieles suplicantes en todos sus peligros y necesidades..." (Catecismo de la Iglesia Católica, p. 227–969 y p. 228–971).

María es descrita como teniendo una "misión salvadora" o con alguna función en el cielo, la cual ella lleva a cabo por medio de sus "múltiples intercesiones, los dones de salvación eterna...Por eso la Santísima Virgen es invocada en la Iglesia con los títulos de Abogada, Auxiliar, Consoladora y Mediadora". Los títulos de Abogada, Auxiliar, Socorro y Mediadora, todos encajan bien en las funciones de salvación que el falso Cristianismo le ha dado a ella. Por esta razón, en su adoración idólatra a María, "los fieles suplicantes buscan protección de todos sus peligros y necesidades", y se acercan a María para invocar la ayuda como Salvadora.

Junto con María, el falso Cristianismo ha incorporado cientos de "Mediadores" a su sistema de adoración idólatra y maléfico. Para ellos, cada apóstol de Jesús junto a una miríada de otros "santos", es un "Mediador", y junto como María la madre de Jesús, ellos son también venerados y adorados. Algunos de los muchos nombres por los cuales María es conocida en la Iglesia Católica, la Iglesia Anglicana, la Iglesia Luterana, y las Iglesias Ortodoxas Orientales son: Madre Bendita; Nuestra Señora; Nuestra Señora del Rosario; Nuestra

Señora de Loreto; Nuestra Señora de Guadalupe; Nuestra Señora de la Altagracia; Nuestra Señora de los Lamentos; Madre de Misericordia; la Virgen Fátima, la Virgen Santísima; la Virgen Inmaculada; Reina del Cielo; Reina del Universo; Reina de los Santos Ángeles; Madre de Dios y del Redentor; Madre de la Iglesia; Madre de todos los Cristianos; Abogada; Mediadora; Auxiliar; Socorro; etc. Debe notarse que la Iglesia Católica Romana ha asignado a María más títulos divinos y funciones salvadoras que las que el Señor Jesucristo mismo tiene. De acuerdo a la iconografía del Oriente y Occidente, el falso Cristianismo cree que María,

> "muestra el camino" ["Hodoghitria"], ella es su "signo" (Catecismo de la Iglesia Católica P. 580–2674). "Porque nos da a Jesús su hijo, María es madre de Dios y madre nuestra, podemos confiarle todo nuestro cuidado y nuestras peticiones: Ora por nosotros como ella oró por sí misma…" (Catecismo de la Iglesia Católica p. 581–2677). Además, la "oración de la Iglesia está sostenida por la oración de María" (Catecismo de la Iglesia Católica p.582–2679).

Estas falsas creencias son buenos ejemplos de cómo la Iglesia Católica, en la práctica aleja a la gente de la adoración verdadera a Dios. La Biblia enseña claramente la verdad espiritual fundamental de que, "en ningún otro hay salvación; porque no hay otro nombre bajo el cielo, dado a los hombres, en que podamos ser salvos." (Hechos 4:12 VRV).

> "Mirad a mí, y sed salvos, todos los términos de la tierra, porque yo soy Dios, y no hay más" (Isaías 45:22 VRV). "Yo soy el camino, y la verdad, y la vida; nadie viene al Padre, sino por mí" (Juan 14:6 VRV).

El Señor Jesús es nuestro Único Mediador y al Único a quien los pecadores deben llamar para salvación. La Biblia no lo puede establecer más claramente:

> Porque hay un solo Dios, y un solo mediador entre Dios y los hombres, Jesucristo hombre" (1Timoteo 2:5 VRV).

La razón por la que la Biblia claramente enseña que la salvación es por medio de Jesús solamente, es porque Él es el Único quien murió por el pecado del mundo. Él es el Único Salvador que existe. Proclamémoslo desde los techos, para que todos lo oigan:

"Y en ningún otro hay salvación; porque no hay otro nombre bajo el cielo, dado a los hombres, en que podamos ser salvos". "Porque hay un solo Dios, y un solo mediador entre Dios y los hombres, Jesucristo hombre".

Según la Biblia, los hombres son salvos solamente cuando se arrepienten y creen en el Señor Jesucristo. Uno de los primeros mandamientos que se nos dan en la Biblia es el mandamiento de adorar y honrar exclusivamente a Dios. "No tendrás dioses ajenos delante de Mí...No te harás imagen, ni ninguna semejanza de lo que esté arriba en el cielo, ni abajo en la tierra, ni en las aguas debajo de la tierra ...No te inclinarás a ellas, ni las honrarás" (Éxodo 20:3 VRV5). El falso Cristianismo racionaliza y justifica la transgresión de este mandamiento simplemente diciendo que las imágenes "ayudan a los fieles a visualizar las cosas espirituales". Sin embargo, cualquiera que procure amar, honrar y servir a Dios entendería que el mandamiento, "No tendrás dioses ajenos delante de Mí" significa que los cristianos no deben venerar ni adorar a nadie más que a Dios. Cualquier cosa más allá de eso es desobediencia o rebelión abierta en contra de Dios. Cuando Dios da un mandamiento nosotros lo obedecemos o desobedecemos. Si usted decide obedecer el mandamiento: "No tendrá dioses ajenos delante de Mí", entonces eso significa que tú: "No te harás imagen, ni ninguna semejanza de lo que esté arriba en el cielo, ni abajo en la tierra, ni en las aguas debajo de la tierra...No te inclinarás a ellas, ni las honrarás" (Éxodo 20:3 VRV5).

El Quinto Mito Con Respecto a María

La Iglesia Católica Romana afirma que María está Ya en el cielo, glorificada en cuerpo y alma:

"Entre tanto, la Madre de Jesús, glorificada ya en los cielos en cuerpo y alma, es la imagen y comienzo de la Iglesia que llegará a su plenitud en el siglo futuro" (Catecismo de la Iglesia Católica p. 228–972).

La razón por la que la diosa Babilónica Istar (Semíramis) fue llamada la reina del cielo fue porque el mito dice que ella ascendió al cielo y fue coronada como la reina del cielo. La adoración de María dentro del culto de la Iglesia Católica fue extraído del culto de adoración idolatra a la Madre y el Hijo del sistema religioso de la antigua Babilonia. Por lo tanto, no debe sorprendernos el hecho de que la Iglesia Católica Romana crea y enseñe que María "está en el cielo, glorificada en cuerpo y alma" como reina del universo. Aún más, el mito de que María fue llevada al cielo implica que ella no experimentó muerte, sino que fue llevada al cielo viva. No hay prueba alguna en la Biblia de que con la excepción del Señor Jesucristo, haya en el cielo otro ser humano que haya sido "glorificado en cuerpo y alma". El Señor Jesús es la única persona que murió, resucitó de la muerte y ascendió al cielo en un cuerpo glorificado. Como resultado, Él fue hecho "primicias de los que durmieron" (1Corintios 15:20 VRV). El Señor Jesús fue el primero que murió, resucito y ascendió al cielo, donde Él está glorificado y entronado. Las almas de todos los creyentes que han muerto están en el cielo con Jesús. Sin embargo, hasta ahora, el Señor Jesús es la única persona que existe en el cielo, en alma y cuerpo glorificado. Esa es la razón por la que la Biblia nos asegura, no la Iglesia Católica, que Cristo fue hecho primicias de los que durmieron. Él es la "primicia" o el primero de una gran cosecha de redimidos que esperan por el día de Su segunda venida para reunirse con Él en sus cuerpos resucitados y glorificados, por toda la eternidad. No hay prueba de que María, la madre de Jesús, fuera tomada al cielo en cuerpo y alma, o de que ella fuera glorificada. No podemos encontrar tal información en las Santas Escrituras, ni en los Escritos Apostólicos, ni en los escritos de los padres de la Iglesia primitiva. Por tanto, esto debe ser considerado como doctrina de hombre, y una herejía que debe ser fuertemente rechazada.

Debe notarse que el Catolicismo Romano sentó las bases para el culto a María en el Concilio de Cyril que se celebró en Éfeso en el año 431 D.C. Por primera vez en la historia de la Cristiandad, el Concilio de Cyril llamado a María teotokos, la cual es una palabra Griega que significa "portador de Dios". En otras palabras, por primera vez María fue llamada, "la madre de Dios". Sin embargo, el título "Reina del Cielo" aplicado a María ha estado en uso desde la Alta Edad Media. Por siglos antes que el Papa Pío XII diera a la devoción a María un estado dogmático formal, los Católicos alrededor del mundo habían estado invocando a María como la "Reina del Cielo", en su rezo de la Letanía a la Bendita Virgen María (también conocido por su lugar de nacimiento, como la Letanía de Loreto), la cual fue aprobada por el Papa Sixto V en el año 1587. Finalmente, la Constitución Apostólica del Papa Pío XII Munificentisimus Deus del 1 de Noviembre, 1950, definió el dogma de la asunción corporal de María al cielo:

> "Por la autoridad de nuestro Señor Jesucristo, de los Benditos Apóstoles Pedro y Pablo, y por nuestra propia autoridad, lo pronunciamos, lo declaramos y lo definimos ser un dogma revelado divinamente: Que la inmaculada Madre de Dios, la siempre virgen María, habiendo completado el curso de su vida terrenal, fue ascendida en cuerpo y alma a la gloria celestial".

Convine notar que a través de su encíclica papal, el Ad Caeli Reginam, El Papa Pío, confirmó el título de María "Reina del Cielo", simplemente "porque su hijo Jesucristo es el Rey de Israel y Rey celestial del universo". El Papa Pio XII fue un fuerte devoto de María, por lo tanto, en el año 1942, en conformidad con el segundo secreto de "nuestra Señora de Fátima", él consagró el mundo al "Corazón Inmaculado de María". Esta doctrina, la cual establece que María está "ya glorificada en el cielo en cuerpo y alma", implica que la ascensión corporal de María al cielo se llevó a cabo cuando todavía ella vivía o después de muerta. La Iglesia Católica Romana se ha convertido en una experta en el arte de hacer "el mandamiento de Dios inválido por su tradición...Enseñando como doctrinas los mandamientos de los hombres" (Mateo 15:6, 9 VRV). Todo lo que el falso Cristianismo no puede probar con las Sagradas Escrituras, ni con la histórica, ella lo justificara invocando la "Tradición y los Padres de la Iglesia". La iglesia apóstata siempre ha utilizado la "Tradición y los Padres de la Iglesia" como una excusa para justificar la perversión de virtualmente todos los principios de la fe Cristiana, colocando su propia versión pervertida de la verdad, por encima de la autoridad de la Santa Biblia. La Iglesia Católica deliberadamente se ha rebelado contra el hecho de que en asuntos doctrinales, la Biblia es en sí misma, la única fuente de autoridad divina para los hombres en la Tierra. Cualquier enseñanza o creencia doctrinal que no esté sólidamente establecida en las Santas Escrituras, debe ser considerada como el Señor Jesús mismo las calificó, "mandamientos de hombres".

El Sexto Mito Con Respecto a María

Tal y como lo hemos señalado, María "muestra el camino" al cielo. Según la iconografía del Oriente y Occidente, María es su "signo":

> "Porque nos da a Jesús su hijo, María es madre de Dios y madre nuestra, podemos confiarle todo nuestro cuidado y nuestras peticiones: Ora por nosotros como ella oró por sí misma..." (Catecismo de la Iglesia Católica p. 581–2677). "La oración de la Iglesia está sostenida por la oración de María" (Catecismo de la Iglesia Católica p.582–2679).

Como ya hemos planteado, la Biblia establece claramente que el Señor Jesús es el único camino a la salvación y el único Mediador entre Dios y los hombres, no María, ni el papa, ni ningún santo.

El Engaño de las Seis Apariciones de la "Señora del Rosario"

Yo no creo que sea una coincidencia que la caída del comunismo en Europa Oriental haya sido atribuida a las seis apariciones de la "Señora del Rosario" en Portugal. La caída del comunismo en Europa ocurrió en un tiempo cuando la Iglesia Católica Romana estaba pasando por una larga y severa crisis de credibilidad moral y espiritual. La creencia en el cumplimiento de las profecías de la "Señora del Rosario" ha causado y todavía causará que millones de personas alrededor del mundo renueven su fe en el Catolicismo Romano. Consideremos la decepción diabólica de las seis apariciones de la "Señora del Rosario", o la Virgen de Fátima tal como lo reportaron tres niños en Fátima, Portugal, en el 1917.

Primera Aparición de la "Señora del Rosario"

Durante su primera aparición, la "Señora del Rosario" les dijo a tres niños:

"No temas, dijo ella en una voz baja y melódica, la cual nunca será olvidada. Yo no te haré daño…Yo soy del cielo… Vengo a pedirte que vengan aquí por seis meses de manera sucesiva, en el día décimo tercero a esta misma hora. Entonces yo te diré quién yo soy, y qué es lo que quiero. Y después de eso yo retornaré aquí una séptima vez". Se dice que Lucía le preguntó a la "Señora del Rosario," "¿Está Amelia en el cielo?" a lo que la "Señora del Rosario" respondió, "Ella estará en el purgatorio hasta el fin del mundo." Entonces la "Señora añadió, "¿Deseas tú ofrecerte a ti misma a Dios, para soportar todos los sufrimientos que a Él le pudiera placer enviarte, como un acto de reparación por los pecados por los cuales Él es ofendido, y pedir por la conversión de los pecadores?" "…Repite el Rosario cada día, para obtener paz para el mundo, y el fin de la guerra". (Nuestra Señora de Fátima, Por William Thomas Walsh PP. 51–52).

Segunda Aparición de la "Señora del Rosario"

Durante su segunda aparición, la "Señora del Rosario" les dijo a los niños:

"Yo quiero que ustedes vengan aquí en el décimo tercer día del mes que viene, para recitar el Rosario cinco veces cada día, y para aprender a leer. Yo les diré después lo que quiero… Jesús desea hacer uso de ustedes para que yo sea reconocida y amada. El desea establecer en el mundo la devoción a mi corazón inmaculado…No se desanimen. Yo nunca les abandonaré. Mi corazón inmaculado será su refugio y el camino que les conducirá a Dios" (Nuestra Señora de Fátima, Por William Thomas Walsh, P. 68).

Tercera Aparición de la "Señora del Rosario"

Se dice que durante la tercera aparición, la "Señora del Rosario" les dijo a los muchachos:

"Yo quiero que ustedes vengan aquí en el décimo tercer día del mes que viene, para continuar recitando el Rosario cada día en honor de Nuestra Señora del Rosario para obtener la paz del mundo y el fin de la guerra. Porque ella sola podrá ser capaz de ayudar...En Octubre yo les diré quién yo soy y lo que yo deseo, y ejecutaré un milagro que todos tendrán que creer...Sacrifíquense por los pecadores...y digan muchas veces, especialmente cuando hagan algún sacrificio: Oh Jesús, es por tu amor, por la conversión de los pecadores y en reparación por pecados cometidos en contra del corazón inmaculado de María...Para salvarlos, Dios desea establecer en el mundo la devoción a mi corazón inmaculado. Si ellos hacen lo que yo les diré, muchas almas serán salvadas, y habrá paz. Cuando ustedes vean una noche iluminada por una luz desconocida, sepan que es la gran señal que Dios les da de que Él va a castigar al mundo por sus crímenes por medio de guerra, de hambre, y de persecución de la Iglesia y el Santo Padre. Para prevenir esto yo vengo a pedir la consagración de Rusia a mi corazón inmaculado y la comunión de reparación en los primeros sábados. Si ellos escuchan mi petición, Rusia será convertida y habrá paz. Si no, ella esparcirá sus errores a través del mundo, provocando guerras, y persecuciones de la Iglesia. Lo bueno será martirizado, el Santo Padre tendrá mucho que sufrir, y varias naciones serán aniquiladas. Al final mi corazón inmaculado triunfará. El Santo Padre consagrará Rusia a mí, y será convertida y cierto período de paz le será concedido al mundo...La Señora entonces les dijo un secreto a los muchachos, el cual nunca ha sido revelado, y el cual Lucía no revelará hasta que la misma Reina del Cielo le ordene hacerlo". (Nuestra Señora de Fátima, Por William Walsh, PP. 80–82).

Cuarta Aparición de la "Señora del Rosario"

Se dice que durante la cuarta aparición la "Señora del Rosario" les dijo a los muchachos:

> "Yo quiero que ustedes continúen yendo a Cova da Iria en el décimo tercer día para continuar recitando el Rosario cada día. En el último mes yo ejecutaré el milagro de manera que todos tendrán que creer...Oren, oren mucho, y hagan sacrificios por pecadores, porque muchas almas van al infierno porque ellos no tienen a nadie quien sacrifique y ore por ellos" (Nuestra Señora del Rosario, Por William Thomas Walsh, P. 120).

Quinta Aparición de la "Señora del Rosario"

Se dice que durante la quinta aparición de la "Señora del Rosario" también instruyó a los muchachos:

> "Continúen orando el Rosario para hacer que la guerra termine. En Octubre nuestro Señor vendrá también, y nuestra Señora del Socorro de Carmelo, y San José con el Niño Jesús, para bendecir el mundo. Dios está contento con los sacrificios de ustedes, pero no desea que ustedes duerman con la bata— vístanla sólo durante el día...En Octubre yo ejecutaré el milagro de manera que todos creerán...Lucía después explicó que la Señora había pedido sacrificios más que oraciones por la conversión de pecadores" (Nuestra Señora del Rosario, Por William Thomas Walsh, PP. 127–128, 133).

Sexta Aparición de la "Señora del Rosario"

Se dice que durante la sexta aparición, la "Señora del Rosario" también instruyó a los niños:

> "Yo quiero decirles que hagan que ellos construyan una capilla aquí en mi honor. Yo soy la Señora del Rosario. Dejen que ellos

continúen rezando el Rosario cada día. La guerra llegará a su fin, y los soldados pronto retornarán a sus casas...Con esto la Señora del Rosario abrió sus manos blancas como siempre, y le pareció a Lucía que la luz emergiendo de ellas ascendió a donde el sol debía estar, directamente encima de ellos, y fue más brillante que cualquier luz solar. Tal vez fue en ese momento que la multitud vio las nubes separarse como dos cortinas grandes enrolladas aparte, y el sol apareció entre ellos en el azul claro, como un disco de fuego blanco. Ciertamente muchos oyeron a Lucía gritar; ¡miren el sol! Nuestra Señora desapareció en la misma radiación que salió de sus manos extendidas, ahí se distinguía en el cenit por encima del árbol tableaus el cual simbolizó, uno tras otro, el gozo, los dolores y los misterios Gloriosos del Rosario. El primero fue una representación distintiva de la Santa Familia; Nuestra Señora misma en su vestido tradicional de blanco con un mantel azul, y San José a su lado sosteniendo al Niño Jesús en sus brazos -San José en blanco-, el Infante en rojo brillante. A Lucía se le oyó decir, "¡San José nos va a bendecir! Todos los tres muchachos vieron esta primera visión, y vieron el Santo hacer la señal de la cruz tres veces sobre la multitud. El santo Niño hizo lo mismo también. La próxima visión, vista sólo por Lucía, fue la de Nuestra Señora de Dolores en el vestido solemne asignado a ella por la tradición, el Mantel doloroso del Viernes Santo, pero sin la espada en su pecho; y a su lado estaba su divino Hijo lamentándose como cuando él la encontró en su camino al Calvario, Lucía vio sólo la parte más elevada de Su figura. El miró tristemente a la multitud por quien Él había muerto, y levantó su mano para hacer la señal de la cruz sobre ellos. Nuestra Señora entonces apareció en una tercera visión de gloria, como Nuestra Señora del Monte Carmelo, coronada como reina del cielo y del mundo, su Hijo infante sobre su rodilla. La multitud no vio nada de todo esto: al menos parece no haber verificación sólida de alegación de que unos cuantos vieron la Señora. Lo que todos ellos vieron, sin embargo fue algo estupendo, no oído antes, y casi apocalíptico. El sol permaneció flotando en el claro cenit como un disco grande de plata, el cual aunque brillante como ningún sol que ellos hayan visto, ellos podían mirar al sol sin pestañar, y con una satisfacción y deleite único. Esto duró sólo un momento. Mientras ellos tenían sus ojos fijos en el sol, la bola gigante empezó a "danzar" esa fue la palabra que todos los miraban usaron para describir el fenómeno. El sol rotaba rápidamente como una rueda gigante de fuego. Después de haber hecho esto por cierto tiempo, se paró. Entonces giró otra vez, con una velocidad que mareaba o te hacía sentir enfermo. Finalmente allá apareció en la circunferencia un borde de color rosado, el cual se movió rápidamente a través del cielo, como un remolino rojo-sangre que procedía de la llama, reflejándose en la tierra, los árboles y los matorrales, a las caras que miraban todo tipo de colores brillantes en sucesión; verde, rojo, naranja, azul, violeta, de hecho toda la variedad de colores. Francamente girando tres veces en esta manera, la esfera de fuego pareció temblar y vibrar, y entonces se precipitó poderosamente en una especie de movimientos bruscos hacia la multitud. Esto duró alrededor de diez minutos. Entonces todos vieron el sol de cada día. Se tranquilizó, entonces espléndido. Nadie podía mirarlo por más tiempo. Fue el sol de cada día. La gente se miró uno a otro en alegría y asombro. "¡Milagro! ¡Milagro! ¡Los muchachos tenían razón! ¡Nuestra Señora hizo un milagro! ¡Bendito sea Dios! ¡Bendita sea Nuestra Señora!" El hecho ha sido establecido más allá de toda duda. ¿Cómo puede esto ser explicado? En el mismo día y hora que ellos habían predicho, algunas 70,000 personas testificaron que ellos habían tenido la experiencia única de ver el sol girar y parecía caer". (Nuestra Señora de Fátima, Por William Thomas Walsh PP. 144–146, 150).

Origen y Naturaleza de las Apariciones de la "Señora del Rosario"

En vista de lo que enseña la Biblia, las apariciones de la "Señora del Rosario" a los niños en Portugal fueron inspiradas por Satanás para atraer las gentes a través del mundo, a la adoración babilónica de la Madre y el Niño. ¿Cómo podemos detectar el engaño y la fuente satánica de estas apariciones? El apóstol Juan aconsejó fuertemente a los cristianos a que prueben el espíritu de cualquier predicador o ser angelical, aún si ellos afirman que su mensaje viene directamente de Dios. Las Santas Escrituras prueban que las apariciones de la "Señora del Rosario" en Portugal son de origen satánico:

> "Amados, no creáis a todo espíritu, sino probad los espíritus si son de Dios; porque muchos falsos profetas han salido por el mundo". (1Juan 4:1 y 1Tesalonicenses 5:20–22, VRV).

El apóstol Pablo llama a los cristianos a que examinen o den seria consideración a "los espíritus" de los mensajeros. Los cristianos no deben ser complacientes ni aún con los mensajes que escuchan cada domingo de sus propios líderes cristianos. Los cristianos deben acercarse a los mensajes con cierto escepticismo cauteloso, especialmente cuando se trata de enseñanzas o doctrinas que contradigan la Biblia o no están sólidamente fundamentadas en la Biblia. Nosotros debemos siempre imitar fielmente la norma establecida por los cristianos de Berea:

> "Y éstos eran más nobles que los que estaban en Tesalónica, pues recibieron la palabra con toda solicitud, escudriñando cada día las Escrituras para ver si estas cosas eran así". (Hechos 17:11 VRV).

No importa cuán sabio o dotado el predicador aparenta ser. La falsedad o veracidad de un mensaje puede ser establecida cuando el profeta o maestro respeta o no, la finalidad del proceso de Inspiración y Revelación de la divina Palabra de Dios. Este proceso fue limitado a los santos profetas de Dios, ángeles y apóstoles durante el período de tiempo que finalizó con las Escrituras Apostólicas. Además, la falsedad de un mensaje puede ser establecida utilizando el principio de interpretación bíblica. La Biblia interpreta la Biblia y la Biblia no se contradice a sí misma. Por lo tanto, un mensaje que no reconoce el proceso de la divina Revelación como final, o que además contradice el mensaje de la Biblia, es falso. Consecuentemente, la mejor protección que un cristiano puede tener contra herejía y "doctrina de demonios" es probar la enseñanza, o el mensaje del profeta a la luz de las Santas Escrituras. Si la enseñanza no es compatible con la enseñanza y el principio de la interpretación de la Biblia, esta debe ser rechazada como una "doctrina de demonios".

"Amados, no creáis a todo espíritu, sino probad los espíritus..." La palabra "probar" como se usa aquí viene de una palabra usada en metalurgia para examinar o evaluar la pureza y el valor de los metales. Igualmente, los cristianos estamos supuestos a "probar" o examinar las enseñanzas espirituales utilizando la Biblia para determinar su pureza y valor doctrinal. Basado en este principio usted acepta o rechaza tales enseñanzas. Como veremos, el poder de un milagro, o la elocuencia de un mensajero no significan necesariamente que el milagro o el mensajero vienen de Dios. El apóstol Pablo advierte:

> "Porque éstos son falsos apóstoles, obreros fraudulentos, que se disfrazan como apóstoles de Cristo. Y no es maravilla, porque el mismo Satanás se disfraza como ángel de luz. Así que, no es extraño si también sus ministros se disfracen como ministros de justicia; cuyo fin será conforme a sus obras" (2 Corintios 11:13–15 VRV).

No hay duda en mi mente de que las apariciones de la "Señora del Rosario" en Portugal, ocurrieron por obra de Satanás y mensajeros que se transformaron a sí mismos en "ángeles de luz y ministros de justicia". Consecuentemente, si el mensaje de un maestro o profeta no es consistente con la palabra final y autoritativa de Dios ya revelada, debe ser rechazada de inmediato, no importa cuán majestuoso o impresionante el mensaje o el milagro parece. Una "prueba" escritural de estas apariciones a los niños en Portugal revelaría que estas están en conflicto con las enseñanzas autoritativa de la Santa Biblia. Por ejemplo, se nos dijo que durante las apariciones, Lucía preguntó a la "Señora del Rosario", "¿está Amelia en el cielo?", a lo cual la "La Señora del Rosario" respondió, "Ella estará en el purgatorio hasta el fin del mundo". La "Señora del Rosario" preguntó a los tres niños, "¿Desean ustedes ofrecerse a sí mismos a Dios, para soportar todos los sufrimientos que El pudiera enviarles, como un acto de reparación por los pecados por los cuales Él es ofendido?". "Sacrifiquense ustedes mismos por los pecadores...y digan varias veces, especialmente cuando hagan algún sacrificio: Oh Jesús, es por tu amor, por la conversión de los pecadores, y en reparación por los pecados cometidos en contra de tu Corazón Inmaculado…Hagan sacrificios por los pecadores, por muchas almas que están yendo al infierno porque no tienen a nadie que haga sacrificio y oración por ellos. Recen, recen mucho, y hagan sacrificios por los pecadores, por las muchas almas que están yendo al infierno porque no tienen un sacrificio y oración por ellos. Lucia explicó más tarde que la Señora había pedido por sacrificios más que por rezos para la conversión de los pecadores.

Un análisis cuidadoso de las palabras que la "Señora del Rosario" habló a los niños muestra que la "Señora del Rosario" afirmó la existencia del purgatorio, lo cual es una "doctrina de demonios" que no tiene fundamento en la Biblia. Con respecto a la doctrina acerca del purgatorio, la Iglesia Católica Romana enseña que "los sacrificios y reparación por los pecados cometidos en contra del Corazón Inmaculado" deben ser hechos. Sin embargo, nosotros no encontramos ningún mandamiento en la Palabra de Dios, que nos ordene hacer "sacrificios y reparación por los pecados" a favor de otros individuos que hayan pecado contra Dios, mucho menos si la persona está muerta. Satanás quiere hacer que la gente crea la mentira de que María es una diosa y una Intercesora y que los hombres pueden en verdad "cometer pecados en contra de su Corazón Inmaculado", si en verdad no le ofrecen a ella la debida adoración y reverencia.

Por el otro lado, Satanás está tratando exitosamente de convencer al mundo de que el purgatorio es un lugar real y que la Virgen María puede ayudar a los hombres a evitar ese lugar, o ayudar a salir los que ya están en el purgatorio. No hay en la Biblia ninguna evidencia de que el purgatorio existe. La Biblia enseña que la única persona en el cielo en contra de la cual pecamos es Dios. Cada vez que no cumplimos con el estándar de moral y de justicia de Dios aquí en la Tierra, pecamos en primer lugar, contra Él. Así que, cuando el hombre peca, primero y por sobre todas las cosas, él debe enmendar su relación personal con Dios y entonces amarlo, honrarlo y adorarlo solo a Él. Sin embargo, según los proponentes de las profecías de la "Señora del Rosario", el objetivo principal de estas apariciones es "hacer uso de Lucía" y por extensión, de la Iglesia Católica Romana, para hacer que María "sea reconocida y amada…Y establecer en el mundo la devoción a su Corazón Inmaculado". En la carta que Lucía dirigió al Papa Pío XII el 2 de Diciembre, ella dijo:

"Ahora, Santísimo Padre, permítame hacer una petición más, la cual no es sino un ardiente deseo de mi humilde corazón. Que la fiesta en honor al Corazón Inmaculado de María sea extendida a través del mundo como una de las principales fiestas de la Santa Iglesia".

Como podemos ver, el propósito principal de las apariciones de la "Señora del Rosario" es el de establecer un culto mundial a la diosa María, "la Reina del cielo y del universo". La fuente de las apariciones que los niños reportaron está claramente ligada a Satanás. Permítame explicarlo dando seria consideración a la sexta aparición, el "milagro del sol". Debe notarse que a medida que la segunda venida de nuestro Señor Jesús a la Tierra se aproxima, el poder del engaño satánico también aumentará considerablemente. El Señor mismo advirtió a Sus seguidores:

"Porque vendrán muchos en mi nombre, diciendo: Yo soy el Cristo; y a muchos engañarán...Y muchos falsos profetas se levantarán, y engañarán a muchos... Porque se levantarán falsos Cristo, y falsos profetas, y harán grandes señales y prodigios, de tal manera que engañarán, si fuere posible, aún a los escogidos. Ya os lo he dicho antes". (Mateo 24:5, 11, 24–25 VRV).

Como he indicado, el surgimiento de "falsos profetas" ejecutando "grandes señales y prodigios" no es garantía de que ellos sean mensajeros de Dios. Por el contrario, el Señor Jesús advirtió que "Satanás mismo se transforma como ángel de luz" y sus ministros (demonios y falsos profetas) "se transforman a sí mismo en ministros de justicia", para realizar "grandes señales y maravillas" con el propósito de engañar "si fuere posible aún hasta los escogidos". Es como si el Señor Jesús estuviera diciendo, "Cuando vean estas grandes señales y prodigios, quiero que estéis totalmente consciente de lo que está ocurriendo exactamente". Estoy seguro de que después de leer acerca de todo lo relacionado con las seis apariciones de la "Señora de Rosario" descritas en las páginas anteriores, todo verdadero cristiano, verá en ellas, la manifestación engañosa de Satanás. A media en que nos acercamos al tiempo del rapto de la Iglesia, debemos esperar ver un incrementado en el número de estas manifestaciones demoníacas llamadas "grandes señales y prodigios". Satanás usará sus falsos profetas para realizar "grandes señales y prodigios para engañar" al mundo entero. El poder engañoso de estas "grandes señales y prodigios" será tan grande que Satanás "engañará, si fuere posible aún a los escogidos". Pero gracias a Dios porque no es "posible" para Satanás "engañar a los escogidos".

Si conocemos el poder persuasivo de los milagros engañosos de Satanás, no nos sorprendería la reacción de aquellos que presenciaron la manifestación engañosa de la "Señora del Rosario" cuando exclamaron:

> "¡Milagro! ¡Milagro! ¡Los niños tenían razón! ¡Nuestra Señora hizo el milagro! ¡Bendito sea Dios! ¡Bendita sea nuestra Señora!".

Tristemente, ellos y millones de personas alrededor del mundo han tomado este engaño como una verdad que "ha sido establecida más allá de toda duda".

Se informó que la santa familia, "Nuestra Señora misma…y San José a su lado sosteniendo al Niño Jesús en sus brazos" también hicieron su debut juntos durante la última aparición de la "Señora del Rosario". Debe notarse que en las seis apariciones, el Señor Jesús es presentado como un "niño en los brazos de José y en las rodillas de María", mientras que a María se le muestra vestida majestuosamente con una corona en su cabeza, simbolizando su papel de "Reina del Cielo y del universo". Es un hecho notable que la Iglesia Católica Romana siempre ha representado al Soberano y Todopoderoso Señor Jesús, como un niño en los brazos de sus padres o como un adulto colgando de la Cruz, con su cuerpo flagelado, cubierto de sangre y coronado de espinas, lo cual es en ambos casos, condescendiente y patético. Y eso es precisamente lo que el Señor Jesús es para Iglesia Católica Romana: El inocente e indefenso infante de Navidad al cuidado de sus padres, o el impotente salvador de Semana Santa, eternamente colgado de Su Cruz y digno de adoración lastimosa. Aunque una vez el Señor Jesús fue niño cuando estuvo aquí en la tierra, después de su muerte, resurrección y asunción gloriosa, Él fue coronado como el Dios Todopoderoso, para nunca más volver a ser un niño, ni estar otra vez en la semejanza de nuestra naturaleza humana pecaminosa. Cristo fue una vez como nosotros, para que ahora nosotros podamos ser conformados a Su semejanza gloriosa.

María, la madre de Jesús, por otro lado, es siempre representada majestuosamente vestida y coronada como "Reina del Cielo y del universo". La representación de María, José y el niño Jesús durante la sexta aparición en Fátima, Portugal, no solo fue falsa, sino también irreverente. Ningún cristiano debiera celebrar, ni recordar la niñez de nuestro Señor Jesucristo con el propósito de adoración, ni mucho menos rebajar Su papel como el Dios Omnipotente, por medio de la representación de Su niñez. Después de Su muerte y resurrección, la Biblia presenta al Señor Jesús como el "Rey de reyes y Señor de señores" delante de quien toda criatura inteligente, en todo el universo se postrará, incluyendo a María la madre de Jesús:

> "Por lo cual Dios también lo exaltó hasta lo sumo, y le dio un nombre, que es sobre todo nombre, para que en el nombre de Jesús se doble toda rodilla de los que están en los cielos, y en la tierra, y debajo de la tierra; y toda lengua confiese que Jesucristo es el Señor, para Gloria de Dios Padre". (Filipenses 2:9–11 VRV).

En consecuencia, Jesús es el único Rey del cielo y del universo; Él es el absoluto Rey de reyes, y Señor de señores. No hay nadie como Él en majestad y poder, y merecedor de honra, gloria y alabanza, en todo el universo. Vergonzosamente, mientras la Iglesia Católica insiste en representar al Señor Jesús como un infante, María es siempre representada como una figura celestial Todopoderosa, lo cual es consistente con el papel que la iglesia Católica le ha asignado como la "Reina del cielo y del universo", y Mediadora entre Dios y los hombres, "Puesto que ella sola podrá ayudar…ahora y a la hora de nuestra muerte".

Basado en la Biblia, podríamos decir conclusivamente que las apariciones de la "Señora del Rosario" en Fátima, Portugal, fueron manifestaciones poderosas, engañosas y demoníacas, que tienen como objetivo engañar y atraer los hombres al sistema de adoración idólatra de la Madre y el Niño. Por ejemplo, debe notarse que las apariciones de la "Señora del Rosario" no son características, ni consistentes con el patrón de la Revelación Bíblica. Cuando consideramos la historia de la Inspiración y Revelación de las Santas Escrituras, nosotros encontramos que Dios mismo, o Sus santos ángeles estuvieron directamente envueltos en las Revelaciones, en formas que fueron menos dramáticas y más privadas. Tal como he mencionado, el proceso de Inspiración y Revelación de la Palabra de Dios finalizó con los Escritos Apostólicos en el primer siglo D.C. Cualquier revelación como la manifestación y mensajes de la "Señora del Rosario" es no sólo dramática y no necesaria, sino también, blasfema. Nosotros vemos que en el Nuevo Testamento el Señor Jesús rehusó hacer milagros simplemente para atraer atención a sí mismo, o para provocar fe en los observadores. De hecho, el Señor Jesús rehusó hacer milagros meramente para probar que Él era quien Él dijo que es. Todo lo contrario, El Señor Jesús y los apóstoles prefirieron emplear el poder persuasivo de la Palabra de Dios para instalar fe y convicción de pecados en los corazones de los pecadores:

"Porque en el evangelio la justicia de Dios se revela por fe y para fe, como está escrito: Mi el justo por la fe vivirá" (Romanos 1:17 VRV).

El pasaje de arriba significa que salvación es un viaje que empieza y continúa hasta el fin, por fe. Satanás ha perfeccionado el arte del engaño por medio de la ejecución de actos sensacionales en plena vista de los hombres. Muchos católicos alrededor del mundo han reportado, tal vez, cientos de milagros supuestamente realizados por santos—imágenes o ídolos—en los últimos doce meses sólo. Muchas gentes han creído que este tipo de demostración de poder demoníaco viene de Dios. La verdad es que los hombres pueden llorar como resultado de la emoción y la euforia que un momento de ilusión puede producir, pero eso es todo lo que hay. Ellos puede regresar a sus casas y en sus mentes revivir—tantas veces como quieran—el breve momento de histeria religiosa. Sin embargo, sus vida permanecerán sin cambio, simplemente porque no hay poder que cambie la vida en ese tipo de "Milagro". El más grande milagro que cambia la vida, ocurre cuando por medio de la fe, el pecador pone su confianza en Jesús como el Señor y Salvador. En ese momento, el más grande de todos los milagros ocurre; el milagro del nuevo nacimiento; el milagro de una vida que pasa de muerte a vida eterna.

De manera que las Sagradas Escrituras, tal como nos fue dada, es completa y final. Por lo tanto, los cristianos no debemos esperar más revelación divina de parte de Dios, más que las que ya tenemos en la sagrada Biblia. Los cristianos deben leer, estudiar, interpretar y seguir las enseñanzas de la Biblia como única fuente autoritativa y final de revelación divina para los hombres. Un mensajero que no afirme que la salvación del hombre es sólo por gracia, por medio de la fe en Cristo solo, debe ser considerado un emisario de Satanás.

Cabe señalar que los tres niños reportaron que antes de que ellos recibieron las revelaciones de la "Señora del Rosario...el Ángel de Paz" también se les apareció y los invitó a rezar. Una vez más, debe recordarse que "Satanás mismo se transforma en ángel de luz". Satanás imita todo lo que el Señor Jesús hizo durante Su ministerio terrenal. Jesús vino como "la luz del mundo" (Juan 8:12). Satanás trata de imitar al Señor Jesús cada vez que "se transforma en ángel de luz". Como un "ángel de luz" él trató y todavía está tratando de imitar las acciones de Cristo, los ángeles y los apóstoles de Jesús. Es aparente en las "tres apariciones del Ángel de Paz" que Satanás mismo se disfrazó como ángel de luz, tratando de representar hechos de la Cristiandad. Los niños describieron la acción del "Ángel de Paz" como: "Arrodillándose en el suelo, se postró hasta que su frente tocó el suelo, diciendo: ¡Mi Dios, creo, adoro, tengo esperanza y te amo! Te ruego perdón por aquellos que no creen, no adoran, no tienen esperanza en ti y no te aman" ("Nuestra Señora de Fátima" por William Thomas Walsh p.36).

De acuerdo a los niños, el "Ángel de Paz" se arrodilló en la tierra. Éste fue un acto de adoración vacía. El acto teatral de adoración de Satanás no debería sorprendernos, ni engañarnos. Satanás y sus demonios pueden disfrazarse a sí mismos como ángeles de luz. Como tal, ellos pueden asistir a los servicios cristianos en los templos; pueden también leer, memorizar, recitar y predicar la Biblia; pero nunca podrán envolverse en ningún acto de verdadera adoración y oración a Dios.

La verdadera oración y adoración requiere humillación, sumisión y reverencia a Dios. Satanás y sus demonios carecen de la habilidad y la voluntad para someterse a Dios, pues ellos están llenos de orgullo y desprecio hacia Él. Satanás nunca podrá doblar sus rodillas ante el Dios Todopoderoso a quien él odia y se opone tan vehemente. Sin embargo, él puede hacer un despliegue de falsa piedad, reverencia y humildad como la que se reportó en las apariciones y oraciones del "Ángel de Paz". Que Satanás no puede envolverse en verdadera oración y adoración a Dios explica la razón por la cual todas las religiones y cultos falsos, como norma común, siempre han sustituido la verdadera oración y adoración a Dios con liturgias, letanías, ritos, vanas repeticiones, meditaciones, encantamientos y mantras. Este hecho es ilustrado por la oración del "Ángel de Paz" quien supuestamente oró, "¡Mi Dios, creo, adoro, tengo esperanza en ti y te amo! Te pido perdón por aquellos quienes no creen, no adoran, no tienen esperanza en ti y ni te aman". Esta es la oración más hueca y absurda jamás atribuida a un ser angelical. Como puede notarse en el libro "Nuestra Señora de Fátima", las palabras contenidas en la "Oración del Ángel" se convirtieron en una fórmula confusa o en un canto supersticioso que los niños repitieron una y otra vez como una mantra sagrada.

La oración, de acuerdo a la práctica de los fieles en el Viejo y Nuevo Testamento, siempre ha sido una interacción muy personal con Dios, espontánea y dinámica. A Dios le agrada cada vez que Sus hijos vienen ante El expresando sus oraciones con la simplicidad y espontaneidad de un niño hablando con su padre, en vez de seguir una formula ritualista. El Señor Jesús condenó las formulas ritualistas, la verbosidad y las vanas repeticiones que muchos de los religiosos de Su tiempo usaban en sus oraciones. El Señor Jesús les dijo a los religiosos de Su día que aunque ellos estaban muy dedicados a la práctica de la oración, ellos no conocían a Dios. Millones de personas alrededor del mundo están buscando a Dios por medio de la práctica de diferentes religiones. Son muy religiosos, pero perdidos. Muchos de ellos son ortodoxos y piadosos pero no han nacido del Espíritu. Sin embargo, una gran cantidad de ellos se hacen llamar cristianos. La razón por la cual no son salvos es porque la salvación no se puede adquirir a través de la práctica de una religión, sino exclusivamente por gracia por medio de la fe en Cristo solo. De acuerdo a la Palabra de Dios, la única forma en que un pecador puede ser salvo es cuando pone su confianza totalmente en Cristo y lo recibe como su Señor y Salvador personal. Una oración en los labios de un pecador no arrepentido, a menos que sea para confesar sus pecados y entregarse a Dios, es también un acto vano.

Debe notarse que el Señor Jesús menciona "muchos" quienes "en aquel día"—el día del juicio de las naciones—se sorprenderán de que las prácticas religiosas en las cuales confiaron, no serán suficientes para asegurar su entrada a Su reino milenial:

> "Muchos me dirán en aquel día: Señor, Señor, ¿no profetizamos en tu nombre, y en tu nombre echamos fuera demonios, y en tu nombre hicimos muchos milagros? Y entonces les declararé: Nunca os conocí; apartaos de mí, hacedores de maldad" (Mateo 7:22–23 RVV).

La razón por la cual el Señor Jesús les dirá, "no os reconozco"—a pesar de su mucha religiosidad—es simplemente porque aunque ellos oraban a Él cada día, no le llegaron a conocer a nivel personal, como Señor y Salvador. Debemos tomar como una advertencia seria lo que el Señor Jesús le dijo a sus discípulos, "…Y orando, no uséis vanas repeticiones, como los gentiles, que piensan que por su palabrería serán oídos" (Mateo 6:7). La palabra "gentiles" como se usa aquí significa aquellos que no conocen a Dios. Éstas son personas religiosas, miembros activos de una iglesia, religión o secta, los cuales son muy dedicados a la oración y a las buenas obras, pero no conocen a Dios, porque no conocen a Cristo. ¿En qué te apoyas para tu salvación? ¿Te estás apoyando en tu propia religión, o en tu iglesia, en vez de en el Señor Jesús como tu Salvador personal?

El Marianismo es un Sistema Global de Adoración Satánica

Satanás está utilizando las apariciones de la "Señora del Rosario" para establecer un sistema de adoración mundial a María con el uso del Rosario. No es por casualidad que en el sistema de adoración idólatra a la Madre y el Niño, el Catolicismo Romano use el Rosario, el cual la antigua Babilonia utilizó en su sistema de adoración idólatra a la diosa Semíramis y su hijo resucitado Tamuz. ¿Qué es el Rosario? La palabra rosario viene de una palabra latina (rosarium), la cual significa "rosaleda" o "guirnalda de rosas". También es justo mencionar que el Rosario es el instrumento principal que los creyentes usan para elevar sus oraciones idólatras a la "Virgen María" como parte de los ritos de la Iglesia Católica. La historia del rosario que la Iglesia Católica usa en sus letanías no tiene ninguna conexión con la Biblia, ni con ninguna práctica cristiana en absoluto. Por el contrario, la historia parece indicar que muchos siglos antes de que Cristo naciera, los paganos de diferentes culturas ya estaban utilizando rosarios en sus sistemas de adoración idólatra también vinculado al antiguo culto Babilónico. Aún en tiempos modernos, el Rosario ha sido muy popular en la práctica de brujería y vudú.

La representación más antigua del Rosario fue encontrada en una escultura de Nínive, la misma Babilonia antigua que dio origen al sistema de adoración idólatra a la "reina del cielo" (Semíramis) y su hijo resucitado Tamuz. En los "Monumentos" de Lavard I, placa 7, "Las dos hembras paradas delante del árbol sagrado en actitud de oración; ellas levantan la mano derecha extendida y sostienen en la mano izquierda una guirnalda o rosario". Este es un argumento en favor de aquellos que creen en la interpretación de que el Catolicismo Romano es en verdad "Babilonia, la grande, la Madre de las Rameras y de las Abominaciones de la Tierra" como afirma la Biblia.

También se cree que los hindús utilizaron el Rosario en sus oraciones y meditaciones místicas nueve siglos antes de Cristo. La tradición del uso del Rosario en la Iglesia Católica Romana del Occidente comenzó alrededor del siglo cuatro D.C., con algunos monjes católicos en el desierto de Egipto. Eso coloca el uso del Rosario en la Iglesia Católica alrededor del tiempo cuando Constantino organizó y convirtió el Catolicismo en la religión oficial de su imperio pagano. En un esfuerzo de evitar contacto con el mundo pecador, monjes ermitaños buscaron obtener purificación y unión con Dios en sus monasterios, por medio de oración y meditación. Estos monjes han sido también llamados los "padres del desierto", quienes probablemente aprendieron la repetición de oraciones y el uso verbal y silencioso del Rosario de los hindús.

Aquellos que opten por eludir la conexión histórica entre el Rosario, la adoración pagana y el Misticismo Asiático creerán que el uso del Rosario vino por revelación divina en el año 1214. De acuerdo a otro engaño satánicamente inspirado, la Virgen María apareció a San Dominic (1170–1212), y lo instruyó a "predicar el Rosario" para que la gente no se convirtiera a la religión de los Cataros. De acuerdo a esta aparición, la gente no se convertiría a la religión de los Cátaros (1209–1229), la cual fue una teología arraigada en Gnosticismo. Cabe señalar que el Rosario instruye a los Católicos a usar una forma ritualista, la cual consiste en hacer diez secuencias del Padre Nuestro, cada una seguida del Dios te salve María, la "Gloria sea al Padre", y la Oración a Fátima. Cada secuencia se llama una década, lo cual hace la oración y la adoración a María la parte esencial del ritual:

"Dios te salve María, llena eres de gracia, el Señor es contigo. Bendita tú eres entre todas las mujeres, y bendito es el fruto de tu vientre, Jesús. Santa María, Madre de Dios ruega por nosotros los pecadores ahora y en la hora de nuestra muerte", amen.

Cinco veces durante las seis apariciones el Diablo actuando como la "Señora del Rosario" instruyó a los tres niños de Fátima:

"Digan el Rosario cada día para obtener paz para el mundo, y el fin de la guerra... Quiero que vengan aquí a los trece días del mes entrante, para recitar las cinco décadas del Rosario cada día en honor a Nuestra Señora del Rosario para obtener la paz del mundo y el fin de la guerra. Quiero que sigan yendo a Cova da Iria en los trece días para continuar recitando el Rosario cada día. Sigan rezando el Rosario para traer el fin de la guerra".

El demonio que personalizó la "Señora del Rosario" repetidamente instruyo a los niños a que usaran el "Rosario para obtener la paz del mundo y el fin de la guerra" (la Segunda Guerra Mundial). El Rosario está en el centro del sistema de adoración idólatra a la Madre y el Niño. Por lo tanto, no debería sorprendernos que haya sido Satanás quien trajo a la Tierra las apariciones de la "Señora del Rosario" y enfatizó fuertemente el uso del Rosario.

De acuerdo a las apariciones de la "Señora del Rosario" debemos "honrar a Nuestra Señora del Rosario" rezando el Rosario. "El Dios te Salve María" es una oración de adoración y exaltación a "María" por ser la "Madre de Dios, llena de gracia y bendita entre todas las mujeres" y una súplica rogándole que "ruegue por nosotros pecadores, ahora y en la hora de nuestra muerte". La afirmación de que María puede "rogar por nosotros pecadores, ahora y en la hora de nuestra muerte", es interesante porque según sus revelaciones, ella "nunca te abandonará...Mi inmaculado Corazón será tu refugio y el camino que te conducirá a Dios...sólo ella podrá ayudarte". Según la declaración específica que la "Señora del Rosario" hizo durante las apariciones, Dios no puede ayudarte; el Señor Jesús no puede ayudarte; "porque sólo ella podrá ayudarte". ¡Qué blasfemia tan grande!

En la carta que Lucía dirigió al Papa Pío XII el 2 de Diciembre del 1940, ella dijo:

> "Nuestra buena Madre Celestial promete ayudar las personas que practiquen esta devoción, en la hora de su muerte, con toda la gracia necesaria para su salvación".

No hay dudas de que Satanás quiere que los pecadores lleguen a "la hora de su muerte" creyendo la mentira de que la virgen María tiene poder para ayudar al pecador en la hora de la muerte, con toda la gracia necesaria para la salvación. Evidentemente esto constituye una afrenta y un ataque directo al propósito de Dios para la salvación del hombre:

> "Y en ningún otro hay salvación; porque no hay otro nombre bajo el cielo, dado a los hombres, en que podamos ser salvos" (Hechos 4:12 VRV).

Satanás quiere que la gente crea la mentira de que la "Virgen María" tiene el poder de "ayudar" en la hora de tu muerte "con toda la gracia necesaria para su salvación, a aquellos quienes practiquen esta devoción. Satanás quiere que los pecadores lleguen a la hora de su muerte creyendo esa mentira, porque entonces se perderán.

En la carta que Lucía dirigió al Papa Pío XII, el 2 de Diciembre del 1940, ella también estableció que en la "porción de las apariciones (en 1917) la cual hemos designado como "el secreto", la "Virgen Bendita" reveló el fin de la guerra que en ese entonces estaba afligiendo a Europa, y predijo otra guerra, diciendo que para prevenirla ella vendría y pediría la consagración de Rusia al Corazón Inmaculado, así como la Comunión de Reparación el primer Sábado". A pesar del hecho de que el comunismo en la Europa Oriental cayó, la "conversión de Rusia" no ha sucedido, ni tampoco sucederá. A pesar de la consagración de Rusia a la "Virgen María", la condición moral y espiritual de la gente en Rusia nunca ha sido peor. Lo que el mundo ha presenciado en Rusia después de su consagración a la "Señora del Rosario" es pobreza, alta tasa de desempleo, delincuencia, gangas y crímenes, prostitución, alcoholismo y drogadicción. Después de la caída del comunismo, estas aflicciones sociales están fuera de control en Rusia. Por ejemplo, la expansión del SIDA y otras enfermedades de transmisión sexual como la sífilis y la gonorrea están de hecho poniendo en riesgo no solamente la salud de los jóvenes, sino también el propio futuro de Rusia. Y para hacer las cosas peores, más de treinta mil perros abandonados aterrorizan las calles de Moscú, a veces atacando a la gente como una manada organizada de lobos.

Lejos de la conversión de Rusia, encontramos que en el libro de Ezequiel Dios ha declarado que esta nación se va a rebelar contra Él, primero durante el gobierno del Anticristo y al final del reino milenial. De manera que en vez de hablar de su conversión, la Biblia dice que en dos ocasiones, los líderes malos y contumaces de Rusia dirigirán una coalición de naciones y de gente en contra de la tierra de Israel. Muchos rusos puede que vengan al conocimiento de Jesús como su Señor y Salvador antes y quizás durante el gobierno del Anticristo. Sin embargo, según la Biblia, los líderes ateos de Rusia permanecerán desafiantes e insolentes hasta que El Dios Todopoderoso los destruya definitivamente, poniendo fin a su larga historia de sedición y odio hacia Dios y su pueblo.

Consideremos la petición que Lucía le hizo al papa, en su carta en el 1940:

"La Comunión de reparación en el primer Sábado de cinco meses consecutivos sea propaganda por todo el mundo, con sus condiciones de hacer lo siguiente con el mismo propósito; ir a la confesión, meditando por un cuarto de una hora en los misterios del Rosario con el objetivo de hacer la reparación por los insultos, sacrilegios e indiferencias cometidos en contra de Su Corazón Inmaculado... Ahora, Santísimo Padre, permítame hacer una petición más, la cual no es sino un deseo ardiente de mi humilde corazón. Que la fiesta en honor al Corazón

Inmaculado de María se extienda por todo el mundo como una de las fiestas principales de la Santo Iglesia". (Carta dirigida por Lucía al Papa Pío XII el 2 de Diciembre del 1940).

Las ambiciones blasfemas, rebeldes, idólatras y antagónicas de los demonios que representaban las apariciones de la "Señora del Rosario" no pueden ser más evidentes. Satanás estaba trabajando vigorosamente para tener la "Señora del Rosario reconocida y amada" y "Para establecer en el mundo la devoción a mi Corazón Inmaculado". No negaría que todas las apariciones de la "Señora del Rosario" en Portugal fueron tan reales como los planes de Satanás para engañar al mundo entero. Aquellos que tienen conocimiento de las Santas Escrituras y discernimiento espiritual estarían de acuerdo en que las apariciones y las profecías de la "Señora del Rosario" son engañosas y demoníacamente inspiradas. Satanás y sus demonios residen en el corazón de cada sistema de adoración idólatra del mundo. Aunque los ídolos no tienen naturaleza espiritual o poder en ellos mismos— porque un ídolo no es un dios verdadero—cuando un adorador cree en un ídolo, el espíritu demoníaco o poder que se esconde detrás del ídolo hace la parte del ser que la imagen o el ídolo están supuestos a representar, tal como el apóstol Pablo lo explica:

"¿Qué digo, pues? ¿Que el ídolo es algo, o que sea algo lo que se sacrifica a los ídolos? Antes digo que lo que los gentiles sacrifican, a los demonios lo sacrifican, y no a Dios; y no quiero que vosotros os hagáis partícipes con los demonios" (1 Corintios 10:19–20 VRV).

Pablo enseña que la adoración que la gente rinde a los ídolos a través de los que ellos "ofrecen", o "las cosas que los gentiles sacrificaron a ellos" son, de hecho "sacrificado a demonios y no a Dios". En otras palabras, la adoración a los ídolos es adoración a demonios. Cualquiera que adore a un ídolo está en realidad rindiendo adoración al Diablo. Los demonios son los que reciben la devoción que el adorador ofrece al ser que el ídolo representa. Está claramente establecido en la Biblia que la adoración a ídolos es adoración a demonios. Por ejemplo, si usted cree en una imagen de María y la adora, el demonio que está detrás de esa imagen no solamente recibe su adoración, sino que también se hará pasar por el ser o la cosa que el ídolo está supuesto a representar, en este caso, María. Por tanto, a través de la adoración idólatra a María, Satanás quiere establecer un culto en donde María la madre de Jesús sea "reconocida y amada" como la reina del cielo y del universo. Los niños en Fátima no tenían conocimiento de que las apariciones de la "Señora del Rosario" no eran más que encuentros con Satanás y sus demonios. La gente adora a "santos" (ídolos) pensando que su acto de adoración no trascenderá más allá de las imágenes—"santos"—que cuelgan en la pared. Pero la verdad es que ellos están adorando los demonios que residen en las imágenes. Por lo tanto, Satanás y sus demonios satisfacen su necesidad de adoración por medio del sistema de adoración idólatra de la Madre y el Niño propagado y sostenido por la Iglesia Católica Romana.

"Hay poder y seguridad en números". Este lema podría tener sentido de acuerdo a la lógica, sabiduría y economía del mundo, pero no de acuerdo a la matemática de Dios. Desde el principio del falso Cristianismo, en cada generación, el número de personas que han adorado a Satanás a través de su sistema de adoración idólatra, siempre ha excedido en número a los que adoran al verdadero Dios. En otras palabras, aquellos que adoran ídolos superan en número a aquellos que adoran al verdadero Dios en espíritu y verdad. En consecuencia, podemos probar con la Biblia que en cada generación, aquellos que siguen a Satanás son más numerosos que aquellos que siguen a Dios. Por lo tanto, los cristianos nacidos de nuevo en cada generación siempre han sido una minoría a través de la historia del mundo. Lo que la Biblia tiene que decir con respecto a esto, llama a seria consideración:

> "Entrad por la puerta estrecha; porque ancha es la puerta, y espacioso el camino que lleva a la perdición, y muchos son los que entran por ella; porque estrecha es la puerta, y angosto el camino que lleva a la vida, y pocos son los que la hallan." (Mateo 7:13–14 VRV).

Según las palabras de nuestro Señor Jesús, aquellos que entran por la puerta ancha y el camino espacioso son más en número que aquellos que entran por "la puerta estrecha" y el "camino angosto". El Señor Jesús es el único "Camino" que lleva a la salvación. La "puerta estrecha y el camino angosto" provee la única entrada al reino de Dios. Por tanto, según la Palabra de Dios, la puerta o camino que lleva a la salvación es "estrecha" y "angosto". Se requiere auto renunciación y la muerte del ego para poder entrar por ella. Aquellos que entran por la puerta estrecha y siguen el camino angosto nunca más harán lo que ellos quieren, sino lo que el Señor demanda. Sin embargo, debe notarse que la "puerta estrecha y el camino angosto" es el único "Camino" que lleva a la vida. El camino y la puerta que lleva a la salvación es tan estrecha, angosta y restrictiva que los que entran por ella, solo pueden traer consigo, un corazón regenerado y su fe en Cristo. Por lo tanto, ellos no necesitan los sacramentos de ninguna iglesia, ni a la Virgen María. Pues el Señor Jesús les provee todo lo que necesitan para su salvación y más.

Los "muchos" son aquellos que no desean rendir su voluntad al Señorío de Cristo. Los tales rehúsan entran por la "puerta estrecha y el camino angosto". Ellos insisten en encontrar su propio camino al cielo por medio de la práctica de buenas "obras", los sacramentos de la iglesia y la adoración a María y otros ídolos, sin confiar plenamente en la obra redentora de Cristo en la Cruz del calvario. En un intento de evitar los sacrificios que son causados "por la puerta estrecha y el camino angosto", muchos tratan de tomar atajos. Ellos prefieren la facilidad y la comodidad que la "puerta ancha y camino espacioso" les ofrece. Sin embargo, será demasiado tarde cuando se den cuenta de que el "camino ancho y espacioso" "lleva a la perdición". Hay mucho espacio en la "puerta ancha y el camino espacioso" para los "muchos" que van camino al infierno. Mucha gente que profesa ser religioso y piadoso ha escogido entrar por la "puerta ancha y el camino espacioso" porque se han convertido en "amadores de los deleites más que de Dios y teniendo apariencia de piedad pero negando la eficacia de ella". (2 Timoteo 3:1–5 VRV).

Un día mientras yo estaba en el proceso de escribir este libro, me encontraba en un autobús camino a Toronto. Empecé a hablar con un joven quien afirmo ser miembro de lo que yo llamo el falso Cristianismo. El joven me dijo que aunque él tenía algunos amigos que eran "evangélicos", a él no le gustaba la "Iglesia Evangélica" porque "tiene demasiadas restricciones". Además, él me dijo francamente: "Yo prefiero mi Iglesia Católica porque no me prohíbe de nada. Puedo hacer lo que yo quiera y si cometo una falta, confieso mis pecados al sacerdote, tomo la comunión y mis pecados me son perdonados". Esa es precisamente la razón por la que "muchos" prefieren entrar por la "puerta ancha y el camino espacioso", simplemente porque no se les requiere ningún cambio. A ellos les encanta entrar por "la puerta espaciosa y el camino ancho" tal y como son, aferrados a sus hábitos pecaminosos. Aquellos que entran por la "puerta ancha y el camino espacioso" no tienen que negarse a sí mismos de ningún placer mundanal, ni de sus prácticas pecaminosas. Aquellos que entran por la "puerta ancha y el camino espacioso" se sienten libres de hacer como quieren, siempre y cuando vengan a la iglesia los domingos, confiesen sus pecados al sacerdote y tomen la Eucaristía. El diablo los ha convencido de que ellos pueden entrar por la "puerta ancha y el camino espacioso" aferrados a los sacramentos de iglesia, a los ídolos, y buenas obras. Sin embargo, Satanás no les dice que la "puerta ancha y el camino espacioso" los conduce a la autodestrucción o suicidio espiritual: "Porque ¿qué aprovechará al hombre si ganare todo el mundo, y perdiere su alma? (Marcos 8: 36 VRV).

De acuerdo a la parábola del trigo y la cizaña en Mateo Capítulo 13, Satanás tomaría control de la verdadera Iglesia de Cristo y establecería su reino de oscuridad desde donde esparciría abominaciones por toda la tierra. Satanás tiene un control férreo sobre el falso Cristianismo y ella no puede dejar de seguir con la práctica de la adoración de ídolos en abierta rebelión a la Palabra de Dios. El falso Cristianismo está consciente de que durante los últimos cien años, muchos evangélicos fundamentalistas y otros han expresado preocupación acerca de su sistema de adoración idolátrica. Sin embargo, los líderes de esta iglesia apostata han indicado que no tienen ninguna intención de cambiar.

En diferentes sínodos a través de los siglos, la Iglesia Católica ha afirmado la práctica tradicional de la veneración a "santos" e ídolos. Ellos no están dispuestos a renunciar a su larga y arraigada cultura de adoración idolatra. La historia confirma el hecho de que después de la prolongada lucha de poder que se originó entre la Iglesia Ortodoxa Oriental y la Iglesia Católica Occidental acerca de la adoración de íconos e ídolos, el segundo Concilio de Nicea se reunió en el año 787 D.C., para votar sobre el asunto. El Concilio determinó que:

"Como la sagrada y vivificante cruz está en todas partes establecida como un símbolo, así debería estar también la imagen de Jesucristo, la Virgen María, los santos ángeles, así como también los de los santos y otros piadosos y santos hombres, sean personificados en la manufactura de vasos sagrados, tapices vestimentas, etc., y exhibidos en las paredes de las iglesias, en las casas, y en todos los lugares conspicuos, en la orilla de los caminos y por todas partes, para ser reverenciados por todos aquellos que puedan verlos. Porque mientras más son contemplados, lo más que son movidos a la memoria ferviente de sus prototipos".

La decisión de aprobar la veneración de iconos se basó en la consideración de "una serie de pasajes de los Padres de la Iglesia", no las Santas Escrituras. Se debe notar que para establecer la doctrina de la adoración de íconos e imágenes, el Concilio también se basó en cinco pasajes del Antiguo Testamento (A.T.) y uno en el Nuevo Testamento (N.T.). El pasaje del N.T. es una cita de uno de los otros cuatro pasajes del A.T., que mencionaré más adelante. Sin embargo, el hecho más alarmante es que de acuerdo al Segundo Concilio de Nicea, la opinión de los "Padres de la Iglesia" fue la fuente principal de autoridad que el Concilio utilizo para establecer la doctrina de la veneración de iconos e imágenes. Sin embargo, consideremos cada uno de los pasajes bíblicos que el Segundo Concilio de Nicea empleo para formalmente establecer la veneración de "símbolos, imágenes y santos":

1). Génesis 31:34: "Pero tomo Raquel los ídolos y los puso en una albarda de un camello, y se sentó sobre ellos; y buscó Labán en toda la tienda, y no los halló". Este pasaje simplemente nos dice que Raquel tomo los ídolos de su padre Labán. Este pasaje no legaliza, o aprueba la conducta idólatra de Labán y Raquel. Es importante notar que la ley todavía no les había sido dada a los patriarcas. Labán no era creyente como tampoco lo era Raquel. En todo caso, la posición de la Biblia con relación a la adoración de ídolos es clara: La condena como abominación.

2). Éxodo 25:19: "Harás, pues, un querubín en un extremo, y un querubín en el otro extremo; de una pieza don el propiciatorio harás los querubines en sus dos extremos". Los dos querubines colocados en la cubierta del Arca del Testimonio, la cual estaba en el lugar Santísimo, actuaba como símbolos de la Gloria majestuosa de Dios y Su presencia. La representación física de los querubines tenía un propósito. Cada vez que los hijos de Israel miraban los querubines en el arca, les recordaban que la Gloria de Dios descansaba en ella. Cada vez que ellos veían los querubines en el arca se acordaban que debían mantenerse de lejos y tratarla con reverencia, pues ellos simbolizaban la presencia de Dios mismo.

3). Números 7:89: "Y cuando entraba Moisés en el tabernáculo de reunión, para hablar con Dios, oía la voz que le hablaba de encima del propiciatorio que estaba sobre el arca del testimonio, de entre los dos querubines; y hablaba con él". Éste versículo comparte información en como Dios hablaba a Su siervo Moisés después que el tabernáculo fue construido. Se nos dice que cuando Moisés entraba en el lugar Santísimo donde el Arca del Testamento estaba, Dios comunicaba Su Palabra desde el lugar santísimo, precisamente donde los dos querubines estaban colocados uno frente al otro en la cubierta del arca.

4). Ezequiel 41:18: "Y estaba labrada con querubines y palmeras, entre querubín y querubín una palmera; y cada querubín tenía dos rostros". A través de esta porción bíblica, Dios habla del nuevo templo el cual será construido en Jerusalén al comienzo del Milenio. Cada querubín teniendo una cara humana y la cara de un león joven, es una representación de ambas, la humanidad de nuestro Señor Jesús y Su papel como rey durante Su reino milenial aquí en la Tierra. Apocalipsis 5:5 habla acerca de estos dos aspectos: "El león de la tribu de Judá y la raíz de David..."

5). Hebreos 9:5: "Y sobre ella los querubines de gloria que cubrían el propiciatorio; de las cuales cosas no se puede ahora hablar en detalle". Es de importancia notar que este versículo bíblico es una mención directa del pasaje citado en Éxodo 25:19. Después de estudiar las porciones bíblicas bajo consideración, no podemos entender como la Iglesia Católica Romana pudo justificar la adoración de ídolos basados en estos pasajes. Es un hecho irrefutable que la Biblia condena la veneración de iconos, imágenes de ángeles, o santos. Nosotros no podríamos encontrar nada en la Biblia entera que apoye o apruebe el uso de la iconografía que la Iglesia Católica Romana ha promovido mundialmente desde los primeros días de su nacimiento en el año 325 D.C.

La perversidad y maldad de los líderes religiosos de la Iglesia Católica Romana ha sido tal que se atrevieron a alterar el contenido y el orden de los diez mandamientos divinos, para así poder engañar la humanidad y conducirla a su sistema de adoración de imágenes e ídolos, en rebelión abierta a la voluntad y mandato expreso de Dios. Es interesante notar que los líderes religiosos de esta iglesia apostata anularon el primero de los diez mandamientos y para compensar, hicieron del décimo mandamiento, dos mandamientos. El décimo mandamiento tal como lo aparecería en cualquier Biblia no adulterada, dice:

> "No codiciaras la casa de tu prójimo, no codiciaras la mujer de tu prójimo, ni su siervo, ni su criada, ni su buey, ni su asno, ni cosa alguna de tu prójimo" (Éxodo 20:17 RVR).

De manera que de acuerdo al fraude doctrinal del Catolicismo Romano, el noveno mandamiento es exactamente la primera parte del décimo mandamiento que está citado arriba. Consecuentemente, en la doctrina perversa de la Iglesia Católica Roma, el noveno mandamiento dice: "No codiciaras la casa de tu prójimo". De acuerdo a este libertinaje, el décimo mandamiento entonces está constituido por la segunda parte de lo que en realidad debe ser el décimo mandamiento según Éxodo 20:17, el cual dice, "No codiciaras la mujer de tu prójimo, ni su siervo, ni su criada, ni su buey, ni su asno, ni cosa alguna". Como se puede ver claramente, esta distorsión satánicamente inspirada usó las primeras siete palabras del décimo mandamiento para fabricar el noveno mandamiento del Catecismo Católico Romano. Siendo que el clero sabe muy bien que la mayoría de sus adeptos raramente leen la Biblia, la Iglesia Católica mantiene completo—en la Biblia—el décimo mandamiento tal como fue originalmente dado. Sin embargo, la realidad es totalmente diferente en el catecismo que la Iglesia Católica Romana enseña a catecúmenos jovencitos o menores cuando el clero los prepara para que se conviertan en católicos practicantes por medio de los ritos iniciales de la Confirmación y la Eucaristía. El engaño de la división del décimo mandamiento en dos ha permitido que la "gran ramera" excluya en la práctica, la enseñanza del mandamiento divino:

> "No tendrás dioses ajenos delante de mí. No te harás imagen, ni ninguna semejanza de lo que este arriba en el cielo, ni abajo en la tierra, ni en las aguas debajo de la tierra. No te inclinaras a ellas, ni las honraras; porque yo soy Jehová tu Dios, fuerte, celoso, que visito la maldad de los padres sobre los hijos hasta la tercera y cuarta generación de los que me aborrecen" (Éxodo 20:3–5 RVR).

En un acto increíble de rebelión deliberada y abierta, la Iglesia Católica Romana ha excluido de su enseñanza práctica, la orden divina de que no debemos hacernos "imagen, ni ningún semejanza de lo que este en el cielo, en la tierra o en las aguas debajo de la tierra". Debido a esta rebelión, el Catolicismo Romano incorporó en su sistema de adoración corrupto, la "veneración" de imágenes e ídolos, a lo cual Dios no solo se opone, sino que también advierte fuertemente que ningún idolatra heredará el reino de Dios. La idolatría es un pecado tan grave que en el Antiguo Testamente ésta fue sancionada con la pena de muerte. En el Nuevo Testamento Dios advierte que cualquier adorador de imágenes o ídolos que no se arrepienta, irremediablemente irá a condenación eterna en el "lago de fuego y azufre que arde día y noche por los siglos de los siglos", el cual es el infierno definitivo. ¿Cómo es posible que la iglesia que reclama ser la Iglesia verdadera de Dios en la Tierra, intencionadamente aleje los hombres de la verdadera adoración a Dios y los incite a pecar contra El por medio de la adoración de imágenes e ídolos, lo cual Dios prohíbe tan explícitamente? Tal como lo hemos demostrado en este libro, el estudio concienzudo de la historia del sistema de adoración idólatra del Catolicismo, revela que la Iglesia Católica Romana nunca ha representado el verdadero Cristianismo aquí en la Tierra, y que ella nunca ha sido de Dios. Un estudio objetivo y a fondo del Catolicismo Romano probaría contundentemente que una iglesia que consistentemente ha pervertido el contenido y el significado de la Santa Palabra de Dios y que además se ha opuesto a Su voluntad y a Su propósito redentor para la humanidad, no puede ser cristiana. A la luz de los diecisiete siglos de las idolatrías incesantes que el Catolicismo Romano ha propagado por todo el mundo, tal vez sería necesario que usted se pregunte, ¿cómo podría ser cristiano algo tan injurioso, dañino y perverso?

¿Qué Causó la Caída del Comunismo en Europa Oriental?

La Iglesia Católica Romana le dio el crédito a su sistema de adoración idólatra de la Madre y el Niño por la caída del Comunismo en Europa Oriental. ¿Es verdad, como mucha gente cree que el Catolicismo Romano fue responsable de la caída del comunismo en la ex Unión Soviética? ¿Ha impulsado esta creencia la popularidad y la fortaleza religiosa y política de la Iglesia Católica? ¿Cuál fue la causa real de la desintegración de la Unión Soviética en el 1989? Examinemos los diferentes factores que contribuyeron a la desintegración de la ex Unión de Repúblicas Socialistas Soviéticas (USSR). El clero de la Iglesia Católica y mucha gente, incluyendo líderes políticos, todavía creen que el papado jugó un papel central en la caída de la USSR. Por ejemplo, mucha gente vio al Papa Juan Pablo II como el campeón que combatió y derrotó el comunismo en la Europa Oriental. Sin embargo, como demostraré, el Papa Juan Pablo II no infringió la herida que eventualmente causó la muerte del comunismo en la Unión Soviética. El hecho es, que el comunismo en la Europa Oriental ya estaba mortalmente herido cuando la Iglesia Católica Romana lo confrontó. El comienzo del efecto de dominó que terminó en la caída de la Unión Soviética, se puede encontrar en la invasión Soviética de Afganistán de Diciembre del 1979. En mi opinión hay cinco factores que determinaron el colapso de la ex USSR. Estos factores no están vinculados en ninguna manera con el papel que mucha gente cree que el papado jugo en la caída del comunismo en Polonia.

El dinero que Moscú gastó en la invasión de Afganistán acabó de agotar los recursos de los militares Soviéticos. La invasión reveló por primera vez que la Unión Soviética no era lo que el mundo pensaba de ella en términos de riqueza y poder militar. Durante el tiempo de la invasión de Afganistán, la USSR no pudo sostener su enorme gasto militar. Los muchos años de gastos militares y ayuda financiera a otros países comunistas aliados estaban a punto de provocar el colapso de la Unión Soviética. La guerra Soviética de casi diez años con Afganistán agotaron los recursos financieros que la Unión Soviética tenía en existencia.

Puede que muchos de nosotros todavía recuerde que en Septiembre del 1981 (casi dos años después de la invasión Soviética de Afganistán), la Organización Mundial del Comercio celebró su 5ta Cumbre Ministerial en Cancún, México, para la elaboración de un anteproyecto para la economía mundial en el siglo 21. Durante la Cumbre, el Presidente de los Estados Unidos, Ronald Reagan públicamente se burló de la Unión Soviética cuando afirmó abiertamente que los soviéticos no asistieron a la Cumbre simplemente porque ellos no tenían nada que ofrecer a los países pobres del mundo. La quiebra financiera del imperio Soviético era evidente. El destino de la Unión Soviética fue sellado con la derrota que experimentaron en Afganistán. El Imperio Comunista fue humillado públicamente y sus tropas desmoralizadas. Después de la invasión de Afganistán, la USSR nunca volvería a ser la misma en término militar y económico. El Occidente y muchos de los países del Tercer Mundo condenaron la invasión de Afganistán como un acto abierto de agresión Soviética, el cual trajo aislamiento internacional y descontento político interno hacia los líderes de la USSR.

En condenación a la invasión Soviética de Afganistán, los EE.UU. suspendieron la venta de grano a la USSR, retiraron el Contrato de SAL II, aumentaron los gastos militares, y rehusaron permitir al Equipo Olímpico de EE.UU. participar en los juegos Olímpico del Verano 1980 en Moscú. Estas medidas económicas y políticas hirieron profundamente a la USSR. La agresión Soviética en Afganistán y la crisis diplomática (4 de Noviembre del 1979 hasta el 20 de Enero del 1981) entre el régimen Iraní y los Estados Unidos inclinó la balanza del poder político en América hacia el Partido Republicano. Cuando Ronald Reagan fue elegido presidente en 1979, el vio la invasión de Afganistán y el intento de exportar comunismo a El Salvador, Guatemala, Nicaragua, y Granada, como una seria amenaza de la expansión comunista. La USSR no sólo estaba directamente involucrada en la exportación de la doctrina comunista hacia esos países, sino que también estaba utilizando a Cuba como un satélite en el Caribe para alcanzar su meta. Los años 1980s presenciaron a los EE.UU. alcanzar el punto más alto de su influencia y poder mundial bajo el liderazgo de Ronald Reagan.

El Presidente Reagan gastó más de dos trillones en el fortalecimiento militar. El aumentó el tamaño y la calidad de las fuerzas nucleares y convencionales de América. Los Estados Unidos desplegaron misiles nucleares INF de alcance intermedio hacia Europa. La expansión de la defensa de EE.UU. incluyo la modernización de la fuerza nuclear y convencional, y la investigación en las defensas de misiles aéreos llamada la Iniciativa de Defensa Estratégica (IDE). El presidente Reagan también aumentó los gastos militares de EE.UU., los cuales incluyeron nuevos sistemas de armas como el sistema de cohete múltiple en el campo de lanzamiento bombardero B-1 (MLRS), el sistema de defensa aérea, los tanques Abrams M1A1, la serie de infantería M2 y M3 y los vehículos de combate de infantería, el helicóptero halcón Negro UH-60 y el helicóptero Apache Scout AH-64A. Además, el presidente Reagan implementó el Retorno de las Fuerzas a Alemania (Reforger). Como resultado, personal con base en los Estados Unidos fue transportado y asociado con estos equipos almacenados en Europa Occidental. Estas nuevas estrategias militares y sistemas de armas mejoraron las ventajas de OTAN en movilidad, sistema de calidad de armas y personal experto. El aumento masivo y el desarrollo de nuevas armas tuvieron el propósito de contrarrestar la acumulación Soviética de misiles designados para ser usados contra objetivos en Europa.

Consecuentemente, las estrategias del Presidente Reagan hicieron que los líderes soviéticos reconocieran su propia inhabilidad, no solo para financiar una nueva carrera armamentista con el Occidente, sino también la reducción de la perspectiva de una victoria en el campo de batalla sobre los países democráticos de la OTAN. Este despliegue de superioridad militar de los EE.UU. hizo que los líderes soviéticos finalmente reconocieran que habían perdido la carrera armamentista contra los EE.UU. y la democracia Occidental. También les hizo reconocer que ya no podían competir más con la superioridad económica y militar del Occidente. Por último, después de más de setenta años de estancamiento económico y social, tecnología anticuada y la ineficiencia inherente en las áreas de agricultura, manufactura, cómputos y telecomunicaciones, la USSR, como un gigante herido, colapsó bajo su propio peso. Uno de los líderes soviéticos en reconocer la derrota económica y militar de la USSR fue Mr. Mijaíl Gorbachov. Ansioso por encontrar la salida al colapso de la Unión Soviética, Mr. Gorbachov comenzó la democratización de la USSR y el Mercado libre con su política de glasnost ("apertura política") y perestroika ("reestructuración económica'), lo cual se enfocó en las dos áreas principales en las cuales la USSR había fracasado. El estancamiento económico que el sistema comunista produjo hizo que las gentes de los países del bloque Soviético desearan un cambio social, político y económico profundo. La verdad es que fue esta combinación de factores externos e internos que instigó la caída del comunismo en la Europa Oriental, no la Iglesia Católica.

Aunque algunos de los factores que causaron la caída de la Unión Soviética se encontraron dentro de su propio sistema político y económico, mucha gente creyó que el Papa Juan Pablo II jugó un papel decisivo en uno de los más grandes dramas geopolíticos del siglo 20. Al Papa Juan Pablo II se le dio crédito por haber ayudado a poner fin al reinado del comunismo en la Europa Oriental. Incluso el ex líder Soviético, Mijaíl Gorbachov indicó en rueda de prensa que la caída del comunismo en la Europa Oriental "habría sido imposible sin el papa". La suposición de que el Papa Juan Pablo II derroto el comunismo en Europa Oriental se basa en su postura inflexible contra el comunismo en Polonia. El Papa Juan Pablo II apoyó el Movimiento de Solidaridad y enfrentó abiertamente a los líderes Soviéticos en su natal Polonia. Sin embargo, eso no causó la caída de la USSR, aunque si la precipitó. El Papa Juan Pablo simplemente resultó estar en el trabajo correcto, en el lugar correcto, en el tiempo correcto. A pesar de la larga historia de abuso sexual a niños y otros escándalos por parte de la Iglesia Católica, la creencia de que el papado fue responsable por la caída de la USSR, ha permitido que en los últimos treinta años, el Catolicismo Romano haya aumentado su estado político y popularidad.

Por ejemplo, el papado logró un hito político cuando por primera vez en la historia, bajo la presidencia de Ronald Reagan, los EE.UU., la nación más poderosa en el mundo, oficialmente estableció relaciones diplomáticas con el Vaticano en Roma. La creencia errónea en que el papado tiró por tierra la Unión Soviética, elevó críticamente el estado político de la Iglesia Católica. Como resultado de una concepción errada, el Vaticano se ha convertido en un amigo y aliado político muy valioso de los Estados Unidos, en la consecución de la paz mundial, la lucha contra el terrorismo y el extremismo, y para la creación de un nuevo orden mundial. Eso puso a la Iglesia Católica Romana justamente donde la Biblia dice que debe estar, si en verdad ella desempeñara el papel profético que el libro de Apocalipsis le había asignado en el Capítulo 13 y 17 con respecto al gobierno mundial del Anticristo.

¿Por qué el gobierno de los EE.UU. se arriesgó a violar su propio principio de separación de iglesia y estado, lo cual constituye el fundamento de la libertad religiosa que esta nación provee para sus propios ciudadanos? La respuesta puede encontrarse en el hecho de que después de la caída de la USSR, la Iglesia Católica ha sido vista como un instrumento de cambio político en la democratización del bloque oriental europeo que fue parte de la ex USSR. La creencia en que el papado derribó el comunismo en la Europa Oriental no está exclusivamente basada en el papel que el Papa Juan Pablo II jugó en el Movimiento de Solidaridad en Polonia. La jerarquía de la Iglesia Católica Romana ha indicado que "las revoluciones pacíficas" que tomaron lugar en Noviembre del 1989, en Bulgaria, Albania, Checoslovaquia, Rumania y en el Este de Alemania, lo cual culminó con la caída del muro de Berlín en Noviembre del 1989, y la reunificación de Alemania en 1990, fue el resultado de las profecías que la "Señora del Rosario" hizo durante sus apariciones en Portugal, en 1917. Cabe notar que con respecto a la caída del comunismo en la Europa Oriental, el Papa Juan Pablo II declaró, "Sería bastante ingenuo atribuirlo solamente a factores económicos". El papa también añadió "Sé que también sería igualmente ridículo creer que fue el papa quien derribó el comunismo con sus propias manos". El Papa Juan Pablo no estaba negando que la Iglesia Católica Romana "derribó el comunismo" en Europa Oriental. Lo que él denegó es que él lo haya hecho "con sus propias manos". El papado cree fuertemente que hubo una fuerza más grande que el papa y la Iglesia, la cual "derribó el comunismo", y que el evento fue el cumplimiento literal de las predicciones que la "Señora del Rosario" había hecho en Portugal.

El Papa Juan Pablo también creyó que él fue el Mesías señalado por la "Señora del Rosario" para liberar al mundo del comunismo. Por tanto, inspirado por las predicciones hechas por la "Señora del Rosario" y los eventos históricos que guiaron a la caída del comunismo en la Europa Oriental, en Enero del 1998, el Papa Juan Pablo voló a Cuba y a Nicaragua para confrontar y "derribar" el comunismo, también en aquellos países. El Papa asumió que el "derribaría" el Marxismo en esos países predominantemente Católicos en donde el sistema comunista dirigido por el "Comandante Fidel Castro" y Daniel Ortega era bastante joven en comparación con el comunismo de la Unión Soviética y Polonia. Los ojos del mundo estuvieron fijos en el Papa Juan Pablo II, mientras por algunos días recorría libremente las calles predicando un mensaje tras otro e invitando a las gentes a abrazar la democracia del mundo libre. Sin embargo, los esfuerzos del papa para "derribar" el comunismo en Cuba y Nicaragua fueron en vano y el Papa Juan Pablo retornó al Vaticano derrotado y con las manos vacías. Es también interesante notar que catorce años más tarde y pensando que el momento era más apropiado, después de que el enfermo Comandante Fidel Castro se había retirado, el nuevo Papa Benedicto XVI hizo una visita a Cuba a finales de Marzo del 2012. El comentario, "el sistema Marxista de Cuba ya no corresponde más a la realidad", el cual el Papa Benedicto hizo antes de llegar a Cuba, sugirió que su visita a Cuba era de naturaleza política y que él creía que su nueva visita papal podría traer cambios políticos y sociales definitivos en ese país. Es de interés notar que durante su visita a Cuba, el Papa Benedicto expresó preocupación sobre la pobreza mundial y la destrucción del medioambiente. El Papa Benedicto aprovechó la oportunidad para hablar enfáticamente sobre la Doctrina Social Católica (la necesidad de cuidar de los pobres y el medio ambiente). Sin embargo, debe notarse que la visita del Papa Benedicto a Cuba no tuvo ningún impacto en el sistema comunista. Por ejemplo, en la ocasión cuando el papa estuvo celebrando una Misa al aire libre, a la cual asistieron cerca de doscientos mil cubanos, un hombre gritó "Abajo el comunismo". Sin embargo, algunos que obviamente apoyaban el sistema comunista y que también asistieron a la Misa, abuchearon al individuo y gritaron "Cuba, Cuba, Cuba". Me parece que la Iglesia Católica nunca derribará el comunismo en Cuba. Eso no puede suceder a menos que el papa mismo sea de origen Cubano y que los cubanos además tengan los mismos valores históricos, religiosos y culturales que tienen los polacos.

Según las profecías de la "Señora del Rosario":

> "Si el Papa cumple con la orden de consagrar a Rusia a la "Señora del Rosario", entonces el comunismo sería derrotado. En la carta que Lucía escribió al Papa Pío XII, el 2 Diciembre del 1940, ella advirtió que si la Iglesia Católica Romana fracasaba en consagrar a Rusia, "esta nación esparciría sus errores por todo el mundo, y que habría guerras, persecución de la Santa Iglesia, martirio de los cristianos..."

La Iglesia Católica cree que debido a que el papado inicialmente fracasó en cumplir con el mandamiento de la "Señora del Rosario", el comunismo fue establecido en la Europa Oriental, y por esta misma razón, se expandiría por todo el mundo. Por lo tanto, según las apariciones y profecías de la "Señora del Rosario", Rusia tenía que ser consagrada al "Corazón Inmaculado" con el fin de revertir la maldición del comunismo. Es ampliamente conocido que el Papa Juan Pablo II fue un creyente devoto en las profecías de la "Señora del Rosario" tal como la cronología de los eventos que llevaron a la consagración de Rusia lo demuestra.

Cronología de la Consagración de Rusia a María

La Iglesia Católica Romana habla con orgullo acerca de la cronología de los acontecimientos que según ellos condujeron a la consagración de Rusia al "Corazón Inmaculado" de María el 25 de Marzo del 1984:

El 13 de Julio del 1917, "Nuestra Señora" promete venir y pedir la consagración de Rusia a Su Corazón Inmaculado. Lucía reportó que el 13 de Julio de 1929, María volvió y repitió su petición por la consagración de Rusia a Su Corazón Inmaculado. En 1938, los Obispos Portugueses pidieron al Papa Pío XII por la Consagración del Mundo al Corazón Inmaculado. En 1940, el Obispo de Moscú, y Padre Gonzaga de Fonseca pidió que el Papa Pío XII consagre a Rusia al Corazón Inmaculado. En Diciembre del 1940, Lucía escribe una carta a Pío XII diciendo que Nuestro Señor Mismo pide al papa "consagrar el mundo al Corazón Inmaculado de María, con una mención especial por Rusia, y ordena que todos los obispos del mundo hagan lo mismo en unión con Su Santidad. El 31 de Octubre del 1942, "el Papa Pío XII consagra el mundo al Corazón Inmaculado". El 7 de Julio del 1952, "el Papa Pío XII consagra al pueblo de Rusia al "Corazón Inmaculado". El 21 de Noviembre del 1964, "el Papa Pablo VI renueva, en la presencia de los Padres del Concilio del Vaticano pero sin su participación, la consagración de Rusia al Corazón Inmaculado". El 13 de Mayo del 1982, "el Papa Juan Pablo II invita a los obispos del mundo a unírsele en consagrar el mundo y con el Rusia, al Corazón Inmaculado. Muchos no reciben la invitación a tiempo para el Papa poder viajar a Fátima, en donde él logra la consagración. Sor Lucía luego dice que no reúne las condiciones". En Octubre del 1983, "el Papa Juan Pablo II renueva la Consagración de Rusia del 1982 en el Sínodo de Obispos". El 25 de Marzo del 1984, el Papa Juan Pablo II, "Unido con todos los pastores de la Iglesia en un vínculo particular donde nosotros constituimos un cuerpo y un colegio, 'Consagra' el mundo entero, especialmente las gentes por las que, por razón de su situación tú tienes amor y solicitud particular".

Tanto el papa como Lucía inicialmente parecían inciertos de que la consagración había sido cumplida, pero poco después Lucía le dice al nuncio papal que la consagración es cumplida.

2

Salvación es la Obra de Dios, de Principio a Fin

Según la Biblia, la salvación está basada en una decisión consciente de arrepentirse, acompañado de un acto sincero y personal de fe en la muerte expiatoria y la resurrección del Señor Jesucristo. De acuerdo a la Biblia, los cristianos nacidos de nuevo no pierden su salvación, aun cuando hayan pecado. Cuando un cristiano peca, su compañerismo y comunión con Dios se rompe, pero ello no afecta su posición como hijo de Dios. En consecuencia, un cristiano en pecado necesita restaurar su compañerismo y comunión con Dios, pero no necesita restaurar su salvación. Con el fin de restaurar el compañerismo con Dios, un cristiano nacido de nuevo debe arrepentirse y confesar sus pecados directamente a Dios, no a un sacerdote, y entonces debe creer, por fe, que Dios verdaderamente perdono sus pecados después de haberlos confesados a Él. Dios promete que "Si confesamos nuestros pecados, Él es fiel y justo para perdonarnos de nuestros pecados y limpiarnos de toda maldad" (1 Juan 1:9 VRV).

De acuerdo a la Biblia, no hay absolutamente nada que los pecadores puedan hacer para ganar o merecer la salvación. La salvación está basada en el amor y la gracia de Dios por los pecadores, "Porque de tal manera amó Dios al mundo que ha dado a su Hijo unigénito, para que todo aquel que en El crea no se pierda más tenga vida eterna". (Juan 3:16 NKJV). En Su amor, Dios ofrece salvación como un regalo, la cual los pecadores pueden recibir solo por gracia, por medio de la fe, en Cristo solo. Cualquiera que enseñe sendas alternativas para obtener salvación es un engañador y un mentiroso. En su carta a Tito el apóstol Pablo dijo:

> "Nos salvó, no por obras de justicia que nosotros hubiéramos hecho, sino por su misericordia, por el lavamiento de la regeneración y por la renovación en el Espíritu Santo" (Tito 3:5 VRV).

En este pasaje, el apóstol Pablo enseña que la salvación nunca puede ser obtenida por medio de "obras de justicia que nosotros hubiéramos hecho". Los pecadores no pueden ganar, ni merecer la salvación por medio de buenas "obras" (Efesios 2:8). La Biblia dice que nuestros pecados nos separan del Dios Santo. Por lo tanto, el pecador podría pasar toda su vida dedicado a la práctica de "obras de justicia", y al final, a menos que se arrepienta y crea en Jesús, permanecerá separado de Dios. Como pecadores, nosotros no podemos ayudarnos a nosotros mismos; necesitamos un Salvador. Sin embargo, en su orgullo, los líderes del falso Cristianismo todavía tienen dificultad en aceptar el hecho de que el pecador no puede hacer nada para ganar o merecer la salvación. El pecador no puede hacer nada para ganar, ni merecer la "bondad y el amor" salvador de Dios. En Romanos 3:23 el apóstol Pablo declara, "Por cuanto todos pecaron y están destituidos de la gloria de Dios". "Todos hemos pecado" significa que todos los seres humanos estamos en una condición caída.

¿Qué es pecado? La Biblia describe pecado como transgresión o violación de la ley de Dios, lo cual es causado por nuestra naturaleza rebelde. Cuando Adán y Eva cometieron el primer pecado, ellos transgredieron o violaron Su mandamiento y se rebelaron contra la voluntad de Dios. Ellos rompieron su relación fundamental con Dios; ellos dieron la espalda a Dios deliberadamente y se alejaron por su propio camino como enemigos. Como resultado de su pecado, la humanidad "fue destituida de la Gloria de Dios". Eso significa que los seres humanos cayeron cortos de la norma divina de justicia y perfección. Consecuentemente, en nuestro estado caído como pecadores, nunca podríamos agradar a Dios, ni conformarnos a Su carácter, ni a Su ley, en pensamiento, palabra y obra:

> "Como está escrito: No hay justo, ni aún uno; No hay quien entienda, No hay quien busque a Dios. Todos se desviaron, a una se hicieron inútiles; No hay quien haga lo bueno, no hay ni siquiera uno". (Romanos 3:10–12 VRV).

"No hay justo, ni siquiera uno," significa que aparte del Señor Jesús, no hay ningún otro ser humano en este mundo que no haya pecado. Todos los hombres sin excepción "han pecado y están destituidos de la gloria de Dios". La palabra "todos" significa "todos los seres humanos, sin excepción". Eso quiere decir que aún María la madre de Jesús, los apóstoles, y los papas están contados entre pecadores en necesidad de salvación. El profeta Isaías describe la condición espiritual de toda la raza humana cuando dijo:

> "Toda cabeza está enferma, y todo corazón doliente. Desde la planta del pie hasta la cabeza no hay en él cosa sana, sino herida, hinchazón y podrida llaga; no están curadas, ni vendadas, ni suavizadas con aceite". (Isaías 1:5b–6 VRV).

Dios no solamente mira el pecado como una enfermedad o dolencia que ha hecho del hombre un lisiado espiritual, sino también como un obstáculo que le separa de Dios:

> "He aquí que no se ha acortado la mano de Jehová para salvar, ni se ha agravado su oído para oír; pero vuestras iniquidades han hecho división entre vosotros y vuestro Dios, y vuestros pecados han hecho ocultar de vosotros su rostro para no oír". (Isaías 59:1–2 VRV).

Dios es Santo y nosotros somos pecadores. Por lo tanto, Su santidad no tolera el pecado en Su presencia. El pecado debe ser removido y el pecador transformado en santo (separado) antes de poder tener amistad y compañerismo con el Santo Dios. No importa lo que los pecadores hagan en su intento de agradar a Dios o de cubrir sus pecados por medio de "obras de justicia", nuestros pecados permanecerán y nos separaran de Dios. En tal condición los pecadores estamos condenados a muerte ante los ojos de Dios. De acuerdo a la Biblia, la paga o lo que el hombre merece por su pecado, es muerte espiritual o separación eterna de Dios, "Porque la paga del pecado es muerte..." (Romanos 6:23 VRV). El pecado coloca al hombre bajo la pena de muerte y condenación eterna. Por lo tanto, la salvación ocurre solamente cuando la justicia de Cristo es atribuida al pecador arrepentido. Al final de tu vida aquí en la tierra te presentarás ante la presencia de Dios. Aquellos que creen en el Señor Jesús se presentarán ante Dios amparados en la justicia de Cristo. Aquellos que rechacen a Cristo y mueran en sus pecados, permanecerán condenados. La razón por la que Jesús solo es nuestra justicia es porque, "Al que no conoció pecado, por nosotros lo hizo pecado, para que nosotros fuésemos hechos justicia de Dios en el"

(2 Corintios 5:21 VRV). El Señor Jesús es la ofrenda santa y el sacrificio perfecto por nuestro pecado.

La Salvación es un Regalo de Dios

Puesto que no hay absolutamente nada que los pecadores puedan hacer para ganar o merecer la salvación, en Su amor, Dios ofrece la salvación al hombre como Su regalo. La Biblia enseña una y otra vez que la salvación es un don de Dios, la cual los pecadores pueden recibir por gracia por medio de la fe en Cristo solo, en vez de los sacramentos de la iglesia. La salvación o justificación es por "gracia" solamente, "por medio de nuestro Señor Jesucristo, por quien también tenemos entrada por la fe a esta gracia en la cual estamos firmes..." (Romanos 5:1–2 VRV). "Porque por gracia sois salvos por medio de la fe; y esto no de vosotros, pues es un regalo de Dios; no por obras, para que nadie se gloríe" (Efesios 2:8–9 VRV). Los pecadores son salvos por gracia por medio de la fe en Cristo solo. ¿Qué es fe en este caso? Fe significa creer. Es la convicción de que el Señor Jesús es real y verdadero. Fe es la convicción de que lo que el Señor Jesús dice acerca de si mismo es verdad más allá de toda duda. Fe es el asentimiento intelectual de que el mensaje de la Biblia es verdadero. Fe es la convicción de que el Señor Jesús murió y resucitó de entre los muertos, por mí. Pero fe verdadera es más que aceptar que lo que el Señor Jesús dice es verdad. Fe es encomendar nuestro destino eterno en Sus manos. El Espíritu Santo es quien nos da la convicción de quién es realmente el Señor Jesús. El Espíritu Santo es quien además nos asegura que nuestra decisión de seguir y servir a Cristo tiene valor eterno.

En consecuencia, fe es la convicción o confianza de que Jesús murió por mí y que Él vive y tiene poder para hacer lo que Él dice que haría para salvarnos. Esto es, Él nos perdona, nos limpia y nos da vida eterna. Fe, por tanto, es la aceptación total y absoluta confianza en la persona y obra redentora de nuestro Señor Jesús a nuestro favor, como la única base para nuestra salvación. La fe que salva es la convicción de que nadie, ni nada más podría salvarnos, sino solamente el Señor Jesús. La Biblia enfatiza que los pecadores son salvos por gracia, por medio de la fe, en Cristo solo. Gracia es el favor inmerecido de Dios a favor del pecador. Dios ofrece salvación gratuitamente porque de lo contrario, el pecador nunca estaría en una posición de ganarla, merecerla, o pagar por ella. Por eso, en Su amor y misericordia, Dios nos da gratuitamente lo que de otra manera no podríamos obtener. Esto está representado en el libro a los Romanos como, "siendo justificados gratuitamente por su gracia, mediante la redención que es en Cristo Jesús,..." (Romanos 3:24 VRV). Aquellos que son salvos han sido "justificados gratuitamente por su gracia, mediante la redención que es en Cristo Jesús", y no hay otra forma de obtener salvación. El diablo ha estado trabajando activamente a través del Catolicismo Romano y otras falsas religiones y cultos para ocultar la verdad de que la salvación es el precioso regalo de Dios para los pecadores que lo aceptan independientemente de cualquier mérito u obra de justicia. Los pecadores son justificados exclusivamente "por su gracia, mediante la redención que es en Cristo Jesús".

El Señor Jesús es nuestro Redentor. La imagen que la palabra griega "redención" trae a la mente es la de un esclavo siendo vendido en un mercado público mientras alguien viene y pagando el precio lo compra para que sea de su propiedad, exactamente como la Biblia dice:

> "Porque habéis sido comprados por precio; glorificad, pues, a Dios en vuestro cuerpo y en vuestro espíritu, los cuales son de Dios." (1 Corintios 6:20 VRV). Esta es la razón por la cual el Apóstol Pablo reconoció que, "En quien tenemos redención por su sangre, el perdón de pecados según las riquezas de su gracia" (Efesios 1:7 VRV).

"La justificación," es un término legal o veredicto que viene de la palabra griega "justo", la cual significa ser declarado justo o sin culpa. Cuando Dios justifica, El declara que la demanda de la ley, la cual demanda la muerte del pecador, ha sido completamente satisfecha por medio de la muerte de Jesucristo. Puesto que Jesús murió y pagó la pena que la ley demanda por el pecado, la justicia de Cristo es imputada a todo aquel que cree. De manera que, cuando un pecador es justificado, Dios lo trata como si nunca hubiera pecado. En términos bíblicos la justificación incluye perdón de la culpa y la pena del pecado. En ese sentido ser justificado significa completamente perdonado. "Ahora pues, ninguna condenación hay para los que están en Cristo Jesús" (Romanos 8:1 VRV). Por tanto, la justificación es la aplicación o transferencia de la perfecta justicia de Cristo a la cuenta del creyente, lo cual provee al pecador con el tipo de justicia que Dios requiere para satisfacer la demanda de la ley y la justicia divina (2 Corintios 5:21). Alguien dijo:

> "La justificación es la declaración de Dios de que todas las demandas de la ley están cumplidas a favor del pecador creyente por medio de la justicia de Jesucristo. En la justificación Dios imputa la perfecta justicia de Cristo a la cuenta del creyente, y luego declara al redimido completamente justo".

De manera que cuando Dios justifica a un pecador, un intercambio se lleva a cabo: Dios imputa el pecado de la persona a la cuenta de Cristo, y la justicia de Jesús a la cuenta del pecador. Por lo tanto, los cristianos nacidos de nuevo son justificados en base a la perfecta obediencia de Cristo a la ley de Dios y Su muerte sacrificial en la Cruz, a favor del pecador (Isaías 53:4, 5; 1Pedro 2:24). Como ya dijimos, el pecado es rebelión contra Dios. De esa manera, los pecadores están en guerra con Dios y por naturaleza se rebelan contra Sus leyes morales. Por lo tanto, necesitamos ser reconciliados con Dios. Sin embargo, en Romanos 5:1–2, Pablo dice, "Justificados pues por la fe, tenemos paz para con Dios por medio de nuestro Señor Jesucristo". Una vez que hayamos sido justificados o reconciliados con Dios por la fe en Cristo, tenemos paz con Dios y nos convertimos en Sus amigos. Cuando somos justificados entramos a una nueva relación con Dios, una relación de amor que nunca terminará.

Por lo tanto, los cristianos nacidos de nuevo tienen acceso directo al trono de Dios por medio de Cristo. Aquellos que han sido "justificados por la fe", no solamente "tienen paz para con Dios por medio de nuestro Señor Jesucristo" (Romanos 5:1 VRV) sino que también "tenemos entrada por la fe a esta gracia…" (Romanos 5:2 VRV). Esta justificación o reconciliación con Dios nos da a todos los creyentes, entrada a una relación estrecha y personal con Dios el Padre y el derecho de venir directamente ante Su presencia por medio de Jesucristo nuestro Mediador y Sumo Sacerdote (Mateo 27:51; Hebreos 4:16). Consecuentemente, los cristianos nacidos de Nuevo pueden y deben acercarse a Dios con corazón sincero en plena certidumbre de fe" (Hebreos 10:19–22 VRV). Se sabe que un día, el ultimado Presidente de Estados Unidos, John F. Kennedy estaba teniendo una reunión en la Casa Blanca y su pequeño, John Junior entró abruptamente. Sin preocuparse por aquellos que estaban en la reunión, el Presidente lo levantó y lo sentó en su regazo, sin ningún reproche. Obviamente, en su inocencia, John no estaba preocupado por la reacción de su poderoso padre. Los cristianos pueden y deben "acercarse" a Dios con la misma confianza. La palabra "certidumbre" o confianza viene de la palabra griega que significa "coraje de expresión o sin reservación de palabras". Por eso, los cristianos nacidos de nuevo no necesitamos mediadores o sacerdotes para confesar nuestros pecados a Dios o para traer peticiones por las cosas que necesitemos. Debemos ir directamente a la presencia de Dios, y dirigirnos a Él, no solamente con reverencia, sino también con confianza y sin reservas. Dios es bondadoso y generoso cuando Sus hijos vienen ante Su presencia en oración. Por eso Dios nos anima a venir confiadamente ante el trono de Su Gracia. Si tú eres verdaderamente cristiano, tú no necesitas la mediación de María la madre de Jesús, de un ídolo, o de algún santo muerto o de un sacerdote pecador para poder venir ante la presencia de Dios. Tú tienes Su autoridad para venir directamente a la presencia de tu Padre celestial en oración, sin ninguna reservación. No dejes que el diablo te engañe.

Los Cristianos Están Eternamente Salvos

La Biblia enseña que aquellos que están en Cristo están eternamente salvos en cada dimensión de nuestra salvación, sin los sacramentos de la Iglesia Católica. Por lo tanto, los cristianos nacidos de nuevo están eternamente asegurados en Cristo, "Por quien también tenemos entrada por la fe a esta gracia en la cual estamos firmes, y nos gloriamos en la esperanza de la gloria de Dios (Romanos 5:2 VRV). De manera que por cuanto hemos entrado "por la fe a esta gracia… estamos firmes", o sostenidos y preservados por toda la eternidad, sin importar las circunstancias que nos rodean a través de nuestra peregrinación aquí en la Tierra. Vale la pena recordar que no somos salvos si perseveramos hasta el fin. Perseveramos hasta el fin, porque somos salvos. En otras palabras, los cristianos no perseveran para ser salvos, sino que perseveramos como resultado de nuestra salvación en Cristo. Aquellos que han sido salvos, perseverarán por la eternidad de la eternidad. Me temo que muchos cristianos no han llegado a entender completamente el significado de las palabras, "Por quien tenemos también entrada por la fe a esta gracia en la cual estamos firmes...". De manera que nuestra posición eternal como hijos de Dios está asegurada en el momento en que entramos "por la fe a esta gracia":

> "Si Dios es por nosotros, ¿quién contra nosotros? ¿Quién acusará a los escogidos de Dios? ¿Quién nos separará del amor de Cristo?... Antes, en todas estas cosas somos más que vencedores por medio de aquel que nos amó. Por lo cual estoy seguro de que ni la muerte, ni la vida, ni ángeles, ni principados, ni potestades, ni lo presente, ni lo por venir, ni lo alto, ni lo profundo, ni ninguna otra cosa creada nos podrá separar del amor de Dios, que es en Cristo Jesús Señor nuestro" (Romanos 8:31, 33, 35, 37–39 VRV).

La obra de salvación de Dios en el creyente incluye tres dimensiones: pasada presente y futura:

Pasada, fui salvo (justificación)

Presente, estoy siendo salvo (santificación)

Futura, seré salvo (glorificación)

El hecho de que fui salvo o "soy salvo", asegura los aspectos o dimensiones restantes de nuestra salvación por toda la eternidad. La primera dimensión de nuestra salvación alude al momento en que fuimos justificados cuando por fe creímos en el sacrificio expiatorio de Cristo en nuestro lugar y fuimos salvos.

El segundo aspecto de la salvación resulta del primero. Esto es, puesto que he sido salvo (en el pasado), estoy siendo salvo en el presente. Este segundo aspecto de la salvación tiene que ver con nuestro diario caminar con Cristo hacia la madurez espiritual. No tiene que ver con lo que hacemos, sino con lo que el Espíritu Santo hace en nosotros: "porque Dios es el que en vosotros produce así el querer como el hacer, por su buena voluntad" (Filipenses 2:13 VRV). Por supuesto, la condición suprema humana para caminar en el Espíritu es nuestra entrega total a Él. Cuando nos rendimos a

Dios, el Espíritu Santo nos da hambre y sed de justicia (santidad) y un profundo deseo de agradar a Dios en todo lo que hacemos. La tercera dimensión o aspecto de nuestra salvación resulta del primer y segundo aspecto. En otras palabras, seré salvo porque ya soy salvo, y continúo siendo salvo. El apóstol Pablo dice que el tercer aspecto de la salvación mira hacia la recompensa final y glorificación de los creyentes. En Filipenses 1:6, el apóstol Pablo dice, "estando persuadido de esto, que el que comenzó en vosotros la buena obra, la perfeccionará hasta el día de Jesucristo". Nuestra salvación alcanzará su plenitud cuando la muerte sea finalmente destruida y nuestros cuerpos absorbidos por la glorificación. Entonces, recibiremos nuestras recompensas, y estaremos con nuestro Señor por la eternidad (1Corintios 15:26; 1Corintios 3:10–15; Apocalipsis 21:3–4). Por lo tanto:

> "Pues mucho más, estando ya justificados en su sangre, por el seremos salvos de la ira. Porque si siendo enemigos fuimos reconciliados con Dios por la muerte de su Hijo, mucho más, estando reconciliados, seremos salvos por su vida" (Romanos 5:9–10 VRV).

"Pues mucho más, estando ya justificados en su sangre" es una referencia al aspecto inicial de nuestra salvación. El hecho de que ya hemos sido justificados por medio de Cristo quien fue castigado por nuestras transgresiones y pago la penalidad por nuestros pecados, debe asegurarnos que ya no somos jamás "hijos de ira" (Efesios 2:3), y que hemos sido ya "salvos de la ira" de Dios, la cual es "la ira que vendrá" (1Tesalonissenses 1:10; 5:9). "La ira que vendrá" se refiere a la ira temporal de Dios, la cual vendrá sobre toda la Tierra, y a la "ira" final de Dios, la cual "esta sobre el…que rehúsa creer en el Hijo" (Juan 3:36). "Mucho más, estando reconciliados, seremos salvos por su vida". Esto significa que si Dios ya nos salvó por medio de la muerte de Su Hijo, cuando éramos sus enemigos, ¿cuánto más, ahora que somos Sus Hijos, nos mantendrá salvos por la vida de Su Hijo? Pablo está diciendo que sería inconcebible que después de que Dios dio la vida de Su Hijo, después que Él ha hecho tal inversión para salvarnos, Él no nos mantendría salvos. El hecho de que Dios ya nos salvó (justificados), por medio de la vida de Su Hijo, eso garantiza nuestra salvación en el presente (seguiremos siendo salvos), y de que seremos salvos (glorificados) en el futuro.

De acuerdo a la Biblia, nuestra salvación está garantizada en la base del poder de Dios para salvar y preservar al creyente por toda la eternidad, no por nuestro propio poder, ni por los sacramentos de la iglesia. Los cristianos están eternamente seguros porque Dios el Padre los dio a Su Hijo Jesús. Por tanto, podemos inferir con toda seguridad de las propias palabras del Señor Jesús, que los sacramentos, ritos y dogmas de la Iglesia Católica no pueden salvar, ni preservar a nadie, sino sólo Dios:

> "Mis ovejas oyen mi voz, y yo las conozco, y me siguen, y yo les doy vida eterna; y no perecerán jamás, ni nadie las arrebatará de mi mano. Mi Padre que me las dio, es mayor que todos, y nadie las puede arrebatar de la mano de mi Padre" (Juan 10:27–29 VRV).

La Biblia asegura que la salvación es enteramente la obra de Dios de principio a fin. Por lo tanto, somos salvos y preservados por gracia, por medio de la fe en Cristo solo. Por supuesto, eso no debe impedir que los cristianos oren, lean y estudien la Palabra de Dios, y hagan lo mejor para crecer en la gracia y el conocimiento de Dios, en nuestra propia iniciativa. Los cristianos nacidos de nuevo procurarán hacer todas esas cosas, y todos los días caminar en novedad de vida, pero en el poder del Espíritu Santo, no por nuestros propios esfuerzos humanos, ni por medio de los sacramentos de la iglesia.

¿Es cierto que somos salvos por medio del sacramento del bautismo, como asegura el falso Cristianismo y otras religiones? Según la Biblia, la salvación es la obra del Espíritu Santo en el corazón humano después que el pecador se arrepiente y deposita su fe en la obra redentora de Cristo. Esta obra del Espíritu Santo actúa sobre la base de un acto personal y consciente de fe en el Señor Jesucristo, aparte de ningún mérito de nuestra parte. El Señor Jesús le dijo a Nicodemo, "De cierto, de cierto te digo, que el que no naciere de agua y del Espíritu, no puede entrar en el reino de Dios" (Juan 3:5 VRV). De manera que junto con Nicodemo nosotros también nos preguntamos, ¿Cómo puede hacerse esto? La salvación llega a ser una realidad, exclusivamente por medio de un nacimiento espiritual. ¿Cuál es el significado de ser nacido de nuevo o "nacer del espíritu? ¿Qué es el nuevo nacimiento y cómo ocurre en el corazón del ser humano? De acuerdo a la Biblia, el nuevo nacimiento o nacimiento espiritual es la infusión del Espíritu divino en el alma humana. En la Biblia, el agua se utiliza solamente como un símbolo del lavamiento o regeneración que el Espíritu divino lleva a cabo en el alma humana, por medio de la Palabra de Dios. El apóstol Pablo nos dice que Cristo amó la Iglesia y se entregó a sí mismo por ella, "para santificarla, habiéndola purificado en el lavamiento del agua por la palabra" (Efesios 5:26 VRV). Más adelante veremos en qué consiste este "lavamiento del agua por la palabra".

El Espíritu Santo y la Biblia Llevan a Cabo la Salvación

El nuevo nacimiento o nacimiento espiritual es completamente la obra del Espíritu Santo y de la Palabra de Dios, de acuerdo a Su promesa. "Nos salvó, no por obras de justicia que nosotros hubiéramos hecho, sino por su misericordia, por el lavamiento de la regeneración y por la renovación en el Espíritu Santo" (Tito 3:5 VRV). El lavamiento de regeneración y renovación del Espíritu Santo es una referencia al regalo de una nueva vida, o la vida Espíritu-generada, la cual Dios prometió. Además de la realidad de la futura regeneración de todas las cosas durante el Milenio aquí en la Tierra, Dios también prometió una renovación espiritual y salvación para los Gentiles bajo la misma promesa mencionada en Ezequiel 36:25–27; Jeremías 31:31–34; 32:38–40 y en Lucas 22:20, las cuales se refieren al Nuevo Pacto (N.P.). De acuerdo al N.P., Dios ha prometido que aquellos que son "justificados por la fe...por medio de nuestro Señor Jesucristo" recibirán el regalo de:

Una vida Espíritu-generada (la vida en el Espíritu o un nuevo nacimiento)

Una limpieza del pecado (renovación o perdón de pecado)

Un nuevo corazón (la Ley de Dios escrita en el corazón del hombre), lo cual resulta en una nueva mentalidad, y un nuevo deseo de conformarse a la voluntad de Dios.

Una nueva disposición o inclinación al compañerismo y adoración a Dios.

El Espíritu Santo como un don, para morar en los creyentes y capacitarlos para caminar habitualmente en Su Palabra.

Es esta obra de Dios, la vida Espíritu-generada y el poder del Espíritu Santo lo que causa el nuevo nacimiento y capacita a los cristianos para andar cada día en novedad de vida y obediencia a la palabra de Dios, no los ritos o sacramentos de la Iglesia Católica, ni de ninguna iglesia. Sin esta obra del Espíritu de Dios en el alma humana, ningún hombre sería salvo; ni tampoco viviría una vida agradable a Dios después de ser salvo. El nuevo nacimiento ocurre por "el lavamiento del agua por la palabra". ¿Cuál es el significado de "el lavamiento del agua por la palabra"? Cuando en el evangelio de Juan Capitulo 3 el Señor Jesús habló de "nacer de nuevo", o "nacer del Espíritu", El no habló de algo que puede lograrse por medio de los ritos o los sacramentos de la Iglesia Católica Romana. Él estaba hablando acerca de la obra del Espíritu Santo en el corazón humano. El Espíritu Santo es el agente del nuevo nacimiento, no un lavamiento físico con agua, ni el sacramento del bautismo realizado por la iglesia. El agua es una imagen o símbolo de limpieza y del poder purificador del Espíritu Santo por medio de la Santa Palabra de Dios. El agua por sí sola no salva, ni purifica al pecador. El Espíritu Santo es el que purifica y salva por medio de la Palabra de Dios. La salvación, la obra del Espíritu Santo trae como resultado el perdón del pecador y una vida Espíritu-regenerada. Aquellos que son nacidos del Espíritu son nacidos de Dios, no del agua física, ni de los sacramentos de la Iglesia Católica (1Juan 2:29; 3:9; 4:7; 5:1).

El apóstol Pedro llega al corazón del tema cuando habla del significado de: "siendo renacidos, no de simiente corruptible, sino de incorruptible, por la palabra de Dios que vive y permanece para siempre" (1Pedro 1:23). Bajo inspiración divina, Pedro describió la Palabra de Dios como "semilla incorruptible". La palabra de Dios como una "semilla" contiene dentro el poder dador de vida, lo cual promueve el nacimiento espiritual desde dentro del corazón humano. Cuando una semilla es colocada en buena tierra y es regada con agua, la vida que está escondida dentro, germina rápidamente.

De igual manera, cuando el corazón de un hombre provee la buena tierra (fe), para la Palabra de Dios, el individuo experimenta el nuevo nacimiento en su corazón. La Palabra de Dios, no el agua del bautismo, produce la vida en el Espíritu, en todo aquel que cree en el Señor Jesús. Recuerda que el apóstol Pablo dijo que el Señor Jesús murió por su Iglesia, "para santificarla, habiéndola purificado en el lavamiento del agua por la palabra". El Espíritu Santo emplea la Santa Palabra de Dios para llevar a cabo "el lavamiento del agua", que es el nuevo nacimiento. Dios habla de Su Santa Palabra como agua que limpia y purifica Su Iglesia. ¿Cómo es que la Iglesia de Cristo—el cuerpo de creyentes—es purificada y santificaba cada día? Parte de la respuesta a esta pregunta se encuentra en Salmos 119, en donde el salmista alaba a Dios por Su Palabra limpiadora. Esto es lo que dice en los versos 9–11:

"¿Con qué limpiará el joven su camino? Con guardar tu palabra. Con todo mi corazón te he buscado; no me dejes desviarme de tus mandamientos. En mi corazón he guardado tus dichos, para no pecar contra ti."

El Señor Jesús oró por todos sus discípulos incluyéndonos a nosotros diciendo, "Santifícalos en tu verdad; tu palabra es verdad" (Juan 17:17 VRV). La palabra de Dios es la herramienta que el Espíritu Santo usa para salvar y santificar a aquellos que creen en el Señor Jesús. Hay muchos otros pasajes bíblicos que prueban que el Espíritu Santo obra en el corazón humano por medio de las Sagradas Escrituras, papa producir convicción de pecado, fe, arrepentimiento y deseo ferviente de justicia que resulta en la salvación y santificación de los pecadores. Por esta razón, una y otra vez Dios manda a Sus hijos a que leamos, estudiemos, memoricemos, meditemos y guardemos Su Palabra en nuestros corazones (mentes). No hay nacimiento espiritual sin el poder del Espíritu Santo quien obra en el corazón humano por medio de la poderosa Palabra de Dios:

"Por tanto, os hago saber que nadie que hable por el Espíritu de Dios llama anatema a Jesús; y nadie puede llamar a Jesús Señor, sino por el Espíritu Santo". (1Corintios 12:3 VRV).

En el pasaje bíblico de arriba, el apóstol Pablo dice dos cosas importantes acerca del papel del Espíritu Santo en la salvación del hombre. Primeramente, él dice que nadie podría reconocer, "Que Jesús es el Señor excepto por el Espíritu Santo". Es el Espíritu Santo que trae el pecador a la convicción salvadora de que "Jesús es el Señor". El hombre no puede recibir ese conocimiento y revelación salvadora y aceptar a Cristo independientemente de la obra del Espíritu Santo. El pecador es salvo porque el Espíritu Santo convence al hombre de pecado y lo guía a Jesús para salvación. Aquellos que son guiados por el Espíritu Santo confiesan, "Que Jesús es el Señor", reciben el Espíritu Santo como un don y son asegurados por El de que sólo Jesús es el Salvador bendito. La segunda cosa que Pablo dice es que, "Nadie que hable por el Espíritu de Dios llama a Jesús anatema" simplemente porque murió colgado en un cruz. Consecuentemente, la salvación se hace una realidad en el corazón del hombre debido al poder y a la obra del Espíritu Santo. La razón por la cual Dios quiere que todos escuchen el mensaje del evangelio es porque cuando Su Santa "Palabra está cerca", la salvación para el pecador está al alcance:

> "Más ¿qué dice? Cerca de ti está la palabra, en tu boca y en tu corazón. Esta es la palabra de fe que predicamos: que si confesares con tu boca que Jesús es el Señor, y creyeres en tu corazón que Dios le levantó de los muertos, serás salvo. Porque con el corazón se cree para justicia, pero con la boca se confiesa para salvación. Pues la Escritura dice: Todo aquel que en él creyere, no será avergonzado...porque todo aquel que invocare el nombre del Señor, será salvo" (Romanos 10:8–10, 13 VRV).

Cuando "la palabra está cerca de ti, en tu boca" para confesar que eres un pecador; que no puedes salvarte a ti mismo y que Jesús es el Señor, "y en tu corazón" para "creer que Dios le levantó de los muertos, serás salvo". La Santa Palabra de Dios hace que la resurrección de Cristo y Su poder salvador, sean una realidad en el corazón de los hombres, haciendo que crean y pongan su confianza en Cristo, para salvación. Esto se logra solamente por el poder del Espíritu Santo y la Palabra de Dios, no por medio de los sacramentos de la Iglesia Católica Romana. Consecuentemente, en Romanos 10:11–13, el apóstol Pablo habla acerca de la Palabra de Dios y la proclamación del evangelio. Cuando un pecador lee la Biblia o escucha el mensaje del evangelio, el poder de la Palabra de Dios es liberado, produciendo convicción de pecado y un deseo de confesar tanto los pecados, como al Señor Jesús como Salvador resucitado. Por ejemplo, el apóstol Pablo dijo que él no se "avergonzaba del evangelio, porque es poder de Dios para salvación a todo aquel que cree..." (Romanos1:16 VRV). En este caso, la palabra "poder" (dunamis) es la palabra griega de la cual conseguimos nuestra palabra dinamita. "El evangelio de Cristo" es el "poder (dinamita) de Dios" para salvar y darles vida eterna (Juan 3:15–16; 6:40) a los que creen, no así los ritos ni los sacramentos de la Iglesia Católica Romana.

El apóstol Pablo habló de algunos de los atributos de la Palabra de Dios cuando él dijo, "Toda la Escritura es inspirada por Dios, y útil para enseñar, para redargüir, para corregir, para instruir en justicia". (2 Timoteo 3:16 VRV). Él además dijo que en un sentido verdadero, la razón por la que el poder de Dios reside en Su Santa Palabra es simplemente:

> "Porque la palabra de Dios es viva y eficaz, y más cortante que toda espada de dos filos; y penetra hasta partir el alma y el espíritu, las coyunturas y los tuétanos, y discierne los pensamientos y las intenciones del corazón". (Hebreos 4:12 VRV).

La palabra "viva" como se usa aquí, es la traducción de la palabra griega zon, la cual significa vida. Por el otro lado, en 2Timoteo 3:16, la palabra "inspirada" traduce la palabra griega theopneustos. Theos significa Dios, y pneustos significa respiro o soplo. Eso significa que la expresión "Toda la escritura es inspirada por Dios" puede ser interpretada como "Toda la Escritura es respirada o soplada por Dios". En consecuencia, cabe notar que la palabra "respiro o soplo" es la misma palabra que se utilizó con respecto a la creación de Adán:

> "Entonces Jehová Dios formó al hombre del polvo de la tierra, y sopló en su nariz aliento de vida, y fue el hombre un ser viviente". (Génesis 2:7 VRV).

Cuando "Dios sopló en su nariz el aliento de vida, el hombre fue un ser viviente". El mismo aliento dador de vida de Dios, reside todavía en su Santa Palabra. Eso significa que un poder intrínseco y dador de vida reside en la Palabra de Dios. No ha habido, ni habrá nunca en la historia de la humanidad, otro libro como la Santa Biblia. La Biblia es la única Palabra viviente que jamás haya existido. Consecuentemente, la Palabra "viva" de Dios tiene poder para dar vida a todos los que estando muertos en delitos y pecados, creen en El. Puesto que la Palabra de Dios es "viva", ella puede hacer todo lo que Dios se ha propuesto con respecto a la salvación y la santificación de los hombres. La Palabra de Dios trae los creyentes a la perfección o madurez espiritual completa, no así los sacramentos de la Iglesia Católica Romana.

El Papel de la Biblia en la Salvación del Hombre

Puesto que "La Palabra de Dios es viva y eficaz", ella juega un papel activo en la salvación del hombre. En virtud de que la Biblia es viva y soplada por Dios, ella "es más cortante que toda espada de dos filos", y es capaz de penetrar las partes más íntimas y secretas del ser humano, "discerniendo los pensamientos y las intenciones" del ser inmaterial, la persona interna eterna (el corazón). El Espíritu Santo utiliza estos atributos de la Palabra de Dios para producir convicción de pecado y fe en Jesús. La Santa Palabra de Dios lleva en si el poder del Espíritu Santo para infundir el nuevo nacimiento en el corazón de los pecadores y para santificarlos y traerlos a madurez espiritual. Veamos algunos ejemplos concretos del poder dador de vida de la Palabra de Dios y el papel que ella juega en la salvación del hombre.

El Papel de la Biblia en la Salvación de un Etíope

El libro de los Hechos nos relata la historia de un viajero que iba leyendo el libro del profeta Isaías; pero el viajero no entendía lo que leía. Él estaba triste y ansioso de conocer el significado de Isaías Capitulo 53, pero no había nadie quien pudiera ayudarle. Sin embargo, Dios miró dentro del corazón del etíope y miró el deseo intenso que este tenía de conocerle. El apóstol Santiago exhorta, "Acercaos a Dios y Él se acercara a vosotros" (Santiago 4:8b VRV). De manera que cuando una persona busca o se acerca a Dios, Dios se acercará a él. Consecuentemente:

"Un ángel del Señor habló a Felipe, diciendo: Levántate y ve hacia el sur, por el camino que desciende de Jerusalén a Gaza, el cual es desierto. Entonces se levantó y fue. Y sucedió que un etíope, eunuco, funcionario de Candace reina de los etíopes, el cual estaba sobre todos sus tesoros, y había venido a Jerusalén para adorar, volvía sentado en su carro, leyendo al profeta Isaías, y dijo: ¿Pero entiendes lo que lees? Él dijo: ¿Y cómo podré, si alguno no me enseñare? Y rogó a Felipe que subiese y se sentará con él. El pasaje de la Escritura que leía era éste: Como oveja a la muerte fue llevado; Y como cordero mudo delante del que lo trasquila, Así no abrió su boca. En su humillación no se le hizo justicia; Mas su generación, ¿quién la contará? Porque fue quitada de la tierra su vida. Respondiendo el eunuco, dijo a Felipe: Te ruego que me digas: de quién dice el profeta esto, ¿de sí mismo o de algún otro? Entonces Felipe, abriendo su boca, y comenzando desde esta escritura, le anunció el evangelio de Jesús" (Hechos 8:26–35 VRV).

Dios guío el Etíope a que leyera específicamente un capítulo en el libro de "Isaías el profeta", el cual habla del Mesías Rey quien, después de aparecer en el mundo en condiciones pobre, fue humillado, aborrecido, rechazado y linchado por aquellos a quienes vino a salvar. En su profecía, el profeta Isaías declaró que el Mesías Jesús sería "herido por nuestras rebeliones, molido por nuestros pecados" y castigado por "nuestra paz...más Jehová cargo en él, el pecado de todos nosotros" (Isaías 53:3–7). De manera que de acuerdo a esta profecía, Jesucristo estuvo destinado a llevar todo el pesar y los dolores (sufrimientos) de la humanidad pecadora. El Señor Jesús debía morir como un substituto de la ira de Dios por los pecados del mundo, para que aquellos que creen en El puedan ser reconciliados con Dios. Por lo tanto, Dios le revelo al Etíope que la mismas heridas que fueron la causa de la muerte de Jesús, salvarían a todos aquellos por quienes el murió como substituto. Con respecto a la muerte de Cristo como un substituto, el apóstol Pablo declaró, "Al que no conoció pecado, por nosotros lo hizo pecado, para que nosotros fuésemos hechos justicia de Dios en él". (2Corintios 5:21 VRV). Cuando Jesús murió en la Cruz como el substituto por nuestros pecados, aunque El nunca pecó, Dios lo trató como si Él hubiera cometido todos los pecados de cada persona que cree en Él, de manera que Dios pudiera imputar a los creyentes la justicia de Cristo y tratarlos como si nunca hubieran pecado.

Es de interés notar la secuencia de eventos que ocurrieron a medida que Dios preparaba el camino para Él revelarse a sí mismo a un eunuco Etíope en una carretera remota y solitaria:

El Espíritu Santo condujo el eunuco hacia el Mesías Jesús tal como es revelado en la profecía de Isaías Capitulo 53.

Un ángel hizo a Felipe consciente del hecho de que este hombre estaba en una carretera remota y solitaria y necesitaba ayuda para entender la palabra de Dios.

De manera milagrosa, el "Espíritu" Santo trajo a Felipe cerca del carruaje donde el etíope estaba leyendo.

Felipe le declaró el evangelio de Cristo "Empezando" con esta "Escritura" en Isaías Capitulo 53.

Como resultado de todo ello, el etíope acepto a Cristo como Señor y Salvador personal y fue bautizado.

Felipe no predicó acerca de los sacramentos de la iglesia, sino que "comenzando desde esta escritura, le anunció el evangelio de Jesús". Como un ministro fiel del "evangelio" (Romanos 1:16), Felipe guío al eunuco a través del mensaje de salvación tanto en el Antiguo como en el Nuevo Testamento. La Iglesia recibió el mandamiento de proclamar el mensaje de salvación exclusivamente por gracia, por medio de la fe en Cristo. Por lo tanto, el mensaje que Felipe compartió con el etíope fue un mensaje centrado en Cristo y basado exclusivamente en la autoridad de las Escritura, no en los sacramentos, dogmas, ritos y las tradiciones de la Iglesia Católica Romana.

Parece que durante la presentación del evangelio, cuando Felipe dijo, "el que cree y es bautizado, éste será salvo" (Marcos 16:16), el etíope inmediatamente interrumpió diciendo, "He aquí agua, ¿qué impide que yo sea bautizado?". Felipe respondió, "Si crees de todo corazón, bien puedes". El eunuco respondió, "Creo que Jesucristo es el Hijo de Dios" (Hechos 8:37 VRV). "De todo corazón" significa con todo tu ser interior, lo cual incluye la mente, la voluntad y motivación. Por lo tanto, solo después de que el etíope hizo una declaración de fe y decidió entregar su vida al Señorío de Cristo, "descendieron ambos al agua, Felipe y el eunuco, y le bautizó" (Hechos 8:38 VEV).

El Papel de la Biblia en la Salvación de Cornelio

"Había en Cesárea un hombre llamado Cornelio, centurión... piadoso y temeroso de Dios con toda su casa, y que hacía muchas limosnas al pueblo, y oraba a Dios siempre...Envía, pues, ahora hombres a Jope, y haz venir a Simón, el que tiene por sobrenombre Pedro...él te dirá lo que es necesario que hagas". (Hechos 10:1–6 VRV).

Cornelio estaba buscando salvación por medio de la consistencia de una vida dedicada a la práctica de oración y "muchas limosnas", pero no podía encontrarla en estas buenas obras. Aunque nadie se ha ganado la salvación por medio de buenas "obras", en el caso de Cornelio el ángel dijo, "Tus oraciones y tus limosnas han subido para memoria delante de Dios" (Hechos 10:4 VRV). Dios vio en las acciones de Cornelio un hombre que estaba sinceramente buscándolo a través de su religiosidad.

Es importante notar que aunque las "obras de justicia" (Tito 3:5) que Cornelio estaba practicando eran sinceras, ellas jamás podrían darle salvación. Siendo que el hombre no puede ser salvo por medio de la práctica de piedad religiosa, buenas obras y rituales, Cornelio estaba en el camino equivocado para obtener salvación. Aún si fuera cierto que "todos los caminos conducen a Roma," en los asuntos relacionados a la salvación del hombre, es absolutamente verdad que hay un sólo camino que lleva a Dios. Por lo tanto, a pesar de que todas las cosas que Cornelio estaba haciendo eran buenas, el camino de las "buenas obras" y "obras de justicia" nunca lo llevarían a Dios. De manera que Dios envió un ángel para guiar a Cornelio al único camino que conduce a la salvación, el cual es Jesús.

Las instrucciones del ángel fueron cortas y sencillas: "Envía, pues, ahora a Jope, y haz venir a Simón, el que tiene por sobrenombre Pedro...él te dirá lo que es necesario que hagas" (Hechos 10:5–6 VRV). El ángel no dijo, llama un sacerdote y confiesa tus pecados, o bautízate y toma la santa comunión o Eucaristía. De hecho, refiriéndose a Pedro, el ángel le dijo a Cornelio, "él te hablará palabras por las cuales serás salvo tú, y toda tu casa" (Hechos 11:14 VRV). Si, la salvación es gratis, pero los hombres deben hacer "lo que es necesario", o lo que Dios dice que debemos hacer para ser salvos. Una vez que los mensajeros localizaron a Pedro, ellos contaron que Cornelio había sido divinamente instruido "por un santo ángel para hacerte venir a su casa para oír tus palabras" (Hechos 10:22 VRV). Ningún pecador será jamás salvo en sus propios términos. El pecador debe hacer exactamente como Dios ha instruido con respecto al camino de la salvación. Cornelio estaba supuesto a "oír" de Pedro, "lo que es necesario que hagas." En otras palabras, Pedro le "dirá a (Cornelio) lo que es necesario que hagas" para ser salvo. El método de salvación nunca ha sido opcional. Es "necesario" que el pecador "haga" lo que Dios dice, para poder ser salvo y eso no significa seguir los sacramentos o el dogma de la Iglesia Católica, sino la palabra de Dios. Cornelio le puso mucha atención a la palabra viviente de Dios que Pedro le expuso. Es curioso que Pedro—siendo el primer papa como lo afirma la Iglesia Católica Romana—a él no se le ocurriera hablar acerca de los dogmas y sacramentos de la iglesia, sino que declaró el mensaje no adulterado del "evangelio de Cristo". Cuando Pedro finalmente llegó a la casa de Cornelio, esto es lo que él dijo:

> "En verdad comprendo que Dios no hace acepción de personas, sino que en cada nación se agrada del que le teme y hace justicia" (Hechos 1:34–35 VRV).

Al leer el versículo de arriba, cualquier miembro del clero podría decir, ¡Ahí está, "en toda nación se agrada del que teme y hace justicia". La palabra "agrada" como se usa aquí, en griego significa "marcado por una manifestación favorable del placer divino", lo cual es consistente con la afirmación del ángel: "Cornelio, tu oración ha sido oída, y tus limosnas han sido recordadas delante de Dios." (Hechos 10:31 VRV). Esto es también consistente con el significado de la palabra gracia. Como resultado de la 'manifestación favorable del placer divino,' lo cual no es otra cosa sino gracia, Dios envió su ángel para traer a Cornelio al camino correcto de la salvación que es en Cristo Jesús. Es como si Dios le hubiera dicho a Cornelio:

> "Cornelio, lo que tú has estado haciendo nunca será suficiente para salvarte. Sin embargo, Yo he visto la sinceridad de tu piedad y los esfuerzos que estás haciendo para encontrarme. Por lo tanto, Yo te traeré hacia Mí. Envías a buscar a Pedro y él te dirá lo que te es "necesario hacer" para ser salvo; énfasis añadido.

Recordemos que la piedad que Cornelio practicaba no envolvía ninguna creencia extraña en Dios, ni ninguna práctica idólatra. Todo lo contrario, él era un buen hombre, que estaba viviendo una vida de justicia exterior, oraciones y la práctica de limosnas. Todas estas prácticas religiosas estaban prescriptas en la ley de Moisés. Sin embargo, aunque el practicaba una buena religión, él era todavía un pecador en necesidad de salvación. Ningún pecador encontrará salvación a través de una religión. Los pecadores no serán salvos a menos que tenga fe en la muerte y resurrección de nuestro Señor Jesús, no importa cuán religiosa, piadosa y devota sea la persona. Como muchas personas, Cornelio fue también un hombre muy religioso, pero perdido como tantos millones de personas alrededor del mundo que practican una religión pero no han tenido una experiencia personal de salvación con Cristo.

¿Qué era aquello tan importante que Pedro debía compartir con Cornelio? Las siguientes son las palabras que Pedro le declaro a Cornelio y a todos los que estaban en su casa:

> "Entonces Pedro, abriendo la boca, dijo: En verdad comprendo que Dios no hace acepción de personas, sino que en toda nación se agrada del que le teme y hace justicia. Dios envió mensaje a los hijos de Israel, anunciando el evangelio de la paz por medio de Jesucristo; éste es Señor de todos. Vosotros sabéis lo que se divulgó por toda Judea, comenzando desde Galilea, después del bautismo que predicó Juan: cómo Dios ungió con el Espíritu Santo y con poder a Jesús de Nazaret, y cómo

éste anduvo haciendo bienes y sanando a todos los oprimidos por el diablo, porque Dios estaba con él. Y nosotros somos testigos de todas las cosas que Jesús hizo en la tierra de Judea y en Jerusalén; a quien mataron colgándole en un madero. A éste levantó Dios al tercer día, e hizo que se manifestase; no a todo el pueblo, sino a los testigos que Dios había ordenado de antemano, a nosotros que comimos y bebimos con el después que resucitó de los muertos. Y nos mandó que predicásemos al pueblo, y testificásemos que él es el que Dios ha puesto por Juez de vivos y muertos. De éste dan testimonio todos los profetas, que todos los que en él creyeren, recibirán perdón de pecados por su nombre". (Hechos 10:34–43 VRV).

Un análisis minucioso del contenido del mensaje que Pedro predicó en la casa de Cornelio revela que el declaró que el Señor Jesús es nuestra paz. Los pecadores pueden ser reconciliados con Dios por medio de Jesucristo y como resultado tienen paz con Él (Efesios 2:14–18). Pedro declaró que por medio de Su muerte expiatoria Jesús pagó el precio por el pecado de la humanidad para que el hombre pueda tener paz para con Dios.

Pedro además declaró que en el bautismo de Jesús, Dios testificó que Él es Su Hijo amado, ungido con el Espíritu Santo para Su misión salvadora. Pedro le dijo a Cornelio que el día que Juan bautizó al Señor Jesús, Dios lo ungió con el Espíritu Santo, el cual descendió sobre Él en forma de paloma, proveyendo testimonio de que Jesús es el Hijo amado de Dios y el Mesías Salvador. También habló Pedro de cómo Jesús después de Su ungimiento "anduvo haciendo bienes y sanando enfermedades" como prueba de que Él es aquel profetizado en Isaías 61:1–2 y citado en Lucas 4:16–19.

Pedro le declaró a Cornelio que todos los apóstoles, incluyendo a Pedro fueron todos testigos de la deidad (divinidad) y de Sus poderes milagrosos. En Hechos 10:39 Pedro declaró que esta historia no era una fábula, sino un hecho real que podía ser corroborado con los otros apóstoles porque ellos también fueron "testigos de todas las cosas que Jesús hizo en la tierra de Judea y en Jerusalén". Aún más, Pedro habló acerca de los muchos milagros que Jesús realizó y del poder que El demostró sobre la naturaleza, la muerte, enfermedades y Satanás y sus demonios.

Pedro declaró que el Señor Jesús fue el sacrificio perfecto ofrecido en la Cruz por nuestros pecados. Es importante notar que después que Pedro habló acerca del precio que Jesús pagó por nuestros pecados, y como Jesús fue ungido con el Espíritu Santo y realizó todos los milagros que fueron presenciados por todos los apóstoles, el entonces añadió, "a quien mataron colgándole en un madero". Pedro presentó el contraste entre la bondad de Cristo y la maldad de los hombres. Sin embargo, Pedro aclaro que Jesús no murió en la Cruz como una víctima de la maldad de los hombres, sino como un acto de la voluntad soberana de Dios quien lo ofreció en la Cruz como "el Cordero de Dios que quita el pecado del mundo" (Juan 1:29 VRV), "para que todo aquel que en Él cree, no se pierda, más tenga vida eterna" (Juan 3:16b VRV). Y es probable que Pedro también utilizo Isaías Capitulo 53 para mostrar que el Señor Jesús murió en la Cruz, en cumplimiento literal de la palabra profética de Dios. Pedro declaró que cuando Satanás pensó que se había deshecho del Señor Jesús, matándole en la Cruz tan injustamente, "A éste levantó Dios al tercer día, e hizo que se manifestase a los testigos que Dios había ordenado de antemano, a nosotros que comimos y bebimos con Él después que resucitó de los muertos" (Hechos 10:41–42 VRV). Por Su muerte en la Cruz el Señor Jesús derrotó la muerte y también trajo a la luz la inmortalidad y la vida eterna. Debido a la muerte y resurrección de Jesucristo, inmortalidad y vida eterna es ahora una realidad incalculable, para aquellos que creen en Él. Por lo tanto, debido a la muerte y resurrección de Cristo, Satanás, el infierno y la muerte misma fueron derrotados para siempre de un solo golpe. Debido a que "A éste levantó Dios al tercer día" y vive para siempre, "vosotros también viviréis" (Juan 14:19). Debido a que Cristo murió y resucitó, nosotros podemos depositar toda nuestra confianza en Su promesa:

> "Yo soy la resurrección y la vida, el que cree en mí, aunque este muerto vivirá. Y todo aquel que vive y cree en mí, no morirá eternamente" (Juan 1:25–26 VRV).

Pedro también declaró que todos aquellos que mueren creyendo en Él vivirán otra vez. Por lo tanto, los creyentes en Cristo ya no deben temer la muerte. Aun hoy, ese es todavía un poderoso mensaje. Pedro le dijo a Cornelio que la resurrección de nuestro Señor Jesucristo al tercer día fue un hecho que él podía verificar por sí mismo. A pesar de que el Señor Jesús no se manifestó "a todo el pueblo", Él sin embargo se manifestó "a los testigos que Dios había ordenado de antemano, a nosotros que comimos y bebimos con el después que resucitó de los muertos". El Señor Jesús se manifestó sólo a Sus discípulos y otros creyentes. El apóstol Pablo proveyó una lista con el orden en el cual el Señor Jesús apareció a la gente que Dios escogió "de antemano":

> "Y que apareció a Cefa, y después a los doce. Después apareció a más de quinientos hermanos a la vez, de los cuales muchos viven aún, y otros ya duermen. Después apareció a Jacobo; después a todos los apóstoles; y al último de todos, como a un abortivo, me apareció a mí" (1Corintios 15:5–8 VRV).

En su mensaje a Cornelio Pedro declaro que después de Su muerte y resurrección, el Señor Jesús le dio la gran comisión a Su discípulos (Mateo 28:19–20). Por lo tanto, los creyentes tienen la obligación de predicar la santa Palabra de Dios, el evangelio, no la tradición, ni los sacramentos, ni el dogma de la iglesia, "sino a Jesucristo y a éste crucificado" (1corintios 2:2 VRV). Aún más, Pedro le dijo a Cornelio que el Señor Jesús ha sido designado por Dios para juzgar "a los vivos y a los muertos." Pedro declaró que en virtud de Su victoria sobre la muerte, el pecado, Satanás, y el mundo, "Dios le ha puesto por Juez de vivos y muertos". Por lo tanto, el Señor Jesús es el Rey y Juez del universo:

> "Por lo cual Dios también le exaltó hasta lo sumo, y le dio un nombre que es sobre todo nombre, para que en el nombre de Jesús se doble toda rodilla de los que están en los cielos, y en la tierra, y debajo de la tierra; y toda lengua confiese que Jesucristo es el Señor, para gloria de Dios Padre" (Filipenses 2:9–11 VRV).

Era el deber de Pedro y nuestro, decirle a Cornelio y a toda la humanidad, que los hombres pueden burlarse de Jesús, ignorarlo, y rechazarlo, o ellos pueden someter sus vidas a Él como Señor y Rey. Pero cuando todo se haya dicho y hecho, cada hombre tendrá que enfrentar al Señor Jesús, como Juez, o como Salvador, pero ellos no podrán escapar Su poder y autoridad suprema (Apocalipsis 20:11–15).

Al final de su disertación a Cornelio, Pedro dijo, "De este dan testimonio todos los profetas, que todos los que en el creyeren, recibirán perdón de pecados por su nombre (Hechos 10:43 VRV). De una manera u otra, el Viejo Testamento da testimonio de que la remisión de pecados sería posible sólo por medio de la fe en la muerte expiatoria del Señor Jesús. Pedro define salvación como poniendo la confianza de uno solamente en Cristo para la remisión de pecados. Por lo tanto, el mensaje de Pedro fue consistente con la verdad bíblica de que "en ningún otro hay salvación; porque no hay otro nombre bajo el cielo dado a los hombres en quien podamos ser salvos" (Hechos 4:12 VRV). Recuerda, Cornelio esperaba oír de Pedro, "tus palabras" y Pedro, por el otro lado le diría a Cornelio "lo que es necesario que hagas" para ser salvo. Consecuentemente, Dios trajo a Pedro donde Cornelio y su familia, para que ellos pudieran oír directamente de sus labios, el plan de salvación. ¿Cuál fue el mensaje que Pedro les declaró? Fue un mensaje Cristo céntrico y sencillo, pero lleno del Espíritu Santo y apoyado totalmente en las Sagradas Escrituras. Evidentemente, el mensaje apostólico todavía no había sido diluido, ni contaminado con la tradición, los sacramentos y los ritos de la Iglesia Católica Romana. Como resultado del poder del mensaje del evangelio puro, algo extraordinario sucedió:

> "Mientras hablaba Pedro estas palabras, el Espíritu Santo cayó sobre todos los que oían el discurso…Y mandó bautizarles en el nombre del Señor Jesús. Entonces le rogaron que se quedase por algunos días". (Hechos 10:44, 48 VRV).

En ninguna parte de esta historia, ni en ninguna parte en el Nuevo Testamento se indica que el apóstol Pedro, ni ninguno de los otros apóstoles alguna vez sugirieran que el bautismo, o los dogmas de la iglesia pueden salvar los pecadores. De la historia de Cornelio nosotros aprendemos que el pecador puede ser salvo sólo por gracia, por medio de la fe en la muerte sacrificial y la resurrección de nuestro Señor Jesucristo. Cualquier cosa añadida a esta verdad es una perversión del mensaje de salvación basada en gracia sola, por medio de la fe sola en Cristo solo. Cornelio "necesitaba" oír el mensaje del evangelio, no porque él era centurión, "varón justo y temeroso de Dios, y que tiene buen testimonio en toda la nación de los judío" (Hechos 10:22 VRV), sino porque él estaba confiando o dependiendo en las obras de justicia para su salvación personal. Cornelio necesitaba oír el mensaje de salvación, el cual establece que el pecador es salvo por fe en el sacrificio expiatorio de Cristo en la Cruz del Calvario independientemente de algún mérito u obra de justicia que nosotros hayamos hecho. Cornelio necesitaba oír la declaración divina que establece que el pecador es salvo únicamente en la base de lo que el Señor Jesús hizo en la Cruz—en nuestro favor—cuando "estabais muertos en vuestros delitos y pecados" (Efesios 2:1), e incapaces de hacer algo que nos hiciese ganar, o merecer la salvación. Esa es también la razón por la que la gran comisión fue dada a la Iglesia, de manera que los pecadores tengan la oportunidad de oír las buenas nuevas de que salvación es por gracia, por medio de la fe en Cristo solo.

El Papel de la Biblia en la Salvación de un Carcelero

La historia de la salvación de este carcelero nos dice que una noche mientras Pablo y Silas estaban en cárcel, ellos evitaron que el carcelero tomara su propia vida. El carcelero fue movido por las acciones de estos dos hombres que fueron traídos a la prisión después de "azotarles con varas…Después de haberlos azotado mucho, los echaron en la cárcel, mandando al carcelero que los guardase con seguridad" (Hechos 16:22–23 VRV). Consecuentemente, creyendo que estos hombres eran criminales notorios, y recibiendo tales órdenes, el carcelero:

> "Los metió en el calabozo de más adentro, y les aseguró los pies en el cepo. Pero a medianoche, orando Pablo y Sílas, cantaban himnos a Dios; y los presos lo oían. Entonces sobrevino de repente un gran terremoto, de tal manera que los cimientos de la cárcel se sacudían; y al instante se abrieron todas las puertas, y las cadenas de todos se soltaron. Despertando el carcelero, y viendo abiertas las puertas de la cárcel, sacó la espada y se iba a matar, pensando que los presos habían huido. Más Pablo clamó a gran voz, diciendo:

No te hagas ningún mal, pues todos estamos aquí. Él entonces, pidiendo luz, se precipitó adentro, y temblando, se postró a los pies de Pablo y de Sílas; y sacándolos, les dijo: Señores, ¿qué debo hacer para ser salvo?" (Hechos 16:24–30 VRV).

No me sorprende el hecho de que Dios envió Sus mensajeros a esa cárcel para salvar un hombre que de otra manera hubiera sido difícil de alcanzar. Y no hay dudas de que, siendo él uno de los elegidos para salvación, las acciones de Pablo y Sílas lo movieron profundamente, porque ellos estaban "orando" y "cantaban himnos a Dios" en medio del dolor causado por los azotes. También fue movido el carcelero porque ellos evitaron que él se quitara su vida. Los incrédulos podrán argumentar y refutar muchos de los mensajes predicados en los templos cristianos y en la televisión, pero no hay argumento en contra de una fe que es congruente con el estilo de vida. El carcelero no fue movido tanto por las palabras de Pablo y Sílas como lo fue por el testimonio de ellos durante las pocas horas que compartieron con otros en la cárcel. Y es de eso precisamente de lo que se trata el verdadero Cristianismo; un estilo de vida que es congruente con el mensaje de amor y justicia. Es una gran maldad como cristianos decir que amamos la humanidad y representamos a Dios, pero no hacemos nada para procurar la salvación de la humanidad perdida, especialmente de aquellos que nos odian y nos hieren.

Profundamente movido por la acciones de Pablo y Sílas, el carcelero "pidiendo luz, se precipitó adentro, y temblando, se postró a los pies de Pablo y Sílas; y sacándolos, les dijo: Señores, ¿qué debo hacer para ser salvo?". Se debe notar que el carcelero no preguntó, "Señores, ¿qué creen ustedes que yo podría hacer para ser salvo?" El hizo la pregunta correcta en la forma correcta "¿qué debo hacer para ser salvo"? La palabra "debo hacer" es la palabra que la versión King James en Ingles traduce "must do". La palabra "debo", o "must" no deja abierta la posibilidad de otra opción. El carcelero estaba dispuesto a hacer lo que todo pecador "debe hacer" para ser salvo. ¿Estás tú dispuesto a hacer lo que Dios dice que "debes hacer" para ser salvo sin presentar excusas? Que el Señor nos ayude a entender el hecho de que los pecadores no pueden ser salvos, ni serán salvos en sus propios términos, o simplemente siguiendo la opinión de su propia religión o iglesia. Si quieres ser salvo, "debes hacer" exactamente lo que en Su santa palabra Dios nos pide que hagamos para ser salvos, no lo que la iglesia, o el papa, o el sacerdote te dice, o te pide que hagas. La Biblia dice que para que los pecadores sean salvos, ellos "deben" arrepentirse y por fe aceptar la salvación como un regalo de Dios por medio de la fe en Cristo.

"Pablo y Sílas le dijeron al carcelero, "Cree en el Señor Jesucristo, y serás salvo tú y tu casa. Y le hablaron la palabra del Señor a él y a todos los que estaban en su casa. Y él, tomándolos en aquella misma hora de la noche, les lavó las heridas; y en seguida se bautizó él con todos los suyos. Y llevándolos a su casa, les puso la mesa; y se regocijó con toda su casa de haber creído en Dios". (Hechos 16:31–34 VRV).

¿Qué es lo que el carcelero "debía hacer para ser salvo"? El "debía" creer en el Señor Jesús. El creyó en el Señor Jesús "y se regocijo con toda su casa de haber creído en Dios", por lo tanto él fue salvo por haber puesto su fe en Cristo. Note el papel que la palabra de Dios jugo en la salvación del carcelero: "Y le hablaron la palabra del Señor a él y a todos los que estaban en su casa." En este caso se comprueba que ciertamente, "la fe es por el oír, y el oír, por la palabra de Dios" (Romanos 10:17 VRV). Debemos ser cuidadosos de que cuando procuremos traer personas a los pies de Cristo, no substituyamos la proclamación de "la palabra del Señor". Recordemos que proselitismo sin convicción en "la palabra del Señor" y fe personal en el Señor Jesús solo produce cristianos nominales, los cuales se añaden a la membrecía de una iglesia, sin ser salvos.

Por el otro lado vemos que "la palabra del Señor…el evangelio, es poder de Dios para salvación a todo aquel que en Él cree" (Romanos 1:16 VRV). Debemos recordar que la razón por la que el carcelero y los suyos creyeron en el Señor Jesús, fue porque Pablo y Sílas "le hablaron la palabra del Señor a él y a todos los que estaban en su casa." Cuando "la palabra del Señor" es proclamada, el Espíritu Santo libera Su poder divino para traer convicción de pecado y fe en el Señor Jesús. Solo el poder del Espíritu Santo y la Palabra de Dios logran lo que la religión y los sacramentos de la iglesia nunca podrían. Así que como vemos, la salvación del hombre y la proclamación del evangelio de Cristo van mano a mano.

Posición Bíblica versus la Posición Católica del Bautismo

Muchos usan el bautismo de Cornelio y del carcelero para argumentar en contra del bautismo por inmersión. Algunos argumentan que debido a las circunstancias, Cornelio y el carcelero no pudieron haber sido bautizados por inmersión (en una casa y en una prisión). Este argumento revela la falta de fe y confidencia que los creyentes debemos siempre tener en la Palabra de Dios. La Biblia dice que ambos Cornelio y el carcelero fueron bautizados (por inmersión) y nosotros debemos creerlo.

De las historias del etíope eunuco, Cornelio y el carcelero nosotros aprendemos que el pecador debe primero oír el mensaje de "la palabra del Señor" y luego responder a ella en arrepentimiento y fe en el Señor Jesús para poder ser salvo. Nosotros también aprendemos que el bautismo debe ser administrado por inmersión, y solo a adultos que han hecho una decisión consciente de arrepentirse y creer en el Señor Jesús como Salvador. Aún más, basado en las historias de la conversión y bautismo del etíope, Cornelio y el carcelero, nosotros podemos inferir que el bautismo de infantes es una herejía y un concepto extraño que es contrario a la enseñanza general y la práctica bíblica del bautismo.

De acuerdo a la enseñanza de la Iglesia Católica Romana, "Bautismo es la puerta a la vida espiritual". De acuerdo a esta afirmación, una persona es salva únicamente por medio del "Sacramento de Iniciación o Bautismo", a la cual se le llama, "la conversión primera y fundamental" (Catecismo de la Iglesia Católica, p. 329–1427). Es también de interés notar que en uno de los decretos que emanaron del Concilio de Florencia (1438–1439), el Papa Eugenio IV (1383–1447) decreto que:

> "El Santo Bautismo mantiene el primer lugar entre los sacramentos, porque es la puerta a la vida espiritual; porque por medio de él nosotros somos hechos miembros de Cristo e incorporados en la Iglesia".

El Catecismo de la Iglesia Católica también habla de "la segunda conversión", la cual en sus propias palabras es:

"La conversión que busca la santificación y la vida eterna a la cual el Señor no cesa de llamarnos…Esta segunda conversión es una tarea ininterrumpida para toda la Iglesia que "recibe en su propio seno a los pecadores" (Catequismo de la Iglesia Católica, p. 329–1426, 1428).

Podría ser que te preguntes ¿es el bautismo de infantes valido? De acuerdo a la Biblia, para que el bautismo sea válido, este debe ser seguido de la experiencia de salvación. En otras palabras, un candidato a bautismo debió primero haber creído que salvación es por fe en Cristo solo. Además, de acuerdo a la Biblia, un pecador es nacido del Espíritu cuando él se arrepiente de sus pecados y cree en Jesús como Señor y Salvador personal. De acuerdo a la enseñanza bíblica y a las historias de las conversiones que hemos considerado en este capítulo, una persona llega a ser cristiana antes de bautizarse, es decir, después de recibir a Cristo en su corazón. De acuerdo a la enseñanza y ejemplos bíblicos, los pecadores primero tienen que ser salvos para luego ser bautizados. Los pecadores son primero salvos cuando ellos se arrepienten, confiesan sus pecados y entregan sus vidas al Señor Jesús. No hay un solo caso en la Biblia que podamos tomar como modelo para creer que bautismo determina la salvación de una persona. Todo lo contrario, lo que nosotros encontramos en la enseñanza bíblica es que salvación determina si una persona debe o no ser bautizada. Esa es la esencia del último mandamiento que el Señor Jesús les dio a Sus discípulos inmediatamente antes de su asunción al cielo:

"Id por todo el mundo y predicad el evangelio a toda criatura. El que creyere y fuere bautizado, este será salvo; más el que no creyere, será condenado" (Marcos 16:15–16).

De acuerdo a la porción bíblica de arriba, es el creer (fe en Cristo), o no creer (incredulidad) lo que salva o condena a una persona, no el bautismo. El Señor Jesús es el Salvador, no el agua del bautismo. Sin embargo, de acuerdo al Catolicismo Romano, el "bautismo es la puerta a la vida espiritual", o "el Sacramento de Iniciación." La Iglesia Católica le llama al bautismo el "Sacramento de Iniciación" porque de acuerdo a esta herejía, la "vida espiritual", o el nuevo nacimiento se inicia con el rito del bautismo (mayormente de infantes). De manera que para los católicos Romanos, la vida espiritual, o vida cristiana empieza con el bautismo:

> "El santo Bautismo es el fundamento de toda la vida cristiana, el pórtico de la vida en el espíritu ("vitae spiritualis ianua") y la puerta que abre el acceso a los otros sacramentos. Por el Bautismo somos liberados del pecado y regenerados como hijos de Dios, llegamos a ser miembros de Cristo y somos incorporados a la Iglesia y hechos participes de su misión (cf Cc. De Florencia: DS1314; CIC can. 204, 1; 849; CCEO 675, 1): "Baptismus est sacramentum regenerationis per aquam in verbo" ("El Bautismo es el sacramento del nuevo nacimiento por el agua y la palabra", Cath. R. 2, 2, 5) (Catecismo de la Iglesia Católica, p. 284-1213).

Nosotros no encontramos nada en la Biblia que pudiera indicar que los apóstoles de Jesús, o algunos de los líderes de la Iglesia primitiva alguna vez creyó que "el bautismo es la puerta a vida espiritual", o que bautismo solo salva al pecador como lo asegura el falso Cristianismo. No hay fundamento en toda la Biblia para esta herejía descabellada. El único bautismo que la Biblia reconoce es el bautismo por inmersión en agua después de un compromiso personal de seguir a Jesucristo como Señor y Salvador. Bautismo es sencillamente la representación gráfica exterior de la experiencia interior de la salvación de una persona.

De acuerdo a la Biblia, la etimología misma de la palabra bautismo significa que a menos que la práctica del bautismo sea por inmersión en agua, esta no constituye bautismo en lo absoluto. Supongamos que uno de tus amigos te dice, "Mi hermano y yo fuimos juntos a explorar el Amazona en Brasil. Mi hermano se enfermó repentinamente y murió cuando estábamos bien lejos adentro de la selva. Aunque yo no tenía acceso a una pala para cavar un holló de seis pies de profundidad en la tierra, de todos modos me las ingenie para sepultarlo. A medida que escuchas la historia, tu empiezas a dudar que tu amigo realmente sepulto su hermano apropiadamente porque "no tuvo acceso a una pala". Tu amigo probablemente improviso herramientas rudimentarias con un cuchillo, o machete, lo cual le permitió hacer un hoyo en la tierra lo suficientemente hondo como para sepultar su hermano. Puede ser que tu amigo no pudo cavar un hoyo de seis pies de profundidad, pero sí pudo cavar un hoyo de tres pies de profundidad con los medios que tuvo a su disposición. Puede ser también que tu amigo colocó algunas piedras y rocas encima de la tumba para protegerla de los animales. El hecho es que tu amigo sepultó su hermano. En este caso, etimológicamente no hay otra forma de tomar la interpretación del verbo "sepultar", que no sea, "poner bajo la tierra".

De la misma manera, cuando la Biblia afirma que alguien fue bautizado, no hay otra forma de tomar el significado de la palabra que no sea "sumergido, puesto debajo y completamente cubierto por el agua". Hace algún tiempo yo mire una de esas películas viejas acerca de la vida y ministerio de nuestro Señor Jesús en la Tierra. Una de las escenas muestra a Juan el Bautista, bautizando a muchas gentes—incluyendo al Señor Jesús—en el rio Jordán. La película muestra a Juan vaciando agua encima de la cabeza del Señor Jesús con una vasija, mientras ambos Juan y Jesús permanecen parados en medio del rio. Por supuesto esta es una representación Católica Romana bien adulterada de la representación bíblica de lo que debe ser el bautismo Cristiano. De acuerdo a la práctica bíblica de bautismo, la única forma de bautismo aprobada por la Biblia es el bautismo por inmersión en agua, de lo contrario no debe ser llamada bautismo.

¿Existe alguna otra alternativa válida al bautismo por inmersión? Tal como ya hemos señalado, la única forma de bautismo reconocida y practicada en la Biblia es el bautismo por inmersión en agua, de aquellos que han hecho una profesión de fe en el Señor Jesús. La etimología y el significado de la palabra Griega para bautismo es "Sumergir", poner debajo del agua. No hay nada en la Biblia que pudiera sugerir que existe alguna otra manera de bautizar a un creyente que no sea por inmersión. Supongamos que tu doctor te dice, "disuelve en agua una tableta de esta medicina y tómala por la mañana, una hora antes de comer, durante diez días". Tú no deberías buscar métodos alternativos para ingerir el medicamento. Tomar significa una sola cosa: Disuelve la tableta en agua, ponla en tu boca y trágala; repite esta acción, todas las mañanas, antes de comer, durante diez días.

De la misma manera, la palabra bautismo significa una sola cosa: Sumergir en agua, o ser completamente cubierto por el agua. Si quieres ser obediente y fiel a la palabra de Dios, tú no debes inventar otras formas alternativas para el bautismo, de lo contrario, no es bautismo. De manera que para que el bautismo tenga validez y significado, este tiene que ser practicado por inmersión en agua y la persona siendo bautizada debe ser un creyente en Cristo. Debe notarse que a pesar de que el Catecismo de la Iglesia Católica reconoce que, el bautismo debe ser por "inmersión," ellos sin embargo han escogido el bautismo por aspersión. La Iglesia Católica Romana claramente reconoce que:

> "Bautizar (baptizein en griego) significa "sumergir", introducir dentro del agua"; la "inmersión" en el agua simboliza el acto de sepultar al catecúmeno en la muerte de Cristo de donde sale por la resurrección con El (cf Rom 6, 3–4; Col 2, 12) como "una nueva criatura" (2 Co 5, 17; Ga 6, 15)" (Catecismo de la Iglesia Católica, p. 284-1214).

Unos cuantos meses después de mi conversión al Señor Jesús, el pastor de la iglesia Evangélica donde asistía me habló de la necesidad de ser bautizado. Yo le dejé saber que ya yo había sido bautizado en la Iglesia Católica Romana a tierna edad. El me introdujo a la enseñanza bíblica relacionada al bautismo de los nuevos creyentes. Yo no entendí que mi bautismo en la Iglesia Católica Romana no tenía ningún valor, ni significado ya que no estuvo basado en mi decisión personal y fe en el Señor Jesús. Desgraciadamente, la iglesia Evangélica en la que me convertí me bautizó por aspersión. De manera que hasta ese momento yo estaba completamente ignorante del hecho de que el único bautismo reconocido en la Biblia es el bautismo por inmersión en agua. El pastor simplemente me dio a elegir si quería ser bautizado por aspersión o inmersión, y lamentablemente, yo escogí bautismo por aspersión. Yo creo que mi antecedente Católico lo hizo más fácil para que yo eligiera bautismo por aspersión.

Sin embargo, dos años después, yo dejé mi ciudad natal para asistir Universidad en el Distrito Nacional. Una vez que empecé la Universidad, yo solicité membrecía en una Iglesia Bautista. Como parte del proceso de solicitud de membrecía, el Pastor Freddy Noble me hizo preguntas acerca de mi experiencia de salvación y bautismo. Yo le explique todo lo relacionado con mi conversión y bautismo. Sin embargo, el Pastor Noble inquirió información específica acerca de mi experiencia de bautismo después de mi conversión. Yo informé que fui bautizado por aspersión en la iglesia Evangélica donde me había convertido.

Después de oír mi historia, el Pastor Noble dijo, "Luis, siento decirte que de acuerdo a la Biblia, todavía tú no has sido bautizado." Yo me enojé y hasta pensé que la Iglesia Bautista estaba poniendo obstáculos de manera que mi solicitud de membrecía no fuese aceptada. Yo estaba aferrado a la creencia de que mi bautismo en la iglesia Evangélica debía contar ya que yo había hecho una decisión consciente de arrepentirme de mis pecados y entregar mi vida al Señor Jesús en un acto de pura fe. Sin embargo, el argumento del Pastor Noble fue:

> "Luis, tú puedes llamar tu experiencia de bautismo en la Iglesia Católica Romana y en la iglesia Evangélica como tú quieras, pero por definición, nadie debería llamarla bautismo, porque no lo es."

El Pastor Noble continuo diciendo, "La palabra bautismo significa ser sumergido, ser puesto debajo del agua y completamente cubierto". Me tomó varias semanas de estudio y discusión bíblica con el Pastor Noble, antes de que yo estuviera de acuerdo con la Biblia que rociar agua en la cabeza de alguien, no puede bajo ninguna circunstancia, constituir bautismo. A pesar de que para mí fue duro de aceptar, quedó claro que aunque yo había pasado por dos rituales de lo que aparentaba ser bautismo, todavía yo no había sido bautizado. Más de tres años después de mi experiencia de salvación, finalmente acepte que era necesario que yo fuera bautizado por inmersión en agua. Al fin fui bautizado por inmersión en agua, justamente como el Señor Jesús lo requiere en la Biblia.

¿Cuándo y cómo fuiste tú bautizado? Cuando y como fuiste bautizado determina si fuiste realmente bautizado, o engañado. De acuerdo a la Biblia, bautismo es válido solo cuando la persona bautizada es un creyente, y además es bautizada por inmersión en agua. Por favor no intentes presentarte a Dios con ningún otro argumento, porque te advierto que te será contado como rebelión. No tomes el chance. Un niño puede ser bautizado por inmersión en agua, sólo si él tiene edad suficiente como para entender y aceptar los principios y creencias básicas relacionadas con Dios, el pecado del hombre, la encarnación y muerte de Cristo por nuestros pecados, la gracia de Dios, arrepentimiento y fe en Cristo. Además se debe tomar en cuenta si el niño es capaz de hacer por sí mismo, la decisión consciente y personal de arrepentirse, entregar su vida al Señor Jesús y seguirlo. Estas son cosas que Dios desea que cada pecador haga por sí mismo, ya que nadie más puede hacerlas a favor de otra persona. El evangelio debe ser proclamado para que el pecador lo oiga y responda a él en arrepentimiento y fe. Sólo aquellos que creen en el evangelio deben ser bautizados. El uno sin el otro sólo produce cristianos nominales.

Se debe notar que el bautismo incorpora al creyente a la membrecía de una iglesia local, pero no al cuerpo de Cristo, Su Iglesia universal. De acuerdo a la Biblia, los pecadores son incorporados al cuerpo de Cristo en el momento en que uno se arrepiente y cree en el Señor Jesús para salvación. Esta decisión que incorpora al creyente en el cuerpo universal de Cristo debe envolver la mente, la voluntad y la motivación. Esto no ocurre simplemente por participar en el Sacramento del Bautismo y la Eucaristía, o por aceptar los dogmas de la Iglesia Católica Romana. El Espíritu Santo es el que bautiza o incorpora el creyente al cuerpo de Cristo en el momento en que éste entrega el corazón al Señor Jesús en arrepentimiento y fe.

El acto del bautismo no salva, ni tampoco añade nada a la experiencia personal de salvación de una persona. La creencia en que el bautismo salva, la práctica del bautismo de infantes, la creencia en el bautismo por aspersión no se origina en la Biblia, ni en la tradición de la iglesia primitiva, sino en la teología pervertida del falso Cristianismo. Nosotros no encontramos evidencia en la Biblia que indique que los apóstoles creyeron y practicaron el bautismo de infantes. Todo lo contrario, los ejemplos de bautismo que encontramos en la Biblia son consistente con el hecho de que aquellos que se bautizaban, eran adultos que creyeron en Jesús y se comprometieron a seguirlo, antes del bautismo. Ellos reconocieron que eran pecadores y por gracia aceptaron la salvación como un regalo de Dios, por medio de la fe en Cristo solo.

De acuerdo a la Biblia, el bautismo es sólo para creyentes. Ningún infante puede, ni se espera de él que ejerza fe personal en Cristo antes de llegar a la edad de la responsabilidad. Yo nací y me crié en una familia Católica. Trágicamente, mis padres eligieron la iglesia y la fe a la que yo debía pertenecer antes que yo fuese capaz de ejercer mi fe personal en Cristo. A medida que yo crecía, desarrollé fe en la Iglesia Católica Romana y el credo, pero sin tener una relación personal con el Señor Jesús. Tenía una religión y una iglesia muy reconocida, pero no tenía salvación. A pesar de que era Católico Romano, yo estaba perdido y camino al infierno. Pero el Señor Jesús me sacó de la ignorancia del Catolicismo Romano y me salvó. Por eso ahora tengo una vida llena de gozo y paz, y la seguridad de vida eterna.

Yo experimenté el nuevo nacimiento cuando estaba en el segundo año de la escuela secundaria. Inmediatamente después de mi conversión, yo sentí un hambre insaciable de leer la palabra de Dios. Por primera vez en mi vida tome la Biblia en mi mano y empecé a leerla. Esa fue también la primera vez que sentí un deseo intenso de conocer tanto como pudiera de Dios, la Biblia, y el Señor Jesucristo. Desde entonces, mi sed de saber más y más de la Biblia no se apaga. Curiosamente, el primer libro de la Biblia que yo leí fue el libro de Revelación seguido por el libro de Daniel. Desde el comienzo mismo de mi vida cristiana, el tema de la profecía bíblica se convirtió en mi pasión y llamado. Por supuesto, yo no sabía que Dios me estaba preparando para este día y para todo lo que Él realizará a través de mi otro libro titulado, "El Rapto, El Gobierno Mundial y la Gran Tribulación". Si yo hubiera seguido en la Iglesia Católica Romana, estoy seguro que yo hubiera echado a perder mi vida, mi alma y el llamado que Dios tenía para mí. No sé cómo expresar mi gratitud a Dios por haberme elegido en Cristo Jesús para salvación, desde antes de la fundación del mundo.

¿Es un infante capaz de responder responsablemente al llamado eterno de Dios por medio del evangelio? Sólo aquellos que por fe pueden responder al llamado eterno de Dios por medio del evangelio son candidatos aptos para salvación, bautismo y membrecía en Su cuerpo, la Iglesia. Yo propongo que examinemos la pregunta que el Señor Jesús les hizo a Sus discípulos con relación a quien era Él. Como veremos, una persona que no sabe quién Jesucristo es, no califica para salvación, bautismo, ni membrecía en Su Iglesia:

"Él les dijo: Y vosotros, ¿Quién decís que soy yo? Respondiendo Simón Pedro, dijo: Tú eres el Cristo, el Hijo del

Dios viviente. Entonces respondió Jesús: Bienaventurado eres, Simón, hijo de Jonás, porque no te lo reveló carne ni sangre, sino mi Padre que está en los cielos". (Mateo 16:16–17 VRV).

Las palabras de elogio que el Señor Jesús le dijo a Pedro claramente indican que su confesión, es decir, el conocimiento de que Jesús es el "Cristo, el Hijo del Dios viviente", le fue revelado directamente por el "Padre que está en los cielos". De manera que el conocimiento que permitió que Pedro concluyera con toda certeza que Jesús es "el Cristo, el Hijo del Dios viviente", no vino de ninguna fuente humana, sino de Dios quien eligió revelárselo. Por lo tanto, el conocimiento que trae los "elegidos" a salvación viene directamente de Dios a través de su santa Palabra. Puede que para algunos de los lectores el tema de la predestinación de los creyentes sea difícil de entender o sencillamente inaceptable. Este tema es ampliamente discutido en mi libro titulado "El Rapto, El Gobierno Mundial y la "Gran Tribulación". Sin embargo, lo que el Señor Jesús dijo al respecto es digno de consideración:

> "En aquella misma hora Jesús se regocijo en el Espíritu, y dijo: Te alabo, oh Padre, Señor del cielo y de la tierra, porque escondiste estas cosas de los sabios y entendidos, y las ha revelado a los niños. Si, Padre, porque así te agradó. Todas las cosas me fueron entregadas por mi Padre; y nadie conoce quién es el Hijo sino el Padre, ni quien es el Padre, sino el Hijo, y aquel a quien el Hijo lo quiera revelar" (Lucas 10:21–22 VRV).

> "Todo lo que el Padre me da, vendrá a mí; y al que a mí viene, no le echo fuera…Ninguno puede venir a mí, si el Padre que me envió no le trajere; y yo le resucitaré en el día postrero… Porque os he dicho que ninguno puede venir a mí, si no le fuere dado del Padre". (Juan 6:37, 44, 65 VRV).

Los pasajes mencionados arriba claramente demuestran que el conocimiento que trae una persona a salvación viene directamente de Dios por medio de la revelación del Espíritu Santo y la Palabra De Dios. El Espíritu Santo y la Palabra de Dios convencen de pecado y conducen el pecador al Señor Jesús para salvación. Todo este proceso de auto revelación divina, fe, convicción y arrepentimiento queda automáticamente anulado cuando bautizamos a un infante y le hacemos creer que es salvo simplemente porque fue bautizado. Un infante no puede mostrar el conocimiento que indicaría que él ha discernido la revelación que Dios le hace de sí mismo, ni tampoco tiene la necesidad de convicción de pecado, arrepentimiento, y fe en el Señor Jesús. Dios se revela así mismo por medio de Su palabra y conduce hacia Cristo, aquellos que en Su soberna voluntad y sabiduría han sido predestinados o elegidos para salvación. La doctrina de la predestinación es aplicable a un individuo sólo cuando en su propio libre albedrío el abre su corazón a la revelación que Dios le hace de Sí mismo, y es obediente a Su llamado de venir a Él por medio de la fe en Cristo.

De manera que el plan de salvación de Dios es pervertido cuando nosotros declaramos infantes salvos en base al ritual del bautismo. El pecador debe ejercer su fe en Cristo y además debe arrepentirse para poder ser salvo. Hay billones de personas alrededor del mundo que fueron bautizados durante la infancia, sin embargo ellos no han tenido un encuentro, ni una relación personal con el Señor Jesús. Estos son cristianos nominales; sus nombres están escritos en los libros de membrecía de la iglesia, pero no en el libro de la vida en el cielo. Ellos fueron bautizados, tienen el nombre de cristianos, pero no son realmente salvos. Tal vez tú eres uno de ellos. Muchos de los que fueron bautizados durante la infancia han llegado a ser muy devotos de la iglesia, pero en la parte más profunda de sus corazones saben que todavía no han tenido una experiencia personal de salvación con el Señor Jesús. Ellos son muy religiosos, pero aún sin salvación.

¿Se encuentra tu nombre inscrito en el libro de la vida desde antes de que fueras bautizado? Hay una razón por la que estás leyendo estas páginas. Dios te ama y no quiere que te pierdas. Dios desea que tú tengas vida eterna si por fe lo recibes en tu corazón ahora.

De acuerdo a la Biblia, bautismo en sí mismo no salva, ni transforma los infantes o adultos en creyentes y santos. El orden que encontramos en la Biblia es que primero, uno tiene que arrepentirse y profesar fe personal en el Señor Jesús. Segundo, la persona tiene que ser bautizada por inmersión en agua, después de la conversión (Marcos 16:15–16).

La Salvación no Está Limitada a Ninguna Iglesia

Desde el nacimiento mismo del Catolicismo Romano, el papado ha hecho el reclamo profano de que la salvación está exclusivamente confinada a la Iglesia Católica Romana. Como resultado del diecisiete Concilio Ecuménico de Florencia (1438–1445), el Papa Eugenio (1431–1447), en el año 1441 promulgó la Bula Papal "Cantate Domino," proclamando que la Iglesia Católica Romana:

> "Firmemente cree, profesa, y proclama que esos que no viven dentro de la Iglesia Católica, no sólo paganos, pero también Judíos y herejes y divisionistas no pueden llegar a ser participantes de vida eterna, pero se apartarán "al fuego eterno el cual fue preparado para el diablo y sus ángeles" (Mateo 24:41), a menos que antes del fin de la vida ellos hayan sido añadidos al rebaño...Y nadie, sin importar las limosnas que él haya practicado, aun él haya derramado su sangre por el nombre de Cristo, puede ser salvo, a menos que él haya permanecido en el seno y unidad de la Iglesia Católica."

Es importante notar que más de quinientos años después de que el papado hizo esta proclamación arrogante, el clero del falso Cristianismo todavía enseña que el hombre no puede obtener salvación a menos que sea exclusivamente por medio de la Iglesia Católica Romana. El pronunciamiento más conciliatorio que la Iglesia Católica Romana ha hecho con respecto a la salvación de los que están fuera de la iglesia fue hecho por el Concilio Vaticano II, en el año 1965. Esto es lo que ellos dijeron:

> "Porque es a través de la Iglesia Católica de Cristo, la cual es ("El medio de salvación que lo abarca todo") que ellos ("los hermanos separados") pueden beneficiarse plenamente de los medios de salvación. Nosotros creemos que Nuestro Señor confió todos las bendiciones del Nuevo Pacto solamente al colegio apostólico, del cual Pedro es la cabeza, para establecer el único Cuerpo de Cristo en la tierra, al cual todos deben ser

completamente incorporados, quienes pertenecen en alguna manera al pueblo de Dios".

De acuerdo al Concilio Vaticano II, "salvación es posible únicamente a través de la Iglesia Católica de Cristo, la cual es el medio de salvación que lo abarca todo". De manera que de acuerdo a representantes oficiales católicos, aquellos que están fuera de la Iglesia Católica no pueden beneficiarse "plenamente de la salvación". Por lo tanto, esta herejía claramente implica que todo cristiano que este fuera de la Iglesia Católica, o "todos aquellos que en alguna manera pertenecen al pueblo de Dios, deben ser plenamente incorporados" a la Iglesia Católica si es que ellos han de "beneficiarse plenamente de los medios de salvación"; es decir, para poder ser salvos. La implicación no puede ser más clara: Aquellos que creen en Dios y al mismo tiempo son parte de otra iglesia, no pueden ser salvos y ser parte del pueblo de Dios a menos que sean "plenamente incorporados a la Iglesia Católica Romana". Así que, aquellos que rehúsen ser plenamente incorporados a la Iglesia Católica Romana, no pueden pertenecer en ninguna manera "al pueblo de Dios". En el orgullo y en la ceguera espiritual que es característica de los perdidos, el clero de la Iglesia Católica Romana "firmemente cree, profesa y proclama", que entre otras cosas, millones de cristianos nacidos de nuevo de entre todas las denominaciones Evangélicas alrededor del mundo, no tendrán salvación a menos que sean "plenamente incorporados a la Iglesia Católica Romana".

Yo no debo hablar por ninguna denominación Evangélica Fundamentalista en el mundo, sin embargo, tomaré la libertad para expresar lo que yo creo es el sentir de cada Cristiano Evangélico Fundamentalista con respecto a este asunto:

"Nosotros los Cristianos Evangélicos Fundamentalistas ciertamente nos alegramos en gran manera de estar "fuera del seno de la Iglesia Católica Romana", y de no estar "sujetos al Pontífice Romano". Nosotros también nos alegramos profundamente de que nuestra salvación no depende ni siquiera de nuestras propias denominaciones, mucho menos de la Iglesia Católica Romana. Nosotros damos gloria al Dios Todopoderoso de que nuestra salvación depende exclusivamente de aquel que dijo: "El que cree en mi tiene vida eterna" (Juan 6:47). Nosotros los Cristianos Evangélicos Fundamentalistas que hemos nacido de nuevo, no tenemos miedo a las mentiras y las intimidaciones de la Iglesia Católica Romana. Nosotros creemos firmemente que antes de que el mundo fuese fundado, Dios el Padre nos predestino para que fuésemos salvos por gracia, por medio de la fe en Cristo solo. De manera que nosotros los "elegidos...tenemos vida eterna y no vendremos a condenación, más hemos pasado de muerte a vida" (Juan 5:24 RVR). Nosotros hemos creído que es absolutamente cierto que Dios envió a Su Hijo al mundo "para que todo aquel que en él cree, no se pierda, más tenga vida eterna" (Juan 3:15 RVR). Además, creemos que esta es la razón por la que el Señor Jesús, no la Iglesia Católica Romana, nos asegura a cada uno de nosotros que, "Todo lo que el Padre me da, vendrá a mí; y al que a mí viene, no le echo fuera... Ninguno puede venir a mí, si el Padre que me envió no le trajere; y yo le resucitaré en el día postrero"" (Juan 6:37, 47 RVR).

De manera que los cristianos nacidos de nuevo debemos consolarnos y gozarnos en el hecho de que Dios no solo nos predestino para ser salvos, sino que también nos asegura que aquellos que vienen a Jesús no se perderán, sino que ya tienen vida eterna (Juan 3:16). Por lo tanto, los Cristianos Evangélicos debemos creer que nosotros fuimos dados al Señor Jesús por El Padre, como un regalo muy especial y que somos de El por los siglos de los siglos. Por lo tanto, nosotros ya estamos disfrutando de la plenitud de la salvación y no hay absolutamente nada que Satanás, ni la Iglesia Católica Romana puedan hacer para impedirlo. Si tú eres un Cristiano nacido de nuevo, no temas "permanecer fuera del seno" de la Iglesia Católica Romana. Es para nuestro beneficio obedecer ahora la "voz del cielo" que se oirá urgiendo a los predestinados que morarán en la Tierra durante el período de la "gran tribulación":

Salid de ella, pueblo mío, para que no seáis participes de sus pecados, ni recibáis parte de sus plagas; porque sus pecados han llegado hasta el cielo, y Dios se ha acordado de sus maldades" (Revelación 18:4–5 RVR).

3

Las Marcas Distintivas del Verdadero y Falso Cristianismo

Las Marcas Distintivas del Verdadero Cristianismo

La Biblia enseña claramente que la marca distintiva del verdadero Cristianismo es amor. Amor por Dios; amor por las gentes y amor y obediencia a la Palabra de Dios. El amor ha sido siempre la marca distintiva del verdadero Cristianismo. La Biblia dice que si cualquiera profesa ser cristiano, pero no ama a la gente, ni tampoco ama y obedece a Dios y a Su Palabra, el tal no es de Dios. ¿Cómo se podría explicar que una organización religiosa que asegura ser la iglesia verdadera y que ella sola representa a Dios aquí en la Tierra, tenga un record tan grande de todo tipo de crímenes cometidos en contra de la humanidad en nombre de Dios? ¿Cómo se explica que desde su origen, la marca distintiva de esta iglesia apóstata ha sido de continuo solamente odio y crueldad contra cristianos y judíos? ¿Cómo es posible que haya existido en esta "única iglesia verdadera", tanta maldad e insensibilidad? El verdadero cristiano siempre ha sido conocido por su carácter inofensivo y amoroso. En consecuencia, las páginas de la historia están llenas de los testimonios de aquellos que siguiendo el ejemplo y la enseñanza del Señor Jesús, bendijeron y oraron por aquellos que los hirieron, torturaron y los ejecutaron. La enseñanza del Señor Jesús y de los apóstoles no deja lugar para odio, celos, envidia y violencia contra el prójimo. Amor y perdón son las marcas distintivas del verdadero Cristianismo:

"Un mandamiento nuevo os doy: Que os améis unos a otros; como yo os he amado, que también os améis unos a otros. En esto conocerán todos que sois mis discípulos, si tuviereis amor los unos con los otros" (Juan 13:34–35 VRV).

Los cristianos nacidos de nuevo debemos amarnos unos a otros como el Señor Jesús nos amó a nosotros. El amor y el servicio Cristiano deben ser expresados sacrificialmente, exactamente como el Señor Jesús amó y dio su vida por otros. De acuerdo a Juan 15:12–13; 1 Juan 2:9–11 y 1Juan 3:16, el amor Cristiano debe ser expresado a través de acciones tangibles, no simplemente por medio de palabras vacías. El Señor Jesús modelo Su amor para la humanidad entera en que El vivio y murió no solo para salvar al mundo malo, sino también para darnos ejemplo de lo que debe ser la vida cristiana. El perdonó a aquellos que escupieron su rostro y pusieron clavos en Sus manos y pies. (Lucas 23:34; y Juan 3:16). En Mateo 5:48 el Señor Jesús resumió las "Bienaventuranzas" diciendo, "Sed, pues, vosotros perfectos, como vuestro Padre que está en los cielos es perfecto". (Mateo 5:48 VRV). La palabra Griega usada aquí para "perfecto" es "teleios", la cual expresa la idea de funcionabilidad. Por ejemplo, una cosa es perfecta cuando cumple con el propósito para el cual fue diseñada, construida o creada. Consecuentemente, una silla, una cuchara, un martillo, un carro es perfecto en tanto que desempeñe el papel o la función para la cual fue creada. De la misma manera, los cristianos son perfectos en la medida en que ellos cumplen con el propósito para el cual Dios los creó y los redimió:

> "Porque somos hechura suya, creados en Cristo Jesús para buenas obras, las cuales Dios preparo de antemano para que anduviésemos en ellas" (Efesios 2:10 VRV).

Los cristianos nunca somos más perfectos o semejantes a Dios como cuando amamos y perdonamos, especialmente aquellos que nos odian, rechazan o hieren. Por lo tanto, era natural esperar que el Señor Jesús mandará a Sus seguidores a amar y a perdonar aún a nuestros peores enemigos:

> "Amad, pues, a vuestros enemigos, y haced bien, y prestad, no esperando de ello nada; y será vuestro galardón grande y seréis hijos del Altísimo; porque Él es benigno para con los ingratos y malos. Sed, pues, misericordiosos, como también vuestro Padre es misericordioso". (Lucas 6:35–36 VRV).

Debemos notar que el amor por nuestros enemigos no es un amor nacido de los sentimientos y emociones del corazón. Este amor no es un sentimiento, sino una elección. Nosotros tenemos que proponernos amar nuestros enemigos como un acto de la voluntad, cuando sentimos hacer todo lo contrario. Es el amor que va en contra de nuestra inclinación natural de odiar y procurar el mal de aquellos que nos han maltratado y herido. Más que un sentimiento o una emoción, éste es el amor de la voluntad. Es el amor nacido de un acto consciente de la voluntad en contra de nuestra tendencia natural de hacer lo contrario. Nosotros podemos tener este amor (Ágape), sólo cuando el Señor Jesús está en control de nuestro corazón, dándonos el poder de negarnos a nosotros mismos y amar a otros como el Señor nos amó a nosotros:

"Así que, todas las cosas que queráis que los hombres hagan con vosotros, así también haced vosotros con ellos; porque esto es la ley y los profetas" (Mateo 7:12). "Amados, amémonos unos a otros; porque el amor es de Dios. Todo aquel que ama, es nacido de Dios, y conoce a Dios. El que no ama, no ha conocido a Dios; porque Dios es amor" (1Juan 4:7–8). "El amor sea sin fingimiento. Aborreced lo malo, seguid lo bueno…Bendecid a los que os persiguen; bendecid, y no maldigáis. Gozaos con los que se gozan; llorad con los que lloran. Unánimes entre vosotros, no altivos, sino asociándoos con los humildes. No seáis sabios en vuestra propia opinión. No paguéis a nadie mal por mal; procurad lo bueno delante de todos los hombres. Si es posible, en cuanto dependa de vosotros, estad en paz con todos los hombres. No os venguéis vosotros mismos, amados míos, sino dejad lugar a la ira de Dios; porque escrito está: Mía es la venganza, yo pagaré, dice el Señor. Así que, si tu enemigo tiene hambre, dale de comer; si tiene sed, dale de beber; pues haciendo esto, ascuas de fuego amontonarás sobre su cabeza. No seas vencido de lo malo, sino vence con el bien el mal" (Romanos 12:9 y 14–21 VRV).

Aquellos que dicen que son cristianos pero no aman a los demás, ni guardan los mandatos de Dios, demuestran por ello que ellos no conocen a Dios. La única razón por la que los hijos de Satanás han odiado y asesinado los hijos de Dios, incluyendo al Señor Jesús, es porque ellos odian a Dios y Su palabra:

> "Sé que sois descendientes de Abraham; pero procuráis matarme, porque mi palabra no halla cabida en vosotros...El que es de Dios, las palabras de Dios oye; por esto no las oís vosotros, porque no sois de Dios" (Juan 8:37, 47 VRV).

> "Y en esto sabemos que nosotros le conocemos, si guardamos sus mandamientos. El que dice: Yo le conozco, y no guarda sus mandamientos, él tal es mentiroso, y la verdad no está en él; pero el que guarda su palabra, en éste verdaderamente el amor de Dios se ha perfeccionado; por esto sabemos que estamos en él. El que dice que pertenece a él, debe andar como él anduvo" (1Juan 2:3–6 VRV).

Tal como lo hemos indicado, el estilo de vida de aquellos que dicen ser cristianos debe ser distinguido o caracterizado por amor y obediencia a la Palabra de Dios. Las acciones del cristiano deben reflejar el espíritu generoso y perdonador que nuestro Señor Jesús demostró aun hacia aquellos que lo rechazaron, lo traicionaron, se burlaron y lo mataron. No hay evidencia en el Nuevo Testamento (N.T) de que el Señor Jesús alguna vez quiso o buscó pronunciar una sentencia de muerte en contra de Sus enemigos, los Fariseos, y los Saduceos, aun cuando estos lo odiaban y procuraban matarle. La enseñanza de Jesús en el N.T es clara como el cristal, que Él no vino a juzgar y a condenar a los pecadores, sino a amarlos, servirles y salvarlos. Y esa es la misión de la Iglesia y de todo aquel que dice ser cristiano. Mucha gente, especialmente aquellos que odian los crímenes y la violencia que el falso Cristianismo ha cometido en contra de la humanidad, creen que el Señor Jesús favoreció el uso de violencia e intolerancia religiosa. Para esto, ellos usualmente citan a Mateo 10:34-36, donde Jesús dijo,

> "No penséis que he venido para traer paz a la tierra; no he venido para traer paz, sino espada. Porque he venido para poner en disensión al hombre contra su padre, a la hija contra

su madre, y a la nuera contra su suegra; y los enemigos del hombre serán los de su casa".

Sin embargo, se debe notar que el pasaje de arriba no favorece, ni promueve violencia en lo absoluto. Por el contrario, lo que el Señor Jesús les está diciendo a aquellos que creen en Él es que ellos no deben engañarse así mismo pensando que porque son Sus seguidores, ellos disfrutarían paz. El Señor Jesús está diciendo que los cristianos deben esperar conflictos, tensión en las relaciones familiares, persecución y aún muerte por causa de Él. Por lo tanto, Él advirtió que el mundo odiaría y perseguiría a los cristianos, exactamente en la forma en que ha sucedido desde el comienzo de la Iglesia (Juan 17:14–15). Desde su comienzo en el año 325 D.C., hasta el día de hoy, la Iglesia Católica Romana nunca ha sido perseguida. Sin embargo, durante ese mismo período, ella estuvo persiguiendo y asesinando, mayormente cristianos y judíos por toda Europa y el Nuevo Mundo.

Las Marcas Distintivas del Falso Cristianismo

Después de considerar la larga historia de inmoralidad, violencia, escándalos y abuso sexual de niños, y después de hacer un contraste entre el árbol malo y el bueno, la conclusión inevitable es que no se debe esperar encontrar buen fruto en el árbol malo representado por la Iglesia Católica Romana. La naturaleza no redimida de los líderes de la Iglesia Católica no puede producir "el fruto del Espíritu", el cual es "amor, gozo, paz, paciencia, benignidad, bondad, fe, mansedumbre, templanza… (Gálatas 5:22–23 VRV). El único fruto que en mi opinión los líderes de la iglesia apóstata, la "gran ramera" ha producido abundantemente en sus diecisiete siglos de historia, es uno de depravación moral, escándalos, abuso sexual de niños, homosexualidad, odio, asesinatos, fraude, disipación, engaño y los actos más viles asociados con la intriga, y la ambición al poder política. Esos comportamientos deshonrosos han desacreditado y blasfemado el espíritu y el buen nombre del verdadero Cristianismo. Esto ha sido así porque, "el fruto de la carne" (la naturaleza no redimida) es:

"Adulterio, fornicación, inmundicia, lascivia, idolatría, hechicería, enemistades, pleitos, celos, iras, contiendas, disensiones, herejías, envidia, homicidios, borrachera, orgías, y cosas semejantes a éstas…" (Gálatas 5:19–21 VRV).

Una cosa se puede decir con toda verdad acerca de la Iglesia Católica Romana: Ella ha producido "el fruto de la carne" más que cualquier otra religión falsa, en toda la historia del mundo. La depravación, idolatría y corrupción moral que en cada generación ha caracterizado la vida de la mayoría de los líderes espirituales de esta iglesia apostata, no tiene paralelo en la historia de la humanidad.

Celibato, Homosexualidad y Abuso Sexual de Niños

Como ya hemos mencionado, una de las marcas distintivas del falso Cristianismo es su larga historia de inmoralidad, violencia y abuso sexual de menores. La práctica del celibato es la causa principal de la larga historia de abuso sexual de niños y los escándalos relacionados a la vida homosexual de una gran cantidad de los miembros de clero de la "gran ramera". Las leyes canónicas del falso Cristianismo establecen claramente que solo deben ser ordenados al sacerdocio hombres que no son casados. De acuerdo a la ley canónica de la Iglesia Católica Romana:

"El clero está obligado a observar continencia perfecta y perpetua por causa del reino de los cielos y por lo tanto está destinado al celibato, el cual es un don de Dios por medio del cual ministros sagrados puede adherirse más fácilmente de todo corazón a Cristo, y pueden dedicarse a sí mismos, más libremente al servicio de Dios y su prójimo" (Texto de la Ley Canónica 227 del Código de la Ley Canónica de la Iglesia Católica).

La Iglesia Católica Romana implementó la práctica del celibato con el propósito de imponer la creencia de que los sacerdotes deben abstenerse de relaciones sexuales para poder observar continencia perfecta y perpetua por causa del reino de los cielos. Sin embargo, debe notarse que la práctica del celibato no tiene fundamento en la

Biblia. La Iglesia Católica del Oeste ha obligado a sus sacerdotes a mantener abstinencia sexual completa. Vale la pena notar que la Iglesia Ortodoxa del Este y las Iglesias Católicas del Este no someten sus sacerdotes al requerimiento del celibato. Estas iglesias simplemente les requieren a sus sacerdotes casados, que se abstenga de relación sexual sólo antes de la celebración de la Eucaristía.

De acuerdo a las leyes canónicas de la Iglesia Católica Romana, el celibato es un "don especial de Dios por medio del cual ministros sagrados pueden permanecer más cerca de Cristo con un corazón no dividido, y pueden dedicarse a sí mismos más libremente al servicio de Dios y su prójimo". Debemos notar que la "gran ramera" o falso Cristianismo admite que "el celibato no estuvo claramente en práctica en los primeros años de la iglesia", y que el "celibato no es una doctrina, sino una disciplina". A pesar de que la Iglesia Católica Romana también admite que "la regla del celibato es una ley esencial", el papado también reconoce que, "ésta puede ser en principio cambiada por el papa en cualquier momento". Conviene notar que aunque el celibato es "una disciplina", la Iglesia Católica Romana implementa la práctica del celibato sacerdotal, como una ley muy estricta que todos los sacerdotes tienen que obedecer; de lo contrario, los que violan este "mandamiento de hombre", deben dejar el sacerdocio para siempre. La razón por la que los líderes de la iglesia primitiva (durante los primeros trescientos años antes del primer Concilio de Nicea), no practicaron el celibato es porque no había, ni hay todavía fundamento para tal "doctrina de demonios", la cual fue instituida en la iglesia apóstata por el Emperador Constantino. A pesar de que la práctica del celibato no es una doctrina bíblica, el falso Cristianismo la ha impuesto como una ley divina, contrario al plan de Dios para Sus verdaderos ministros. Consideremos una vez más lo que el apóstol Pablo profetizó acerca de esta "doctrina de demonios" que durante toda la historia de la "gran ramera" ha causado tanto dolor y miseria a centenas de miles de niños a través del mundo:

"Pero el Espíritu dice claramente que en los postreros tiempos algunos apostatarán de la fe, escuchando a espíritus engañadores y a doctrinas de demonios; por la hipocresía de mentirosos que, teniendo cauterizada la consciencia, prohibirán casarse, y mandarán abstenerse de alimentos que Dios creó para que con acción de gracias participasen de ellos los creyentes y los que han conocido la verdad". (1 Timoteo 4:1–3 VRV).

El apóstol Pablo profetizó que "en los postreros tiempos algunos apostatarán de la fe". Tal como lo he discutido en detalle, este fue el comienzo de lo que la Biblia llama la apostasía de los últimos días. Pablo estaba hablando acerca de la enseñanza de la iglesia apóstata, la cual se alejaría de la posición doctrinal de la verdadera Iglesia del Señor Jesucristo con respecto al matrimonio. El apóstol Pablo se refiere a la enseñanza del falso Cristianismo con respecto al celibato, "doctrina de demonios". Aparte de ser una "doctrina de demonios", el celibato es también una de las tantas cosas que el falso Cristianismo habla "en hipocresía". La Iglesia Católica Romana usa la práctica del celibato como una fachada para presentar sus sacerdotes como gente piadosa, santa y "dedicados al servicio de Dios y del prójimo", pero en mi opinión, la mayoría de ellos han sido y son todavía, depredadores sexuales de niños y homosexuales petrificados. Es realmente vergonzoso que mientras la Iglesia Católica continua exaltando los beneficios de la práctica del celibato, ella ha probado ser la causa principal de una larga historia de inmoralidad entre el clero y el abuso sexual de niños. De manera que una gran cantidad de sacerdotes Católicos se convirtieron en "hipócritas y mentirosos", los cuales son tan insensibles que repiten sus actos de abuso sexual de niños sin ningún remordimiento, ni preocupación, pues tienen sus "consciencias cauterizadas".

La práctica de esta "doctrina de demonios" ha sido tan despiadada que la historia de la Iglesia Católica Romana confirma que, "En la práctica Cristiana de los primeros años, a los hombres casados que respondieron al llamado del sacerdocio, se les exigió que vivieran en continencia completa, refrenándose permanentemente de relaciones sexuales con sus esposas". Cuando uno lee esto, uno entiende la razón por la que el apóstol Pablo se refirió a la práctica del celibato como "doctrina de demonios". La historia confirma que la práctica demoníaca del celibato empezó en el año 325 D.C., con el Primer Concilio de Nicea. Antes del Primer Concilio de Nicea, los líderes espirituales de la Iglesia de Cristo acostumbraban casarse y tener hijos, tal como lo revelan especialmente, las epístolas del apóstol Pablo. Sin embargo, el Primer Concilio de Nicea cambio la práctica bíblica del matrimonio para los líderes espirituales del falso Cristianismo oficial. Bajo las nuevas normas de la Iglesia Católica Romana, un sacerdote casado tenía que abandonar su esposa. A los sacerdotes casados se les permitía vivir en la misma casa con sus ex esposas. Por supuesto que ellos mantenían en secreto la naturaleza de sus relaciones sexuales con sus esposas, pretendiendo que eran "hermano y hermana".

En adición, de acuerdo a la Iglesia Católica, si un sacerdote reasumía relaciones sexuales con su esposa, eso era equivalente a matrimonio después de la ordenación. Y en ese caso, el sacerdote tendría que salir del sacerdocio. De manera que los sacerdotes tuvieron que mentir acerca de una relación que era totalmente aprobada por Dios. Por ejemplo, alrededor del tiempo en que se consumó el Primer Concilio de Nicea, la cabeza de la Iglesia Católica, el Emperador Constantino, sospechó que sus sacerdotes estaban teniendo relaciones sexuales con sus esposas. Nosotros sabemos esto porque en el año 692 D.C., el Concilio de Trullo ordenó a la esposa de un obispo que se retirara a un convento, o se convirtiera en una diaconiza. La decisión del Concilio de Trullo se basó en la decisión que emanó originalmente del Primer Concilio de Nicea con respecto a la práctica del celibato de los sacerdotes. Parte del decreto promulgado por el Primer Concilio de Nicea afirma:

"El gran Sínodo ha prohibido estrictamente a cualquier obispo, diácono, o cualquiera del clero, para tener una subintroducta viviendo con él, excepto sólo un miembro, o hermana, o personas tales como puedan ser más allá de toda sospecha".

En este contexto la palabra "subintroducta" se usó para referirse a una mujer que era soltera o no casada. La historia confirma que el obispo de Cesárea, Palestina, Eusebio de Cesárea (263–339 D.C.) dijo, "Es apropiado que aquellos en el sacerdocio y ocupados en el servicio de Dios, después de ordenación deban abstenerse de relación sexual matrimonial". Aún más, el Primer Concilio Laterano (1123 D.C.) también emitió su propio decreto con respecto al celibato:

"Nosotros absolutamente prohibimos sacerdotes, diácono, y sub diáconos que se asocien con concubinas y mujeres, o que vivan con mujeres que no sean como las mencionadas en el Concilio de Nicea, permitido por razones de necesidad, tales como, la madre, hermana, o tía, o tal persona que no pueda levantar sospechas…Nosotros decretamos en acuerdo a las definiciones de los canónicos sagrados, que matrimonio ya contractado por tales personas debe ser disuelto, y que las personas sean condenadas a hacer penitencia".

Parece que alrededor del tiempo del Primer y Segundo Concilio Laterano, la Iglesia Católica Romana estaba enfrentando el problema de muchos sacerdotes teniendo relaciones sexuales con mujeres. El Segundo Concilio Laterano (1139) se reunió con el propósito de resolver este problema. Es interesante notar que este Concilio ratificó los decretos que emanaron de todos los otros Concilios anteriores con respecto al celibato:

Nosotros también decretamos que aquellos quienes en el subdiaconado y órdenes más altas han contraído matrimonio, o tienen concubinas, que sean desprovistos de sus cargos y beneficio eclesiástico. Porque siendo que ellos deben ser llamados el templo de Dios, la vasija del Señor, la morada del Espíritu Santo, es inaceptable que ellos se complazcan a sí mismos en el matrimonio y en impurezas".

Claro que el asunto relacionado al celibato de sacerdotes es tan viejo e indigno, como la Iglesia que lo creó. Siguiendo el requerimiento de que el sacerdote no debe tener una mujer por compañera, en el año 385 D.C., el Papa Siricio, uno de los individuos más inmorales del siglo cuatro (384–399 D.C.) dejó su esposa para convertirse en papa. El entonces emitió dos decretos reforzando la práctica del celibato como una forma de hacer la vida del clero miserable como la de él. El decretó que los sacerdotes nunca más debían dormir con sus esposas. También en el año 1095, el Papa Urbano II (1088–1099) decretó que las esposas de sacerdotes casados debían ser vendidas y sus hijos abandonados. Y en año 1074 D.C., el Papa Gregorio VII (1073–1085) ordeno que los sacerdotes primero debieran prometer que permanecerían célibes, para poder ser ordenados al sacerdocio. Él dijo, "Los sacerdotes deben primero escapar de las redes de sus esposas".

Estos decretos y toda la enseñanza con respecto al celibato sacerdotal, revela que la Iglesia Católica Romana sostiene la creencia de que el matrimonio para los sacerdotes constituye una relación pecaminosa que contamina tanto su servicio a Dios, como también la pureza de su cuerpo, el cual "debe ser llamado el templo de Dios, la vasija del Señor, la morada del Espíritu Santo". Esto es lo que el apóstol Pablo llama "doctrina de demonios". En el año 401 D.C., "San Agustín" (354–430 D.C.) escribió, "Nada es tan poderoso en halar el espíritu del hombre hacia abajo, como las caricias de una mujer". En el año 580 D.C., el Papa Gregorio el Grande (540–604 D.C.), también dijo, "Todo deseo sexual es en sí mismo pecado".

La creencia que el papado ha mantenido acerca del matrimonio y la relación sexual matrimonial de los sacerdotes con sus esposas, plenamente revela que de acuerdo a la creencia oficial del falso Cristianismo, todo deseo sexual es intrínsecamente pecaminoso, aún el deseo que un sacerdote casado pueda tener por su esposa. Esto muestra claramente la razón por la que el apóstol pablo llama el celibato instituido por la Iglesia Católica Romana, "doctrina de demonios".

La práctica del celibato sacerdotal tiene su raíz en Gnosticismo. La repugnancia del matrimonio y la opinión negativa de la mujer, tal como aparecen en las leyes canónicas de la Iglesia Católica Romana, claramente reflejan la creencia Gnóstica acerca de la relación sexual. No es difícil encontrar el vínculo que existe entre Gnosticismo y la práctica del celibato. Gnosticismo mantiene la creencia de que luz y espíritu son buenos y que oscuridad y cosas materiales son malas. Consecuentemente, de acuerdo a este punto de vista filosófico, una persona no puede ser casada y al mismo tiempo lograr perfección. La Iglesia Católica Romana simplemente dice que a los sacerdotes no se les permite casarse porque ellos están "obligados a observar abstinencia perfecta y perpetua por causa del reino de los cielos". Sin embargo, lo que ellos no dicen es que para el Catolicismo, "el reino de los cielos" representa la bondad de la luz y el espíritu del origen divino, lo cual constituye la esencia de la creencia Gnóstica. Además, de acuerdo al Gnosticismo, la relación sexual representa "complacencia" en el placer de las cosas materiales, lo cual no sólo es malo, sino que debe ser evitado para poder obtener el conocimiento de la salvación.

Debe notarse que durante la época temprana de la verdadera Iglesia Cristiana, el Gnosticismo era y todavía es hostil hacia el mundo físico y el cuerpo humano, los cuales en su opinión, siempre demandan la satisfacción de placer. Por lo tanto, los Gnósticos siempre han buscado negarle al cuerpo la oportunidad del disfrute de placeres terrenales, los cuales son "malos". Como resultado de este punto de vista filosófico, se sabe que los Gnósticos siempre vivieron vidas solitarias, apartados del mundo, suprimiendo todo deseo sexual y permaneciendo célibes. La Iglesia Católica Romana tomo esta "doctrina de demonios" del Gnosticismo y la incorporo al sacerdocio. Esto también explica la razón por la que hasta el comienzo de nuestra historia moderna, la Iglesia Católica confinaba los seminaristas en monasterios ubicados en lugares remotos donde vivían célibes y evitando todo contacto con el mundo exterior.

La historia de esta "doctrina de demonios" (el celibato), ha probado ser desastrosa para centenares de miles de niños y adolescentes que han sido víctimas de abuso sexual. Es irónico que a través de los siglos la Iglesia Católica Romana ha defendido la "disciplina" del celibato sacerdotal, mientras que al mismo tiempo, ha entregado las víctimas inocentes e indefensas en las manos de los monstruos que esta "doctrina de demonios" ha creado. Durante diecisiete siglos los depredadores sexuales de la Iglesia Católica Romana han robado la inocencia y la niñez de una cantidad innumerable de niños y adolescentes que llegan a la adultez con cicatrices psicológicas y emocionales imborrables.

Cuando toda Europa se alarmó en el siglo diez, por el alto número de niños que los sacerdotes Católicos estaban abusando sexualmente, San Ulrich (890–973 D.C.), Obispo de Augsburg (Alemania) argumento basado en la Santa Escritura, que "La única manera de purificar la iglesia de los perores excesos del celibato es permitiendo a los sacerdotes que se casen."

Por un tiempo largo, la Iglesia Católica Romana ha estado siendo constantemente investigada alrededor del mundo, por miles de casos de abuso sexual de niños por parte de cientos de sus sacerdotes. Yo estoy de acuerdo con aquellos que creen que cualquier sacerdote responsable de abuso sexual de niños debe ser traído a la justicia. Sin embargo, nada detendrá el clero de este falso Cristianismo de continuar sexualmente explotando niños. A menos que a los sacerdotes Católicos se les permita expresar su sexualidad en una forma normal, saludable y legal, es muy probable que ellos continuaran abusando niños y adolescentes.

Siglos de escándalos y abuso sexual de niños ha probado más que suficiente que la práctica del celibato en la Iglesia Católica Romana es una malignidad que todos debemos repudiar fuertemente. Yo quiero invitar a los lectores a que vean un documental importante titulado "Lo que el Papa (Joseph Ratzinger) Sabia", el cual fue transmitido en Septiembre 26, 2010 por el canal televisivo CNN. El documental señala el hecho de que cuando debido a los abusos sexuales de niños, la opinión publica en los Estados Unidos de América se volcó en contra de la Iglesia Católica, el anterior Papa Benedicto, abiertamente acusó los medios de comunicación de conspiración contra la iglesia. A pesar de que el papa sabía muy bien que verdaderamente, un número de sacerdotes estaban directamente envueltos en un número grande de casos relacionados a abuso sexual de niños, él tuvo el atrevimiento de decir que los medios de comunicación habían exagerado la crisis. De hecho, el papa dijo, "Uno llega a la conclusión de que es intencional, manipulado; que existe el deseo de desacreditar la iglesia". El papa todavía esperaba que convenciera al público de los Estados Unidos de que las acusaciones de abuso sexual de menores por parte de muchos sacerdotes eran invenciones de los enemigos de la iglesia. Sin embargo, el escándalo y el grito de la gente fueron tan fuertes que en 2002, el papa se vio forzado a admitir que no había ninguna conspiración en contra de la iglesia, sino que, en sus propias palabras, la malignidad del abuso sexual de niños fue "nacida dentro de los pecados de la iglesia".

A pesar de que en su primera visita a los Estados Unidos el entonces papa Benedicto se dirigió a las víctimas de abuso sexual diciendo: "No hay palabras de hombre que puedan describir el dolor y el daño infligido por tal abuso", mucha gente sintió que esta fue una expresión vacía de simpatía por las víctimas. Comentando en la excusa pública que el Papa Benedicto pronunció, David Gibson, reportero y biógrafo del Vaticano dijo:

"Pero detrás de las excusas públicas y reuniones históricas, hay una historia oscura y más complicada. El poder, la autoridad bajo las leyes canónicas de la Iglesia estuvieron siempre en sus manos para hacer algo pero é siempre tomó la ruta más lenta, él siempre tomó la táctica dilatoria. Eso es algo por lo que yo creo la gente todavía quiere que él responda. Por qué? Por qué no hizo él más? Por décadas, antes que el llegara a ser papa, Joseph Ratzinger fue un oficial de alto rango del Vaticano, quien más que nadie aparte del papa Juan Pablo II, pudo haber tomado acciones decisivas para poner fin a la crisis de abuso sexual; pero críticos dicen y documentos muestran que la forma en que el papa trató con abuso sexual es una parte muy preocupante de una cultura de arrastro de pie y tal vez obstrucción".

El documental de CNN derrama luz en lo que parece ser el patrón de conducta del Cardenal Joseph Ratzinger, el cual consiste en ayudar sacerdotes acusados de abuso sexual de niños, para esconderlos y evadir la justicia. De acuerdo a la información y documentos que CNN muestra en su documental, el Cardenal Ratzinger estuvo personalmente envuelto en el manejo del caso de un sacerdote llamado Peter Hullermann quien fue condenado en una corte legal por abuso sexual de niños en Alemania, en el año 1986. El rastro de documentos parece indicar que Hullermann había antes molestado niños y que oficiales de la iglesia sabían esto. Cuando Hullermann fue transferido para terapia, "su psiquiatra advirtió a la iglesia que él nunca debía ser permitido trabajar con niños otra vez". Sin embargo, en su documental CNN reportó que "unas cuantas semanas después de que el psiquiatra advirtió la iglesia", el Arzobispo Ratzinger quien luego llegaría a ser cardenal y papa en Roma, aprobó el traslado de Hullermann "a una nueva parroquia que no sospechaba nada". Aunque parece que el propósito de la iglesia era hacer que por un tiempo Hullermann fuera indetectable, unos cuantos años después, la persistencia de uno de las victimas trajo los crímenes de Hullermann de regreso a la consciencia pública. Vale la pena notar que de acuerdo a información y documentos que CNN muestra en su documental:

"Catorce años después de su condena Peter Hullermann era todavía sacerdote hasta que la iglesia finalmente lo suspendió en la primavera del 2010. Sin embargo, durante su tiempo como papa, Benedicto nunca se refirió a su papel personal en el manejo del caso de Hullermann, ni la razón por la que Hullermann permaneció siendo sacerdote por un periodo largo después de que fue encontrado culpable. El caso de Hullermann es una desgracia y es también representativo de una inhabilidad grosera de parte del clero de la Iglesia para admitir responsabilidad por los errores cometidos. Será muy difícil para el papa o para sus apologistas, convencer al resto del mundo de que él está en el lado de los ángeles en el asunto del abuso sexual. Para aquellos dentro del Vaticano, el Papa Benedicto podría ser visto como un reformador, el oficial de la iglesia que hizo más que cualquier otro para enfrentar la crisis. Sin embargo, para muchas víctimas, católicos ordinarios y el público en general, esto ni siquiera viene cerca de ser suficiente".

Tal como sabemos, en 1981, Joseph Ratzinger fue designado Prefecto de la Congregación para la Doctrina de la Fe (CDF); posición que él ocupó hasta el año 2002. El Papa Juan Pablo le dio a Ratzinger la responsabilidad de manejar los casos de abuso sexual en los Estados Unidos de América.

Uno de los casos múltiples de abuso sexual de niños más persuasivo que el documental de CNN revela está relacionado con la Escuela de Sordos St. John en Milwaukee Wisconsin, donde el Padre Lorenzo Murphy fue el jefe y sacerdote, por aproximadamente veinte años. Se dice que "docenas de hombres que dicen que é los violó y los abusó sexualmente por anos", hablaron e identificaron al Padre Murphy como el perpetrador de esos crímenes repulsivos los cuales él cometió cuando ellos eran niños. El documental de CNN indica que "Los abusos del Padre Murphy serian luego traídos directamente a la atención del Cardenal Ratzinger, pero su manejo del caso asombraría aun las víctimas. De acuerdo a documentos de la corte y los testimonios de las víctimas que CNN presenta en su documental, desde 1950 al 1974, el Padre Murphy abusó sexualmente alrededor de doscientos niños sordos. Se cree que el sacerdote seleccionaba las victimas que eran especialmente vulnerables o habían sido traumatizados por tragedias. A mediados de los 90s, alegaciones de violación sexual y abuse sexual en contra del Sacerdote Murphy fueron traídos a la atención del Vaticano. El rastro de documentos relacionados al caso de Murphy terminó en la cima del Vaticano, incluyendo al Papa Juan Pablo II y al Cardenal Ratzinger. Los casos de abuso sexual no eran la responsabilidad primaria de Joseph Ratzinger como jefe de la Congregación de la Doctrina de la Fe (CDF). Sin embargo un número de casos como el de Murphy vinieron directamente a su atención. Estos son los casos que nos dan el entendimiento más claro acerca de lo que el papa sabía. Es a través de estos documentos internos del Vaticano (raramente vistos) que CNN obtuvo, que la verdadera historia fue revelada".

CNN demostró con documentos que Rembert Weakland, Arzobispo de Milwaukee le envió al Cardenal Ratzinger describiendo en detalle, la naturaleza de los abusos del Sacerdote Murphy y como también usó el confesionario para pedirle sexo a los muchachos. CNN dice cuán difícil fue para el Arzobispo Weakland tratar con el Cardenal Ratzinger quien no contestaría sus cartas, sino que permaneció en silencio por casi un año. A pesar de la notoriedad de los abusos sexuales a menores, el Cardenal Ratzinger aconsejó al Arzobispo Weakland "a proceder con un juicio secreto en la iglesia". Al mismo tiempo, se supo que el Padre Murphy mismo escribió una carta personal al Cardenal Ratzinger implorándole por clemencia en las bases de su edad y enfermedad, diciendo: "Yo me arrepentí de cualquier de mis transgresiones pasadas y yo simplemente quiero vivir el tiempo que me queda, en la dignidad de mi sacerdocio". Fue conspicuamente claro que después de recibir esta carta, el Cardenal Ratzinger demostró más simpatía por la condición de edad y salud del Sacerdote Murphy que la que él demostraría hacia el dolor y la angustia de las víctimas.

Tan increíble como es, de acuerdo al documental de CNN, el Vaticano hizo todo lo posible para que el Padre Murphy no fuera traído a juicio ante una corte legal. Y como una burla a todas las víctimas de sus abusos sexuales, el Vaticano recomendó como solución al problema, medidas pastorales tales como consejería y supervisión para el descorazonado criminal que debió haber pagado con tiempo en la cárcel por los crímenes horribles que cometió contra niños. Se debe notar que de acuerdo a información que CNN proveyó, el Arzobispo Weakland se reunió personalmente con el equipo del Cardenal Ratzinger en el Vaticano. De acuerdo al Arzobispo Weakland, "fue claro que la Congregación para la Doctrina de la Fe no estaba a favor de proceder con ningún despido formal". Como resultado, el Sacerdote Murphy no fue nunca traído a la justicia, ni tampoco fue expulsado del sacerdocio. Por tanto, cuando ese malvado murió, él fue sepultado con toda la dignidad y honor que se le da a todo sacerdote que muere en buena relación con la Iglesia Católica.

El documental de CNN hizo referencia a otro sacerdote pedofilia quien dos veces fue encontrado culpable de abuso sexual a menores en una corte legal. Sin embargo, él permaneció como sacerdote por cerca de diez años después de su primer arresto por abuso sexual de niños. De acuerdo a CNN, este sacerdote fue encontrado "culpable de molestar muchachos en la Iglesia Señora del Rosario y fue sentenciado a tres años de probación en 1978". Este sacerdote tomó tiempo de licencia, asistió consejería y al mismo tiempo solicitó permiso a la iglesia para abandonar el sacerdocio, pero el papa en el Vaticano rehusó aceptar su petición. CNN mostró lo que ellos llamaron "una serie de correspondencias reveladoras que tomaron lugar entre Cumence, el obispo del sacerdote ofensor y la Congregación para la Doctrina de la Fe en Roma". El obispo solicitó que debido a la historia de abuso sexual del sacerdote a menores entre las edades de once a trece años, él debía ser terminado del sacerdocio. Sin embargo, después de cuatro años jugando a las escondidas con el Vaticano, el Cardenal Ratzinger respondió diciendo que el necesitaba más tiempo, de manera que el pudiera dar consideración seria al asunto. Él también dijo que aunque el caso era serio, era necesario "Considerar el bien de la iglesia universal". Era evidente que el Cardenal Ratzinger estaba simplemente usando una táctica dilatoria con la esperanza de que con el tiempo, el problema se disiparía de la memoria colectiva. Por el otro lado, parece que el Cardenal Ratzinger, quien luego llegaría a ser papa, estaba más preocupado con la reputación de una iglesia ya desacreditada, que lo que él lo estaba por el bienestar de las víctimas. Casi siete años de demoras e indisposición de parte del Vaticano y después de la posicion vigorosa y el interés de los medios de comunicación en el asunto, éste dos vece convicto ofensor sexual fue finalmente expulsado del sacerdocio en Febrero 1987.

Este exsacerdote es hoy un ofensor sexual registrado. Sin embargo, su carrera de abuso sexual no terminaría todavía. El re-ofendió otra vez en el año 1995, ocho años después de que él fuera expulsado del sacerdocio. Como resultado de su nueva ofensa, él fue sentenciado a un término de seis años de encarcelamiento. Es realmente triste que como el Sacerdote Thomas Doyle, un defensor de victimas lo dijo:

> "Yo he visto evidencia de esto en mi vida como un clero, que el Vaticano está mucho más interesado en como tú piensas que en como tu actúas; de eso es que ellos se preocupan más; ellos están obsesionados con eso".

Otro ejemplo de la cobertura que la Iglesia Católica le ofrece a sacerdotes perpetradores de abuso sexual de niños tiene relación con el Sacerdote Alvin Campbell, lo cual encontramos en la narrativa del documental de CNN. Campbell se declaró culpable de múltiples cargos de violación sexual de muchachos tan jóvenes como los once años de edad. Aun después de que éste ofensor sexual se declaró culpable y fue encarcelado, él era todavía un sacerdote ordenado con todas las prerrogativas. De acuerdo a CNN, en 1998, el Obispo Daniel Ryan quien era el obispo de Campbell, fue a visitarlo donde él estaba cumpliendo la sentencia de catorce años de cárcel que se le dio. Él fue a convencer a Campbell de manera que él dejara el sacerdocio voluntariamente. Siendo que Campbell rehusó dejar el sacerdocio voluntariamente, el Obispo Ryan no tuvo más que dirigirse directamente al Vaticano. Él le envió al papa toda la documentación perteneciente a la acusación y culpabilidad de Campbell, incluyendo descripciones y detalles gráficos de las ofensas que el cometió en contra de las víctimas y al mismo tiempo solicitó que fuera expulsado del sacerdocio. Cardenal Ratzinger rehusó categóricamente expulsar a un sacerdote que se había declarado o fue hallado culpable de abuso sexual de menores simplemente porque la solicitud tenía que venir directamente del ofensor para poder ser expulsado. Tres años después Campbell acordó que finalmente la iglesia terminara su ordenación al sacerdocio.

Debe notarse que tal como CNN lo narra, a pesar de que en el 2001 la moral de la Iglesia Católica en los Estados Unidos había alcanzado un nivel bajo alarmante, el Vaticano permaneció inmutable e indiferente. Muchos sacerdotes estaban siendo llevados a juicio por ofensas tales como abuso sexual y violación sexual. Como resultado, las demandas legales en contra de la Iglesia Católica estaban aumentando grandemente. Solo a una diócesis en Texas se le ordenó pagar millones de dólares como compensación a víctimas de abuso sexual. El Papa Juan Pablo II finalmente reconoció que la iglesia tenía que hacer frente a la crisis de abuso sexual en los Estados Unidos. Consecuentemente en el 2002 el designó al Cardenal Ratzinger para lidiar con ella. Fue entonces que el Cardenal Ratzinger reconoció que la crisis moral no vino de ningún enemigo de la iglesia, sino que como ya indiqué, la crisis "nació desde adentro de los pecados de la iglesia". Sin embargo, una cosa es el reconocer que el mal se originó en el seno de la iglesia y otro es aceptar responsabilidad por las acciones criminales de altos oficiales de la iglesia que ocultan abusos sexuales de niños e deliberadamente mueven los perpetradores de parroquia en parroquia y de país en país con el propósito de obstaculizar la justicia.

Mientras las víctimas y el mundo estaban gritando en voz alta pidiendo justicia, muchos altos oficiales de la Iglesia Católica hicieron todo lo posible para proteger y esconder los perpetradores de abuso sexual de niños. Con este propósito en mente, la Iglesia Católica gasto millones de dólares peleando algunos casos de abuso sexual de niños en cortes o simplemente comprando el silencio de algunas de las víctimas por medio de compensaciones. Parece como que el Vaticano ha determinado cerrar sus ojos a la actitud de los altos oficiales de la iglesia que deciden proteger o ayudar a sacerdotes perpetradores de abuso sexual de niños. Por ejemplo, de Julio a Agosto 2013, ha habido dos instancias de múltiples casos de abuso sexual de niños en la Republica Dominicana, las cuales han sacudido esta pequeña nación Caribeña. En uno de los casos a los que me estoy refiriendo, un sacerdote Católico ha sido acusado de abusar sexualmente a catorce niños en la Republica Dominicana, mientras que el otro está acusado de abusar sexualmente y molestar otros quince niños. Se dice que tan pronto los medios de comunicación dominicanos empezaron a crear consciencia de la seriedad y magnitud de los abusos, el Arzobispado de Santo Domingo saco fuera del país el primero de los perpetradores para que evadiera prosecución. Se debe notar que ésta parece ser el patrón de conducta de los altos oficiales Católicos, esconder o ayudar a los sacerdotes acusados de abuso sexual de niños, a fin de que eviten el ir a la cárcel y también para proteger la imagen del clero de una iglesia inmunda y perversa. El segundo caso en la Republica Dominicana está todavía en desarrollo. Yo fui informado de que aunque las evidencias son alarmantes, los oficiales de la iglesia en el país han tomado el lado del alegado perpetrador y se dice que además están tratando de desacreditar los testimonios de los niños víctimas del abuso sexual. Yo creo que cualquier intento de ayudar sacerdotes acusados de abuso sexual de niños es tan insidioso como el abuso sexual mismo. Por tanto, cualquier sacerdote perpetrador de abuso sexual de niños y cualquier oficial de la iglesia que trate de ayudarlos deben ser ambos tratados por igual como responsables por el delito y también para recibir el castigo que correspondería según el código de la ley criminal y penal.

Podría ser que algunos lectores recuerden el Cardenal Bernard Law de Boston, quien fue acusado de encubrir los crímenes cometidos por sacerdotes que fueron acusados de violación sexual de docenas de niños. A pesar de que eventualmente él renunció debido a su encubrimiento de abusos sexuales de niños, la alta jerarquía de la Iglesia Católica Romana en Roma lo premió con una posición altamente honorable en el Vaticano. Tal como CNN reportara en su documental, ahora "Él tiene un gran título, poder real y autoridad a pesar de que él fue uno de los más deshonorables obispos durante esa era de escándalos". Esto siempre ha sido y seguirá siendo así porque tal como lo expresó Gibson en el documental de CNN, "El papa nunca reprendería públicamente los obispos porque él no le gustaría causarles dificultades a sus hermanos obispos. Los obispos de la iglesia son sus colegas, ellos son parte de su círculo".

El documental de CNN habla de casos muy bien conocidos de sacerdotes acusados de abuso sexual de niños que están escondidos en plena vista de la iglesia. Uno de esos casos está relacionado a un sacerdote conocido por el nombre de Joseph Jayapal quien huyó a una aldea en el Sur de India donde él vive, pero él es buscado por el procurador en los Estado Unidos. CNN lo localizó y de acuerdo a ellos, él ha sido acusado de molestar dos muchachas cuando él fue sacerdote en Minnesota. Según CNN, el obispo de Jayapal en los Estados Unidos le escribió repetidamente al CDF acerca del abuso e informó que un procurador de Estados Unidos estaba procurando que sea extraditado. CNN además indico que Jayapal es simplemente uno de los tantos sacerdotes fugitivos que la Iglesia Católica ha protegido.

En su trabajo titulado, "La Historia Criminal del Papado" Parte 1, Parte 2 y Parte 3el Australiano, Tony Bushby escribió:

"La oficina papal tiene un record de corrupción y criminalidad sin paralelo a través de los siglos, y la verdadera historia de los papas es una de escándalo, crueldad, corrupción, reinos de terror, guerra y depravación moral".

El trabajo de Tony Bushby se puede obtener en la Internet, libre de cargo. En su trabajo de tres partes, Bushby provee pruebas innegables de la historia de corrupción, inmoralidad, asesinatos y crímenes de todo tipo que el papado ha cometido a través de la historia. Uno puede apreciar que Garry Tuchman terminó su documentario con uno de los participantes haciendo la siguiente declaración con respecto a la Iglesia Católica:

"Si los líderes de la Iglesia no son vistos como teniendo credibilidad, la gente no los van a escuchar; ellos terminarán haciendo lo que el Cardenal Ratzinger teme más. Ellos se apartarán por su propio camino…".

Debo confesar que yo no comparto el mismo optimismo. En mi opinión, no me parece que la mayoría de los miembros católicos abandonarán la Iglesia. A pesar de todos los escándalos relacionados con el abuso sexual de niños por parte de sacerdotes y otras atrocidades que la Iglesia Católica Romana ha cometido en contra de la humanidad, millones de personas a través del mundo continúan, cada Domingo, llenando los bancos de los templos. La historia de los crímenes que el papado ha cometido a través de la historia es tan persuasiva que inevitablemente llevaría a cualquier pensador imparcial a la conclusión de que en toda la historia del mundo, no ha habido otra organización tan notoria y desastrosa como la iglesia Católica Romana. La larga historia de crueldad, crímenes e inmoralidad que por siglos la iglesia de Judas ha cometido en cada generación, provee prueba irrefutable que ella no es de Dios. La historia criminal del papado es tan convincente que en su obra, Bushby cita a Roberto

Francesco Rómulo Cardenal Belarmino (1542 –n 1621) y a Denis Diderot (1713–1784) respectivamente:

"El papado casi elimino la Cristiandad...la iglesia se convirtió en una crónica de escándalos y su sobrevivencia deja que uno pase una opinión en la mente peculiar de la naturaleza humana que permite que un sistema tan dañino a las buenas morales, exista. Tal asociación podría a lo más ser considerado como cause para incredulidad" (Cardenal Belarmino).

"Para el estudiante de historia genuina, los hechos son tan escandalosos que la asociación de la jerarquía papal con brutalidad y engaño, y el abandono deliberado de reforma, es confrontado por el serio prospecto de la ruina espiritual de la fe Católica" (Denis Diderot).

Sin embargo, la realidad lastimosa es que, parece ser que a los creyentes católicos alrededor del mundo no les importa los crímenes, ni la inmoralidad que los líderes de esta iglesia apóstata sigue cometiendo. La gran mayoría de los feligreses católicos por igual continúan al lado de la iglesia y sus líderes corruptos. Yo creo firmemente que esta actitud e indiferencia al clamor general por justicia, refleja la condición espiritual real de la gran mayoría de católicos practicantes.

Cuando nosotros consideramos la larga historia de depravación y corrupción moral del falso Cristianismo, uno no puede más que sentirse persuadido a creer que es en contra de toda posibilidad que la verdadera Iglesia de Cristo sea tan corrupta, sanguinaria y despiadada. En su libro en Español titulado la Iglesia Resucita, el Autor Ray C. Stedman dice:

"Los hijos del malo son los falsos Cristianos que nunca ha nacido de nuevo por el poder del Espíritu de Dios, por medio de la fe en la Palabra de Dios; ellos se imaginan Cristianos porque han cumplido con una serie de ritos, ellos se han unidos a una iglesia local, o muestran una conducta moral exterior, o muestran a gran interés social de manera que sean aceptados por Dios. Para ellos mismos, y en frente de muchos fuera de la iglesia, aparecen como si fueran verdaderos Cristianos".

Aún más, los hechos de la historia prueban que el estilo de vida del clero del falso Cristianismo ha sido marcado o caracterizado por odio hacia el pueblo de Dios y desprecio por Su palabra. Eso es también una clara demostración de que ellos nunca han conocido a Dios y de que nunca han sido cristianos. Durante siglos, la historia vio el clero de la iglesia apóstata dedicada a la exterminación de cristianos nacidos de nuevos y de judíos. Satanás odia el pueblo de Dios tan intensamente como odia también a Dios. En consecuencia, Satanás ha hecho uso del falso Cristianismo para cometer actos de inmoralidad y violencia que están en armonía perfecta con el carácter y la naturaleza de los hijos de las tinieblas.

No puede haber Cristianismo verdadero sin la expresión genuina de amor por Dios y Su santa Palabra, de la manera más tangible. La luz es la antítesis de la oscuridad así como amor es la antítesis de odio. No puede haber verdadero Cristianismo sin amor por Dios, Su pueblo y Su Palabra. Y ningún hombre puede tener amor por Dios, por Su Palabra y por otros, a menos que el haya nacido de nuevo. No puede existir el uno sin el otro. En consecuencia, la violencia y los asesinatos que por siglos el falso Cristianismo ha cometido, mayormente contra el pueblo de Dios, no es solo inexcusable e incompatible con la esencia del espíritu del verdadero Cristianismo, sino también, la evidencia más grande de que ellos nunca han sido de Dios.

Yo sé por experiencia personal que una vez que eres un verdaderamente cristiano, tú no puedes hacer más que amar a Dios, Su Palabra, Su pueblo y otros. Si tú eres un cristiano nacido del Espíritu de Dios, tú no sólo amarías el pueblo de Dios, sino que también te deleitarías en tener compañerismo con ellos, dondequiera que se encuentren. Y por la misma razón, tú no te sentirías celoso, ni resentido por su éxito, sino alegre de ver a Dios obrando en su medio. Si eres verdaderamente cristiano, no sólo te encantarías leer la Biblia, pero también los escritos de otros cristianos. Y tú orarías para que el ministerio de las diferentes denominaciones alrededor del mundo se esparza como fuego. Si eres verdaderamente cristiano, tú desarrollarías un sentido de respeto y apreciación por la vida y el ministerio de cada cristiano, aun cuando ellos no pertenecen a tu propia denominación o congregación.

Aquellos que son verdaderamente creyentes en Cristo deben sentirse realmente afrontados y justamente indignados cuando escuchan algunos críticos, o cualquier persona que tiene buenas razones para odiar los pecados del Catolicismo Romano, refiriéndose en término general a "los crimines del Cristianismo". Durante muchos siglos, los verdaderos cristianos han sido a menudo injustamente acusados y condenados por todas las transgresiones, la inmoralidad, y los crímenes, de los cuales la Iglesia Católica Romana es no sólo totalmente responsable, sino también, por haberlos cometidos contra el verdadero Cristianismo, en nombre de Dios.

Historia Furiosa de Asesinatos de Cristianos y Judíos

Las páginas de la historia están manchadas con la sangre que durante casi diecisiete siglos, el falso Cristianismo perpetró mayormente, contra cristianos y judíos. Es obvio que un instrumento diabólico como la "Inquisición" de la Iglesia Católica no pudo en ninguna manera representar el espíritu del verdadero Cristianismo. Sin embargo, como una burla a la verdadera Iglesia de Cristo aquí en la Tierra, la "gran ramera" se atrevió a darle el nombre de "Santa Inquisición", al instrumento de tortura y asesinatos que la Iglesia Católica empleó para eliminar todo verdadero cristiano. La "Inquisición" de la Iglesia Católica fue dirigida por hombres diabólicos que tenían una sed insaciable de la sangre, mayormente de cristianos y judíos. ¿Qué fue la "Santa Inquisición? La Inquisición fue un tribunal eclesiástico instituido y dirigido principalmente por la Iglesia Católica Romana para descubrir y castigar cualquier persona sospechada de "herejía". De acuerdo a la Iglesia Católica Romana, ¿cuándo era una persona considerada un hereje? ¿Qué era y es todavía herejía para la Iglesia Católica Romana? El Concilio de Constanza (1414–1418) definió los herejes que debían como "groseros perversos" quienes "teniendo deseos de la gloria del mundo, son guiados por curiosidad orgullosa de saber más de lo que ellos deben…". Imagínate vivir en un mundo donde la iglesia amenaza con torturar o quemar vivo como "hereje", cualquier individuo que muestre la iniciativa o curiosidad humana de querer "saber más de lo que debe", como en el caso de Galileo. Si alguien quería evitar ser condenado como "hereje", tenía que procurar que su sistema de creencia personal no estuviera en conflicto con la creencia y el dogma de la Iglesia Católica Romana.

Personalmente creo que es una injusticia y un acto de complicidad con los criminales que dirigieron la Inquisición, que después de tantos años, todavía nos refiramos a estos mártires por el nombre de "herejes". Los "herejes" que fueron torturados o asesinados a sangre fría, fueron inocentes víctimas de un sistema religioso malvado que estuvo dedicado a destruir todo aquel que amaba a Dios y Su palabra, o que tenía diferente estándares de fe y moral. En las palabras del Papa Inocente III (1189–1216), un "hereje" era "Cualquiera que intenta formar una idea personal de Dios que esté en conflicto con el dogma de la Iglesia, debe ser quemado sin ninguna piedad." Y eso es lo que la diabólica "Inquisición" hizo por cerca de siete siglos. La Inquisición asesinó millones de personas, "sin ninguna piedad" en nombre de su dios el diablo, simplemente porque tenían ideas de Dios que eran diferentes a las de la Iglesia Católica. Las víctimas de la "Inquisición" fueron primero demonizadas y luego tachadas como "herejes". Tal como los Fariseos del tiempo de Jesús, el papado temían que si ellos practicaban una política de tolerancia religiosa hacia lo que el Concilio de Constanza llamo "seudo-cristiano", el dogma, la tradición y la autoridad de la Iglesia serian comprometidos. Y en esto ellos tenían razón. Así que, tal como los Fariseos del tiempo de Jesús, los líderes religiosos Católicos usaron el poder y la influencia de su oficina para asesinar el inocente y justo, en el nombre de su dios el diablo.

La arrogancia y la maldad del clero de la iglesia apóstata ha excedido por mucho la de sus hermanos espirituales, los líderes religiosos que entregaron al Señor Jesús a la autoridad secular para ser ejecutado, simplemente porque como el Señor les dijo, "procuráis matarme, porque mi palabra no halla cabida en vosotros" (Juan 8:37 RVR). Del Concilio de Constanza nosotros inferimos que la creencia, la enseñanza y el carácter personal de esos que la Iglesia Católica llamó "herejes", le fue a los miembros del clero Católico, como una luz brillante que exponía la maldad de aquellos que operaban en la oscuridad del mundo malo (Juan 3:18–19). La historia registró cinco inquisiciones mayores, extendiéndose por un período de casi setecientos años desde el año 1184 hasta el 1860. Para ser más preciso, la "Inquisición" fue una máquina de crímenes y asesinatos que operó por un período de 676 años.

La Inquisición Episcopal (1184–1230)

Esta Inquisición fue establecida en el año 1184 por la Bula Papal llamada "Ad Aboledón", lo cual significa, "Por el Propósito de Deshacerse de". Se le llamó la "Inquisición Episcopal" porque la iglesia puso a cargo de la Inquisición, concilios compuestos de obispos y Arzobispos para que establecieran inquisiciones. De manera que esta Inquisición estuvo administrada por obispos. La palabra "obispo", en latín significa "Episcopus"; por esa razón fue llamada la "Inquisición Episcopal." Sin embargo, debido al fracaso de esta Inquisición en producir los resultados que la oficina papal esperaba, el papado se la quitó de la mano a los obispos y decido envolverse directamente en la supervisión de la misma.

La Inquisición Papal (1230–1241)

Los historiadores usan el término "Inquisición Medieval" para describir las varias inquisiciones que empezaron alrededor del 1184, incluyendo la Inquisición Episcopal (1184–1230 y después la Inquisición Papal (1230). En el año 1230 el Papa Gregorio IX tomo la Inquisición de los obispos y promulgó una serie de bulas papales tomando control de la Inquisición. En Agosto del 1231, el Papa Gregorio IX puso la Inquisición bajo el control de la Orden religiosa de los Dominicos, una Orden especialmente creada para la defensa de la Iglesia Católica en contra de "herejía". Los inquisidores Dominicos fueron seleccionados por Aragón, Alemania, Austria, Lombardía (Italia) y Francia. Uno de los dirigentes Inquisidores de Alemania fue Conrado de Marburg. El Papa Gregorio IX urgió a Conrado a "no sólo castigar el malvado, sino también a herir con miedo al inocente". La historia nos muestra con que fidelidad los inquisidores abrazaron su llamado a torturar y asesinar inocentes sin ninguna razón que lo justificara.

Conrado asesinó y aterrorizó un sin número de personas como alguien dijo, "en la persecución de su deber, considerando la tortura física y mental como una ruta rápida a la salvación". Conrado tenía poder absoluto para presentar cargos sin la necesidad de oír los casos, sino que pronunciaba sentencia, la cual era final y sin derecho a apelación. A los acusados se les negó defenderse en contra de los cargos traídos contra ellos. De hecho, a los acusados no se les decía quien estaba haciendo la acusación.

Los miembros de la Orden Franciscana también se unieron a la furia de los asesinatos. Bajo la Inquisición Papal los acusados fueron condenados por la iglesia y entonces entregados a las autoridades seculares para ejecución. El papado declaró su autoridad sobre la autoridad civil o secular y obligó los diferentes mecanismos del estado para denunciar, perseguir y asesinar cualquier individuo que fuese señalado por la iglesia como "hereje". Las pertenencias de los condenados eran confiscadas. El poder de la iglesia sobre el poder civil era tan grande que los "herejes" que escapaban con vida, eran excluidos de la práctica médica y las casas donde eran encontrados eran destruidas completamente. Mientras los "herejes" eran eliminados, aquellos que se unían a la cruzada para su exterminación, en cambio, disfrutaban de privilegios especiales tales como indulgencias para la absolución de pecados cometidos.

Tan absoluto fue el poder de la Iglesia Católica Romana sobre los reyes de la Tierra que cualquier rey o príncipe que rehusaba limpiar su territorio de "herejes", era expulsado o ex comunicado de la iglesia. Si persistía, entonces se dirigía una queja directamente al papa, quien entonces absolvería los vasallos del reino de toda lealtad al rey y autorizaría que el reino fuese tomado por católicos. Cualquier persona que protegiera, escondía o albergaba "herejes" perdería su tierra, propiedad personal y posición oficial. Tal como alguien dijo, la iglesia actuó "como una dictadura absoluta, quemando en la estaca y atacando a vivos y a muertos".

La Inquisición Española (1478–1834)

La Inquisición Española, a diferencia de la Inquisición Papal, operó bajo la autoridad del rey, pero los que trabajaban en ella eran miembros del clero secular y órdenes religiosas tales como los Franciscanos y los Dominicos y era independiente del Vaticano. Esta Inquisición opero en España y en todas las colonias y territorios Españoles, incluyendo las islas Canarias, la Nederlandia Española, el reino de Nápoles, y todas las posesiones Españolas en el Nuevo Mundo (América). Esta Inquisición persiguió mayormente protestantes, judíos y musulmanes. La Inquisición estableció dos tribunales del Santo Oficio, uno en Lima, Perú y el otro en México, para administrar las Audiencias de todas las colonias Españolas en Las Américas, incluyendo las Filipinas. En el año 1478, la Inquisición Española fue formalmente establecida con la aprobación del Papa Sisto IV. La reforma y extensión del tribunal antiguo de la Inquisición que había existido desde el siglo trece, ahora serviría para descubrir y eliminar mayormente, judíos y musulmanes que estaban practicando su creencia secretamente. El número de asesinatos y deportaciones que esta Inquisición llevó a cabo, disminuyó y debilitó grandemente la población de España. Esta Inquisición además destruyó la infraestructura de España; por esta razón España siempre ha sido uno de los países menos desarrollados de Europa, quedando atrás del poderío de sus vecinos, Gran Bretaña y Francia.

La Inquisición Española fue considerada como la más escandalosa y despiadada de todas las Inquisiciones de la Iglesia Católica Romana. Esta Inquisición fue altamente organizada, y severa en sus métodos de tortura y pena de muerte. Esta Inquisición prácticamente elimino la población de judíos que vivían en España. Además, esta Inquisición también se especializó en falsificar, esconder y fabricar los reportes y registros de los centenares de miles de juicios y el número de víctimas que ellos asesinaron. El descaro y la rapacidad de la corona Real y la Iglesia Católica Romana no podían ser más evidentes.

Las dos primeras Inquisiciones fueron establecidas por el Rey Fernando y la Reina Isabela en el año 1480 para destruir a los "herejes" más ricos. La propiedad de los acusados era dividida igualmente entre la Corona Real de España y la Orden de los Dominicos. El gobierno Católico Español también deducía los gastos incurridos en el juicio, directamente de la propiedad el acusado y además recibía un pago neto del valor de la propiedad de cada acusado. Así que aquellos acusados de traición religiosa eran sentenciados a muerte y sus propiedades confiscadas. La historia afirma que Tomas de Torquemada fue nombrado Inquisidor General para toda España. Su responsabilidad incluyó el crear las reglas de procedimiento inquisitorial para Sevilla, Castilla y Aragón. Torquemada creía que el castigo de "herejes" era la única manera de lograr la unidad política y religiosa en España. Aquellos que rehusaron aceptar la religión Católica Romana eran llevados a la estaca para ser quemados vivos en una ceremonia de la Iglesia Católica conocida como "auto de fe".

La Inquisición Portuguesa (1536–1821)

A petición de la Iglesia Católica Romana, en el año 1492, las autoridades civiles Españolas expulsaron la población judía sefardita de España. Estos judíos huyeron a Portugal donde ellos pensaron que tendrían la oportunidad de evadir la Inquisición Española. Sin embargo, cinco años después (1497), estos judíos enfrentaron la furia de la Iglesia Católica. Las autoridades civiles les dieron a elegir entre convertirse en católicos o ser expulsados de Portugal. Como parte de una estrategia criminal, la Inquisición Portuguesa persiguió judíos que ya habían sido forzados a convertirse en católicos. Estos fueron perseguidos para de nuevo ser despojarlos de sus propiedades y dinero. Consecuentemente, se puede discutir que la Inquisición Portuguesa empezó en el año 1497, y no en 1536 como creen algunos. La Inquisición Portuguesa estuvo bajo el control del rey y administrada por un Gran Inquisidor, el Cardenal Henry, quien luego llego a ser rey de Portugal. Portugal extendió el alcance de la Inquisición hasta sus posiciones coloniales de Brasil, Cabo Verde, y Goa, donde hasta el año 1821 operó como un tribunal religioso, investigando y trayendo a juicio aquellos que eran acusados de violar la doctrina Católica ortodoxa. El Rey Joao II (1521–1557) extendió la actividad de la corte religiosa para incluir censura de literatura, adivinación, brujería y bigamia. No quiero dejar de mencionar que la Inquisición Portuguesa también persiguió hindús, pero no en una proporción que remotamente se asemejaría a la persecución de judíos.

La Inquisición Romana (1542–1860)

En el año 1542, el Papa Pablo III (1534–1545) estableció un sistema de tribunales administrados por la "Congregación Suprema Sagrada de la Inquisición Universal", y operada por cardenales y otros oficiales de la Iglesia. Este sistema llegó a ser conocido como la Inquisición Romana. Es muy importante notar que en el año

1908, el Papa Pio X cambió el nombre de esta organización por "La Congregación Suprema Sagrada de la Santa Oficina". Sin embargo, en el año 1965 se le dio el nombre que hasta ahora ha llevado, "La Congregación para la Doctrina de la Fe". De manera que aunque el nombre de la "Santa Inquisición" ha evolucionado, sin embargo, hasta ahora no ha sido todavía abolida, ni lo será. Es importante mantener esto en mente porque en el futuro, durante la "gran tribulación", la Iglesia Católica Romana reactivará la Inquisición. De hecho, hay personas vinculadas al Vaticano que creen, y yo también, que la Iglesia Católica Romana está ya preparando la última y más grande persecución universal de cristianos y judíos. El falso profeta, el cual será el último papa que gobernará el mundo junto con el dictador mundial que se acerca, desatará esa persecución global. Recordemos que el Gran Inquisidor, Tomas de Torquemada actuó bajo la creencia de que sin el castigo de "herejes" no era posible lograr la unificación política y religiosa de España. Esta mentira se proclamará otra vez cuando el Anticristo y el falso profeta traten de unificar el mundo bajo dos líderes (uno político y el otro religioso) para fraguar un Nuevo Orden Económico Mundial, el cual requerirá la unificación de todos los líderes políticos y religiosos del mundo.

El manual de Inquisidores del 1376 titulado el "Derictorium Inqusitorum" llegó a ser el manual definitivo de procedimiento para la Inquisición Española hasta bien entrado el siglo diecisiete. En este manual, el Inquisidor Nicolás Eymerich explicó una de las razones por la que la Inquisición torturó y asesinó gentes:

"...quoniam punitio non refertur primo & per se in correctionem & bonun eius qui punitur, sed in bonum publicum ut alij terreantur, & a malis committendis avocentur." De lo cual la traducción en español es, "...porque el castigo no ocurre primeramente y por decir, para la corrección y el bien de la persona castigada, sino para el bien público, de manera que otros puedan aterrorizarse y desistir del mal que ellos cometerían".

La Persecución de Intelectuales

Durante siglos, la Iglesia Católica Romana estuvo dedicada a la persecución de intelectuales y a la censura de literatura. En esos días, cualquier libro o ensayo literario que criticaba el dogma de la Iglesia Católica recibía condenación inmediata y además era suprimido. Aún más, los escritos eran sujetos a revisión minuciosa, y si la iglesia encontraba pasajes, oraciones, una línea, una página(s) o palabras específicas que ella objetaba, el material bajo cuestionamiento debía ser corregido, borrado o extraído por completo. Cada año, la Iglesia Católica publicaba una lista de los libros censurados, en la cual se prohibía además, su venta y lectura. Cualquier persona que se encontrara en posesión de una copia de un libro censurado, era declarada "hereje" y legalmente responsable de ser severamente castigada. El Autor y el Publicador de cualquiera de tales libros, a menudo pasaba el resto de su vida en una de las cárceles de la Inquisición si es que escapaba ejecución. La opresión e interferencia de la Iglesia Católica Romana en la vida de los europeos fue también una de las causas de la Guerra de los Treinta Años (1618–1648) que se centró en Alemania y eventualmente envolvió todas las grandes naciones de Europa.

La Guerra de los Treinta Años destruyó la población de Europa. Sintiendo que su autoridad política y religiosa estaba en la balanza, la jerarquía de la Iglesia Católica Romana y sus reyes intentaron suprimir el levantamiento de gentes. La Guerra de los Treinta Años se originó con el conflicto entre católicos dentro de los territorios de la Alemania del Santo Imperio Romano. Los estados Protestantes de Bohemia y otros se levantaron en contra de Ferdinand II quien era el Rey de Prusia y Bohemia. Los protestantes se levantaron en contra de la corrupción, crímenes y la dominación religiosa de la Iglesia Católica. El conflicto eventualmente envolvió las armadas militares de Austria, Inglaterra, Francia, las Neerlandesas, España y Suecia, en una guerra que duró treinta años. En adición, un número de guerras resultó de los conflictos religiosos que estallaron a medida que los gobiernos católicos trataron de frenar el movimiento Protestante que estaba demandando libertad religiosa en Europa.

Los intentos del Catolicismo en suprimir las demandas de libertad religiosa llevaron a la guerra civil en Francia (1562–1598) y una rebelión en las Neerlandesas (1565–1648). La religión también jugó un papel importante en las guerras entre España e Inglaterra (1585–1604). Millones de personas murieron como resultado de estos conflictos a medida que la Iglesia Católica Romana procuraba mantener la sociedad Europea en sus garras de hierro.

El Escarnio a los Restos de Juan Wycliff

Juan Wycliff fue graduado de la Universidad Oxford, y además fue profesor y erudito. Él fue bien conocido a través de toda Europa por su oposición a la enseñanza pervertida de la Iglesia Católica Romana, la cual él condenó declarando que es contraria a la Biblia. Wycliff también obtuvo un doctorado en teología, y como tal, el ganó el derecho de leer filosofía y dar cátedras acerca de divinidad sistemática, lo cual la Iglesia Católica no se lo hubiera permitido sin tener tal educación. Juan Wycliff tomó posición firme en contra de la tiranía de la Iglesia Católica Romana. Él se opuso al dogma del Catolicismo Romano afirmando que Cristo y la Biblia son la única autoridad espiritual para los cristianos aquí en la Tierra. Basado en esa creencia, él hizo que la Biblia estuviera disponible para la gente común en su propia lengua en Inglaterra, a lo cual la Iglesia Católica se oponía. Debido a que la Iglesia Católica reservaba la Biblia sólo para el clero, cuando Wycliff la puso a disposición de la gente ordinaria, sus oponentes decían, "La joya del clero se ha convertido en el juguete de los laicos". Para Wycliff, la autoridad de la Biblia fue tal que muchas veces él llegó a decir, "El evangelio por sí solo es autoridad suficiente para gobernar la vida de cada persona cristiana en la Tierra, sin la necesidad de ninguna otra autoridad". Por lo tanto, el insistió en que cada persona, no solamente el clero, debía leer la Biblia. El también insistió en que la Biblia sola, es la autoridad para la fe y que a través de ella, las tradiciones, el Concilio de la Iglesia Católica y aún el papa debe ser probado.

Wycliff también enseñó que la Biblia contiene todo lo necesario para la salvación. Él condenó públicamente la doctrina Católica Romana de la transustanciación y condenó a Tomás de Aquino por enseñar que el pan y el vino se transforman en el cuerpo y la sangre de Cristo, lo cual se conoce como transustanciación. Wycliff argumentó, al igual que todos los Evangélicos, que durante la celebración de la comunión, el pan y el vino mantienen su forma, siendo solamente un sacramento en memoria del cuerpo y la sangre de Cristo.

Wycliff enseñó que el papado es una ocupación instituida por los hombres y no por Dios. Él estuvo en contra de la intromisión papal en el poder secular. Consecuentemente, él enseñó que el papado no tiene derecho de gobernar sobre el gobierno secular. Él además enfatizó que la insistencia del papa en que la Iglesia Católica tiene autoridad sobre el gobierno secular, es incompatible con la enseñanza de Cristo y de los apóstoles. En su escrito acerca de Los Diez Mandamientos, él atacó la autoridad del papa sobre el poder civil. Contrario a la creencia de la Iglesia Católica, Wycliff enseñó que el poder secular es consagrado a través del testimonio de las Sagradas Escrituras. "Cristo y los apóstoles le rindieron tributo al emperador", dijo él. Por lo tanto, Wycliff enseñó que "es un pecado oponerse al poder del rey, el cual es derivado de Dios y sobre todo, el clero debe darle al rey la honra que merece". Al mismo tiempo, él enseñó que la Iglesia de Roma no es la cabeza de todas las iglesias, ni que tampoco se le dio a St. Pedro más poder que a ninguno de los otros apóstoles. Aún más, Wycliff creyó que la autoridad de un papa no viene de su posición, sino de su moral y carácter cristiano. Wycliff también argumentó que un papa que no sigue a Cristo es un Anticristo.

Wycliff además creyó y enseñó que, "La Iglesia es la totalidad de aquellos que son predestinados para santidad. Ello incluye la Iglesia triunfante en el cielo…y la Iglesia militante, o los creyentes en la Tierra. Nadie que sea eternamente perdido tiene parte en ella", dijo él. Hay una iglesia universal, y fuera de ella no hay salvación. Su cabeza es Cristo. Ningún papa puede decir que él es la cabeza, porque él no puede decir que es uno de los elegidos, ni aun miembro de la Iglesia". Las palabras de Wycliff siempre fueron recibidas por los líderes Católicos Romanos como sal en llagas abiertas. Wycliff y el sacerdote Católico John Hus fueron como clavos en los zapatos del clero Romano, y por esta razón los llegaron a odiar con vehemencia.

A pesar de que las enseñanzas de Wycliff y Juan Hus eran sanas y bíblicas, el Concilio de Constanza (1414–14180) las tildó de "escandalosa, falsa, peligrosa, erróneas, ofensivas a los oídos del devoto, impulsiva y sediciosa, perniciosa, y escandalosamente herética, esparciéndose como un cáncer para destruir a otros". El odio y el desdén que la Iglesia Católica Romana siempre ha tenido por el pueblo de Dios y Su santa Palabra son características bien marcadas de los hijos de Satanás, quienes siempre han resentido la enseñanza pública y pura de la Biblia.

En particular, Wycliff estuvo fervientemente opuesto al tributo feudal que el papado le había impuesto a Inglaterra en el año 1213. Inglaterra no había pagado tributo al papado por treinta y tres años hasta que el Papa Urbano V lo demandó otra vez en el año 1365. Wycliff defendió su país en contra del falso reclamo de autoridad de la Iglesia Católica sobre el poder secular.

Uno de los amigos de Wycliff, William Thorpe describió a Wycliff como "un hombre de un caminar intachable en la vida, y recordado afectuosamente por gente de rango, quienes se juntaban con él, escribían sus dichos, y le siguieron. Yo ciertamente no me siento tan cerca de nadie como de él, el más sabio y bendito de todos los hombres que yo haya alguna vez encontrado. De Wycliff uno podía aprender en verdad lo que la Iglesia de Cristo es y cómo debe ser gobernada y dirigida".

Aun siendo un sacerdote Católico, Juan Hus manifestó un gran respeto por la memoria de Wycliff. Juan Hus nunca conoció a Wycliff, pero él lo admiró tanto que llego a decir que él deseaba que su "alma pudiera estar en dondequiera que la de Wycliff se encuentra".

¿Por qué razón el establecimiento Católico Romano odiaba y al mismo tiempo temía a Wycliff, un hombre con un carácter moral firme y una reputación intachable? La Iglesia Católica hizo varios intentos de poner un paro al trabajo de Wycliff. Sin embargo, su credencial intelectual y profesional, su influencia política y religiosa en los asuntos de Inglaterra, y el respeto que sus compatriotas les tenían, hizo que fuera prácticamente imposible que la Iglesia Católica lo condenara. A pesar de que el clero quería destruirlo, al mismo tiempo temían; pues ellos sabían muy bien que Wycliff era más que capaz de presentarles una defensa formidable.

Sin embargo, treinta y un años después de la muerte de Wycliff, el 4 de Mayo, 1415, el Concilio de Constanza declaró que Wycliff fue un "hereje". En consecuencia, el Concilio ordenó que sus libros fueran destruidos, y sus huesos exhumados y quemados. Por lo tanto, en el año 1428, bajo la orden del Papa Martin V, los huesos de Wycliff fueron desenterrados y quemados, y sus cenizas tiradas en el Rio Swift. La sentencia y quema de los restos de gentes que ya habían muerto fue una práctica muy común de la Inquisición Católica Romana. El odio que el clero Católico siempre ha tenido por el pueblo de Dios es tal que ni aún la tumba prevé que los restos de las víctimas sufran los actos más inhumanos de vituperio, violencia y desprecio.

El Asesinato Monstruoso de Juan Hus

Juan Hus fue de Bohemia, lo que hoy se conoce como la República de Czech y además fue un sacerdote Católico que confrontó y desafió la autoridad de su propia Iglesia Católica Romana. Hus fue un filósofo, reformador, y maestro en la Universidad de Charles. Él luego llegó a ocupar la posición de Rector de la Universidad de Praga. Hus tuvo una gran influencia en los estados de Europa y en Martin Lutero mismo. Después de abrazar y propagar las enseñanzas de Juan Wycliff, el Papa Alexander V lo excomulgó de la Iglesia Católica en el año 1410. Como resultado, sus doctrinas fueron condenadas, se le limitó la libertad de hablar y todos sus libros fueron confiscados y destruidos por la Iglesia Católica. El conflicto de Hus con la Iglesia Católica empezó cuando el uso los escritos de Wycliff para oponerse a las cruzada que fue ordenada por el antipapa Juan XXIII (1410–1415) en contra de Ladislao, Rey de Nápoles (Italia) y también estuvo en contra de las indulgencias usadas para levantar fondos para estas cruzadas. Lo siguiente es parte de lo que Hus dijo y predicó:

> Ningún papa u obispo tiene el derecho de tomar la espada en nombre de la iglesia; él debe orar por sus enemigos y bendecir a aquellos que lo maldicen".

Hus también escribió cuarenta y cinco artículos confrontando el dogma de la Iglesia Católica Romana y su reclamo de que el papa tiene supremacía sobre los poderes seculares. Y con respecto a la venta de indulgencias Hus dijo, "Los hombres obtienen el perdón de pecados por medio de verdadero arrepentimiento, no dinero". La Iglesia Católica decapitó a tres de los seguidores de Hus simplemente porque ellos dijeron abiertamente que las indulgencias eran un fraude. Los colegas de Hus, los doctores de la facultad de teología en la Universidad de Praga junto con el clero Católico, conspiraron contra él y condenaron sus cuarenta y cinco artículos y los calificaron de heréticos. La Iglesia Católica persuadió el Rey Segismundo de Hungría (Cabeza del Santo Imperio Romano) de que las enseñanzas de Hus eran una amenaza para su reinado. En consecuencia, el rey prohibió la enseñanza de sus escritos, pero Hus, ni la universidad obedeció la orden.

Los legados del papa y el Arzobispo Albik trataron de convencer a Hus de que abandonara su oposición a las bulas papales. Aún el rey hizo intentos fallidos de reconciliar las dos partes. Hus rehusó aceptar el reclamo de que la Iglesia Católica tiene derecho tanto a la primacía espiritual como a la autoridad sobre los poderes seculares. En respuesta al esfuerzo por reconciliación él dijo, "Aunque yo tenga que pararme frente a la estaca, la cual ha sido preparada para mí, yo nunca aceptaría la reconciliación de la Facultad de Teología". Fue un evento único el que Hus, siendo un sacerdote Católico, rechazó las pretensiones y ambiciones políticas del papado. El conflicto continuó por alrededor de tres años más, hasta el 3 de Noviembre del 1414, cuando Hus decidió aparecer voluntariamente ante el Concilio de Constanza esperando razonar con sus miembros, con relación a sus cuarenta y cinco artículos de fe y su posición en contra de la autoridad papal y la venta de indulgencias al público. Hus expresó su disposición de retractarse si ellos podían convencerlos de error. Él dijo que si la razón y el texto de la Biblia no eran suficientes, con mucho gusto sería instruido. Pero el Concilio ya había tomado la decisión de que Hus sería apresado, condenado y quemado vivo en la estaca sin un proceso legal. Por lo tanto, el 8 de Diciembre del 1414, el Concilio puso a Hus en una mazmorra donde él pasó los últimos seis meses de su vida. El 6 de Julio del 1415, el Concilio de Constanza condenó a Juan Hus a ser quemado vivo en la estaca.

Siendo que Hus era un sacerdote Católico Romano, el día de su ejecución él fue llevado a una Iglesia Católica para ser humillado y degradado. Allí, Juan Hus fue vestido con su ropa sacerdotal y se le pidió una vez más si quería retractarse, pero él rechazó. Entonces se procedió a despojarle de los ornamentos de su oficio; su tonsura sacerdotal fue destruida y todos los derechos como sacerdotes les fueron revocados. La Iglesia Católica entonces entregó a Juan Hus en manos de las autoridades seculares para ser ejecutado. Se le colocó en su cabeza un sombrero alto de papel, con la inscripción, "Haeresiarcha" lo cual significa, "El líder del movimiento herético". Hus se arrodilló en el lugar de la ejecución, extendió sus manos al cielo y oró en alta voz. De la misma manera que el Señor Jesús nos mandó, el pidió a Dios que perdonara sus enemigos. Una de las personas que había venido para presenciar la ejecución, sugirió que se trajera un sacerdote para si Hus quería confesar; un sacerdote que escuchó la sugerencia dijo, "Un hereje no debe ser oído, ni se le da un confesor". Así fue como el 6 de Julio del 1415, los verdugos desnudaron a Hus, le amarraron sus manos con cuerdas detrás de la espalda y ataron con cadenas su cuello a la estaca, donde habían apilado madera y paja hasta casi cubrir su cuerpo. Antes de encender la pila, otra vez se le pregunto a Juan Hus si deseaba retractarse y salvar su vida. Pero el rehusó valientemente con estas palabras, "Dios es mi testigo de que las cosas de que se me acusa nunca las prediqué. En la misma verdad del evangelio las cuales yo he escrito, enseñé, y prediqué, elaborando sobre los dichos y posiciones de los santos doctores. Yo estoy listo para morir hoy". Yo me inclino a creer que mientras Juan Hus estaba siendo quemado vivo y gritando en agonía, "El diablo, desde el infierno, miró orgulloso a la compañía de sacerdotes Católicos que vinieron a la ejecución y les dijo: Bien hecho mis hijos"!.

El Asesinato de la Jovencita Juana de Arco

Uno de los crímenes más escandalosos e inmorales que registra la historia, lo cometió la Iglesia Católica Romana en el año 1431, contra la brillante jovencita Juana de Arco (1412 - 1431). Juana fue una joven y valiente heroína Francesa, quien decisivamente cambió el curso de la guerra en la que entonces Inglaterra y Francia estaban envueltas. En varias ocasiones ella derrotó el poder del ejército invasor inglés, contra los cuales Francia había estado peleando por cerca de dos años. El juicio contra Juana de Arco empezó después de que ella fue traicionada y entregada a las autoridades Inglesas.

En al año 1430, el Obispo de Beauvais, Pierre Cauchon estaba buscando obtener la posición de Cardenal de Francia. Para lograr esta meta él necesitaba mostrar su apoyo a los invasores Ingleses (Inglaterra) y al Duque de Bedford, quien al mismo tiempo estaba desesperadamente buscando una oportunidad para eliminar la amenaza que representaba Juana de Arco para las ambiciones colonialistas Inglesas. Para salvar el orgullo de los soldados Ingleses quienes fueron derrotados varias veces por una mujer, y además para difamarla, el Obispo Cauchon atribuyó las victorias de Juana de Arco a Satanás. Juana de Arco fue acusada de cometer setenta ofensas, las cuales incluyeron cargos tan ridículos como brujería, y vistiendo ropas de hombre. Inicialmente ella fue sentenciada a vida en la prisión después que ella le había asegurado al jefe de la Inquisición, Jean Le Martre que ella no volvería a vestir ropa de hombre. Sin embargo, cuatro días después de que fue abusada y violada por soldados Ingleses, ella todavía rehusaba renunciar su vestimenta varonil. El Inquisidor tomó eso como una excusa para acusarla de haber regresado a la herejía de vestir como hombre. Por lo tanto ella fue condenada a morir quemada viva en la estaca el 30 de Mayo del 1431. Sin embargo, la historia del asesinato escandaloso de Juana de Arco no termina ahí. Veinticuatro años después de su asesinato, en el año 1455, el Rey Charles VII de Francia ordenó un juicio de rehabilitación, el cual fue conducido en el templo Católico de Notre Dame de Paris para investigar la perversión de justicia que se cometió en el juicio y ejecución de Juana de Arco. El Jefe General de la Inquisición en Francia fue elegido para presidir. Después de consideración cuidadosa de las circunstancias y análisis de todos los records y crónicas del juicio, el declaró su condenación nula. Entonces, como una burla, Juana de Arco fue canonizada en el año 1920, por la misma Iglesia que la demonizó y la quemó viva en la estaca, como una "hereje". Después de su canonización, Juana de Arco aparece entre la infinidad de "santos e ídolos" que la Iglesia Católica venera y adora como divinidades.

Se debe notar que el Señor Jesús nunca indicó que Su Iglesia aquí en la Tierra sería grande, amada del mundo, arrogante, rica, poderosa, ni políticamente influyente. Por el contrario, el Señor Jesús predijo y enseñó que Su Iglesia sería pequeña, diferente del mundo, humilde, odiada y perseguida por el mundo malvado. A pesar de que el Señor Jesús sabía que los cristianos iban a ser odiados y perseguidos, Él les enseñó a los miembros de Su Iglesia que debían servir, perdonar y amar a sus enemigos. Sin embargo, es irónico que aquellos que han perseguido y asesinado los hijos de Dios, sean los mismos que afirman representar la verdadera Iglesia de Cristo en la Tierra. Recordemos, en su visión apocalíptica de la "mujer...la gran ramera...Babilonia la grande", Juan "vio la mujer ebria con la sangre de los santos y con la sangre de los mártires de Jesús..." (Apocalipsis 17:6 RVR). De manera que en cada generación, a través de la historia del mundo, la Iglesia Católica Romana ha sido —prácticamente— la única institución religiosa, que desde su nacimiento en el año 325 D.C., ha perseguido y asesinado cristianos. Nosotros no podemos evitar el hecho perturbador de que la Iglesia Católica Romana es la única religión que se ajusta al perfil criminal de la "mujer...la gran ramera...Babilonia la grande".

Como lo explicamos previamente, no hay evidencia de que el Señor Jesús alguna vez abogo violencia, odio, persecución o asesinato de los que no creen en Él, o están en desacuerdo con Sus enseñanzas. Por lo tanto, sólo un enemigo de Dios podría cometer los crímenes que la Iglesia Católica Romana ha cometido en contra de la humanidad, en nombre de su dios, el diablo. El hecho de que en cada generación la Iglesia Católica Romana persiguió y asesinó decenas de miles de cristianos y judíos, provee la base bíblica para creer que ella es del diablo. Si alguien piensa que yo he sido severo en mi juicio de la Iglesia Católica Romana, yo le invito a leer acerca de los métodos e instrumentos que esta iglesia satánica empleó en la tortura y asesinato de decenas de miles de hijos de Dios.

La "Inquisición", Métodos, Torturas y Muerte

La Iglesia Católica Romana trazó la línea en contra de "herejía" cuando el Papa Inocente III (1198–1216) proclamó, "Cualquier persona que intente construir una opinión personal de Dios que esté en conflicto con el dogma de la iglesia, debe ser quemado sin ninguna piedad." Antes de que el Cardenal Giovanni Caraffa llegara a ser papa (1555–1559), en el año 1542, él fue nombrado por el Papa Paul III para administrar la Inquisición. El manuscrito "La Vida de Caraffa" nos da las siguientes reglas escritas por el propio Caraffa:

"Primeramente, cuando la fe está bajo cuestionamiento, no debe haber demora, sino que a la menor sospecha, medidas rigurosas deben ser tomadas con toda rapidez. Segundo, no se debe mostrar ninguna consideración a ningún príncipe, prelado, no importa que tan alto sea su rango. Tercero, preferiblemente, severidad extrema debe ser ejercida en contra de aquellos que intentan esconderse bajo la protección de algún potentado, y en cuarto lugar, ningún hombre debe rebajarse a sí mismo al mostrar toleración hacia herejes de ningún tipo".

Hellen Ellerbe en su libro "El lado Oscuro de la Historia Cristiana", ella nos dice cómo las víctimas de la Inquisición "fueron implicadas y cómo se les hacían preguntas de una manera ágil de engaño calculado con la intención de enredar y atrapar a la mayoría". La información con respecto a los diferentes procedimientos y herramientas de tortura y muerte descritas en este capítulo han sido extraídas de los manuales, "Practica Inquisicione" (Práctica de la Inquisición) y "Directorium Inquisitorum" (Manual para Inquisidores) escrito por Bernardus Cuidonis y completado por Nicolaus Eymerich, Gran Inquisidor de Aragón. Estos manuales fueron los libros de texto autoritativos que los Inquisidores usaron hasta que se emitieron las Instrucciones de Torquemada en el año 1483.

Aparte de quemar en la hoguera, golpear y sofocar, los Inquisidores usaban diferentes métodos de tortura con la intención de desmembrar y matar a las víctimas. La "Santa Inquisición", fue el nombre acuñado por la Iglesia Católica Romana para el sistema organizacional a cargo de descubrir, torturar y asesinar, mayormente, cristianos y judíos en nombre de su dios, el diablo. La historia muestra que no hubo nada de "Santa" en la "Inquisición", sino la más pura expresión del mal. Como una burla al Santo Dios, muchos de los instrumentos que la Iglesia Católica usó para asesinar cristianos y judíos estaban inscritos con el axioma o dicho, "La gloria sea sólo para Dios".

Si es verdad que Catolicismo Romano representa la verdadera Iglesia de Cristo, ¿cómo es posible que esa iglesia fuera la primera institución en la Tierra que desarrolló e implementó las más horrendas técnicas de tortura y muerte que jamás se hayan inventado en la historia del mundo? La Inquisición inventó todo instrumento concebible capaz de infringir dolor por medio de dislocamiento y desmembramiento lento de las víctimas.

Tal como la historia lo revela, muchas de esas técnicas fueron tomadas y luego usadas por regímenes y policía de estados totalitarios. La reputación de la Iglesia Católica Romana en esta área esta tan bien establecida que es difícil encontrar alguna técnica de tortura en regímenes totalitarios modernos que no fuera iniciada por la Iglesia Católica. El nivel de impiedad y crueldad que los Inquisidores demostraron mientras torturaban, mutilaban y asesinaban sus víctimas inocentes e indefensas, solo se encuentran entre los comportamientos de los criminales más espeluznantes y despiadados que el mundo ha producido. Uno de las acciones vergonzosas que resultaron de los crimines y violaciones cometidas por la "Inquisición" es que hasta el día de hoy, la Iglesia Católica Romana considera como "santos y hombres piadosos" los monstruos que cometieron estos pavorosos crímenes, mientras que las victimas siguen siendo llamada "herejes".

Bernardo Guidonis, el Inquisidor de Toulouse instruyo los laicos a "nunca discutir con un incrédulo" sino a "empujar su espada en la barriga del hombre tan lejos como llegara". En su libro "La Historia de la Tortura", George Ryley Scott nos revela "cómo los Inquisidores se satisficieron con su inhumanidad y desarrollaron un grado de crueldad raramente competida en los anales de civilización, con las autoridades eclesiásticas condenando toda fe fuera de la Cristiandad como demoníaca". Tal como el historiador Henry Charles Lea (1825–1909) nos lo dice en su libro "Tortura":

Una de las condiciones para escapar las penalidades (de la Inquisición) fue que ellos dijeran todo lo que sabían de otros herejes y apóstatas. Bajo el terror general, hay poca hesitación en denunciar no sólo amigos y asociados, pero también el más cercano y más querido familiar, padres, hijos, hermanos y hermanas—esto ultimadamente prolongó la Inquisición por medio de sus asociados. Comunidades enteras enloquecían de dolor y miedo al solo pensamiento de ser denunciado a la Inquisición. Hombres, mujeres, todos asesinados sólo en la evidencia de la iglesia sin ninguna defensa legal. Durante el curso, los acusados no tenían derecho de un abogado, consejo, y aún se le negaba el derecho de saber los nombres de sus acusadores. Ninguna evidencia favorable o testigos de carácter fueron permitidos. En cualquier caso, uno que se atreviera a hablar en favor de un hereje acusado sería arrestado como cómplice. Todos los esfuerzos relacionados con tiempo, lugar, y persona eran cuidadosamente mantenidos en secreto. Solo la sospecha de brujería resultaría en tortura. Los hijos de los padres asesinados por la Inquisición eran usualmente forzados a mendigar en las calles -en vano- porque nadie se atrevía a darle de comer o darle techo sin despertar la sospecha de que ellos mismos eran herejes. La sospecha era suficiente como para alejar a los familiares y amigos más cercanos a las desafortunadas víctimas. Simpatía por ellos sería interpretado como simpatía por los herejes".

A continuación procederé a describir y explicar algunos de los instrumentos y métodos de tortura que la Iglesia Católica Romana empleó para atormentar y asesinar cientos de miles de cristianos y judíos. Pero primero quiero advertir que podría ser que en este segmento, el lector experimente fuertes sentimientos de aversión e indignación y una profunda tristeza por el sufrimiento y la miseria que la Iglesia Católica Romana le causó a cientos de miles de seres humanos, durante un largo periodo de casi setecientos años (1184–1860). Las desafortunadas víctimas de las olas de terror de la Iglesia Católica Romana sufrieron las más horrendas formas de dolor y degradación de parte de aquellos que claman ser los verdaderos representantes de la Iglesia de Cristo aquí en la Tierra.

Puede ser que a medida que lees las siguientes páginas te encuentres a ti mismo moviendo la cabeza de lado a lado, perturbado, frustrado, y enojado acerca de las atrocidades que por tanto tiempo el papado cometió contra la humanidad en el nombre de su dios el diablo. Por cerca de setecientos años el clero de la Iglesia Católica Romana actuó como verdaderos enemigos de Dios. Ellos cometieron todo tipo de abuso y atrocidad en contra del prójimo, sin ningún remordimiento, ni piedad. Basado en esos hechos históricos, no hay razón para creer que el Catolicismo Romano alguna vez haya representado el verdadero Cristianismo. Lo que sigue es un sumario rápido de algunos de los métodos e instrumentos de tortura usados durante los seiscientos sesenta y seis (676) años de la furia de terror y asesinatos que la Iglesia Católica Romana llevó a cabo en contra de centenares de miles de inocentes seres humanos.

La Tortura con la Polea o Garrucha

La polea o garrucha fue el método de tortura que la Inquisición uso con más frecuencia para extraer información de un acusado. Todo lo que se necesitaba para hacer una garrucha fue un listón de madera fuerte en el techo y una cuerda. Primero, las manos eran atadas detrás de su espalda, y otra cuerda se añadía a la atadura de las manos. Segundo, la víctima era lentamente levantada hacia el techo, desgarrando el húmero de los sócalos y dislocando la escápula y la clavícula. La víctima era entonces suspendida seis pies de altura desde el piso. En esa posición, hierros de aproximadamente cuarenta y cinco kilogramos de peso eran atados a los pies. Los verdugos entonces halaban la cuerda y soltaban bruscamente a la víctima, sujetándole fuerte antes de que tocase el piso. El peso del cuerpo y el hierro atado halaba la víctima hacia abajo. El rápido descenso se detenía abruptamente desconectando cada coyuntura y nervio en las manos y en los hombros. La víctima era dejada caer repetidamente de una altura tal que intensificaba el dolor causado por la dislocación de las manos y los hombros. Este proceso se repetía una y otra vez, hasta que el acusado confesaba o quedaba inconsciente. Si la víctima aguantaba la tortura y rehusaba confesar los torturadores lo llevaban a una plataforma donde le quebraban los brazos y las piernas y la dejaban hasta que se muriera. Sin embargo, si la víctima era difícil de morir, entonces era estrangulada y su cuerpo amarrado a una hoguera y quemado.

La Tortura con el Potro

El potro fue otro instrumento de tortura muy usado en la Edad Media y un medio popular para obtener una confesión. Consistía en una estructura de madera con rolos en ambos extremos y una barra fija y sus patas seguras en uno de los extremos, y al otro lado, una barra movible. Las manos de la víctima eran firmemente atadas al rolo en uno de los extremos del potro y sus pies encadenados al otro extremo. El torturador le daba vueltas al timón del rolo halando el cuerpo en direcciones opuestas hasta que los huesos de la víctima eran dislocados con un ruido fuerte, causado por los cartílagos, ligamentos y huesos que se rompían. Si el torturador seguía girando el timón, las piernas y los brazos eran eventualmente arrancados del cuerpo de la víctima. El potro fue comúnmente conocido como la forma de tortura más dolorosa. La laceración de las coyunturas, cartílagos, ligamentos y huesos era tan severa que después de una sesión de tortura, la víctima no era capaz de ponerse en pie, caminar o moverse por sí misma. El potro fue extensamente usado durante la Inquisición Española. De acuerdo a Puigblanch, quien en el trabajo de Monson, la "Historia de la Inquisición", se le cita como diciendo "en esta actitud él experimentaría (la víctima) ocho contorciones fuertes en sus miembros, es decir, dos en los músculos de los brazos por encima de los codos y dos más abajo; uno en cada muslo, y también en las piernas".

La Tortura con el Cepo

La víctima con sus manos y pies asegurados en los hoyos del cepo eran llevados a la plaza pública donde la turba los pinchaba, los abofeteaban y los degradaban con materia fecal y orine; todo lo cual era forzado entre la boca, oídos, nariz y cabello. Con los pies en el cepo, dos pedazos de madera eran fijados sobre y debajo, ambos a través de cada pierna por encima de los tobillos. Habiendo embarrado la planta de los pies con grasa, entonces se le aplicaba una llama ardiendo, y primero se les formaban burbuja y luego quemados. A intervalos, se colocaba un pedazo de madera entre los pies y el fuego, el cual era removido si la víctima desobedecía la orden de confesar su culpabilidad en un delito que no había cometido. Éste era el método de tortura preferido en el caso de víctimas femeninas ya que era más doloroso, pero menos fatal. También fue este un método de tortura favorito en casos donde niños debían ser persuadidos de testificar en contra de sus padres.

La Tortura con Agua

La víctima era colocada boca arriba en una superficie plana y atados sus manos y pies. Las fosas nasales de la víctima eran cerradas completamente, mientras ocho cuartos de líquido eran vaciados en la garganta de la víctima por medio de un embudo. Otras técnicas incluía el forzar un pedazo de tela en la garganta, y entonces se le derramaba agua entre la boca. A medida que la víctima hacía esfuerzos desesperados por respirar por su boca el pedazo de tela se desliza poco a poco entre el estómago con cada intento que la víctima hacía de respirar y tragar. Esto producía toda la sensación de sofocación por ahogamiento hasta que la víctima perdía conocimiento. En vez de agua, los torturadores a veces usaban vinagre hirviendo. Asumiendo que se usaba agua, la victima moría de peritonitis, lentamente. Cuando se usaba este método de tortura en particular, la muerte usualmente ocurría por distención o ruptura del estómago. Uno de los muchos casos registrados por la Inquisición en el año 1598 estuvo relacionado a un hombre que fue acusado de ser un hombre lobo y poseído por un demonio. El verdugo vació un volumen de agua tan grande en la garganta de la víctima, que su barriga se expandió y se puso dura, poco antes de que muriera.

La Tortura de la Horquilla del Hereje

La horquilla del hereje consistía en cuatro púas bien afiladas -dos en cada extremo- de lo que parecía un tenedor. Las púas se clavaban profundamente en la carne de la víctima, debajo de la barbilla y sobre el esternón. La cabeza de la víctima estaba ligeramente inclinada hacia atrás, con las dos púas enterradas debajo de la barbilla. Cuando la víctima no podía tolerar el dolor en el cuello, el empujaba la horquilla hacia abajo haciendo que las púas en ambos extremos penetraran completamente la barbilla y el esternón. A pesar de que la tortura de la horquilla del hereje no causaba la muerte rápida, sin embargo, producía sangrado masivo y además prolongaba el dolor y el sufrimiento de la víctima al punto de la locura.

La Tortura con el Aplasta Cabezas

Con la cabeza de la víctima puesta debajo de la cubierta superior y la barbilla apoyada en la mesa o base, el verdugo le daba vueltas al tornillo de arriba hasta que la cabeza queda comprimida entre la copa de arriba y la base. A medida que se aprieta el tornillo, los dientes de la víctima son aplastados y empujados hacia adentro de las encías y las mandíbulas, rompiendo los huesos de alrededor. Si el torturador continuaba apretando el tornillo, los ojos eran comprimidos hasta salir de sus sócalos. Aunque este no era un instrumento de pena capital, sin embargo se usó durante interrogatorios para extraer información; se usaba para infringir agonía extrema y espanto. El torturador dejaba la víctima en las garras del aplasta cabezas por períodos prolongados u horas. Periódicamente, el torturador golpea la copa de metal de la parte superior que comprimía la cabeza de la víctima. Cada golpe enviaba dolor por todo el cuerpo, como un eco reverberante. Otro método incluía el tornillo en la cabeza, el cual era colocado alrededor de la frente y empujado hacia adentro a medida que era apretado. La victima llegaba a estar tan agitado por el pánico extremo de tener su cabeza aplastada o penetrada por un tornillo, que ellos llegaban a confesar ofensas que nunca cometieron, simplemente para evitar más tortura. Se puede decir que lo mismo ocurría con todas las víctimas cuando eran sometidas a cualquiera de los métodos de tortura de la Inquisición.

Quemados Vivos en la Hoguera

Con unas cuantas excepciones, la muerte de los acusados de "herejía" venía a través de la hoguera. Frecuentemente, quemar una víctima en la hoguera atraía grandes multitudes de espectadores. Los Inquisidores además de asesinar a sus víctimas, proveían un espectáculo para el entrenamiento público de las gentes. Reflexionando en el hecho de que todos los crímenes de la "Inquisición" fueron cometidos "bajo la ley" del poder civil y religioso, el biógrafo, Toma Hobbes dijo, "si el hombre es capaz de tal violencia e inhumanidad en un estado de civilización, ¿de qué no será el capaz cuando no haya ley, ni sociedad? El comportamiento de la mayoría de la gente durante el período del reino del Anticristo y la "gran tribulación" responderá esa pregunta.

La víctima era atada con cadenas a un poste vertical o estaca que era fuertemente clavada en la tierra. Luego se apilaba un montón de leña y paja alrededor de la víctima hasta que su cuerpo quedaba casi cubierto. La hoguera era encendida y la víctima era quemada viva mientras gemía y daba gritos espantosos por el dolor que producían las llamas en todo su cuerpo.

La Tortura con la Pera Oral, Anal o Vaginal

Este instrumento fue usado en forma oral, rectal y vaginal (la más grande). La pera mecánica era forzada entre la boca, recto o vagina de una víctima y allí expandida por la fuerza de un tornillo hasta alcanzar su apertura máxima. La parte de adentro de la apertura en cuestión era irremediablemente y fatalmente lacerada. Las pullas salientes al final de la pera servían mejor para desgarrar la garganta, los intestinos o la cerviz en las mujeres. La pera oral era forzada mayormente en la boca de predicadores "herejes" (Evangélicos) y laicos acusados de abandonar la fe Católica. La pera también fue usada extensamente por la Inquisición Española como un instrumento de tortura para forzar confesiones de mujeres inocentes, acusadas de "brujería".

La Tortura con el Desgarrador de Senos

El nombre de este instrumento de tortura habla por sí mismo. Mujeres acusadas de "herejía", blasfemia, adulterio y brujería, a menudo sintieron la ira y violencia de este instrumento mientras despedazaba sus senos en el torso.

4

Acusación y Juicio de las Dos Babilonias

Hace aproximadamente dos mil años Dios acusó la falsa Cristiandad. Él acusó la "gran ramera" por la sangre de Sus hijos que ella ha asesinado en la Tierra. La "mujer...la gran ramera que se sienta en muchas aguas" es una bestia sedienta de sangra, la cual Juan vio "ebria de la sangre de los santos y de la sangre de los mártires de Jesús" (Apocalipsis 17:6 VRV). Mi interpretación de este pasaje es que la palabra "santos" se refiere al primer grupo de todos los cristianos que la Iglesia Católica Romana asesino durante la furia de los setecientos setenta y seis años (1184–1860) de la Inquisición. Es de interés notar que a pesar de que el falso Cristianismo demonizó sus víctimas y les dio el nombre peyorativo de "herejes", el Señor Jesús los llama "santos". El segundo grupo, los "mártires" se refiere a los cristianos que junto con el Anticristo la Iglesia Católica asesinará durante el período de la "gran tribulación". Además, en Apocalipsis 18:24, el Señor Jesús dice, "Y en ella se halló la sangre de los profetas y de los santos, y de todos los que han sido muertos en la tierra". A pesar de que el Capítulo 18 del libro de Apocalipsis habla acerca del juicio de la Babilonia comercial y política, el verso veinticuatro habla de los crímenes que el Anticristo cometerá en sociedad con el falso profeta en contra de aquellos que serán asesinados por su fe en Jesús; estos son llamados "mártires". Tal como ocurrió en los tiempos de la Inquisición, una vez más en el futuro, la Iglesia Católica Romana dirigirá una perseguirá mundial de cristianos y judíos. La iglesia y el estado se unirán para matar cristianos; la iglesia los condenará y luego los pondrá en mano de las autoridades para ser ejecutados. Con más claridad aún, se nos dice que el Señor Jesús "ha juzgado a la gran ramera que ha corrompió a la tierra con sus fornicación, y ha vengado la sangre de sus siervos de la mano de ella." (Apocalipsis 19:2).

En mi libro "El Rapto, El Gobierno Mundial y la "Gran Tribulación", yo hablo en detalle de como el Anticristo y el falso profeta asesinarán los dos profetas de Dios según se revela en Apocalipsis Capitulo 13. Además se nos dice que el Anticristo y el falso profeta perseguirán y asesinarán aquellos que rehúsen "la marca de la bestia, o el número de su nombre" (Apocalipsis 13:17). También somos introducidos a la escena apocalíptica futura de "las almas de los que habían sido muertos por causa de la palabra de Dios y por el testimonio que tenían. Y clamaban a gran voz, diciendo: ¿Hasta cuándo, Señor, santo y verdadero, no juzgas y vengas nuestra sangre en los que moran en la tierra?" (Apocalipsis 6:9–10 VRV). Por lo tanto, en Apocalipsis Capítulos 18 y 19 nosotros encontramos sus oraciones finalmente contestadas. Dios presentó cargo contra la Babilonia comercial y la Babilonia religiosa por "la sangre de sus siervos", y además asegura que Él las juzgará con finalidad. Durante el período de la futura "gran tribulación" el mundo verá el restablecimiento de la "Inquisición" Católica Romana. Durante ese periodo, la Iglesia Católica Romana sentenciará los cristianos y judíos a muerte y el gobierno del Anticristo ejecutará las órdenes de la iglesia. Esto es lo que la Biblia nos dice acerca de las acciones futuras del líder espiritual de la iglesia apóstata con relación a la futura persecución de cristianos y judíos:

> "Y engaña a los moradores de la tierra con las señales que se le ha permitido hacer en presencia de la bestia, mandando a los moradores de la tierra que le hagan imagen a la bestia que tiene la herida de espada, y vivió. Y se le permitió infundir aliento a la imagen de la bestia, para que la imagen hablase e hiciese matar a todo el que no la adorase" (Apocalipsis 13:14–15 VRV).

Sin embargo, debe servirnos de consolación el hecho de que ya Dios ha pronunciado juicio sobre los poderes políticos y religiosos que han sido y serán responsables de "la sangre de los santos y los mártires de Jesús...y la sangre de todos los profetas y de santos, y de todos los que han sido muertos en la tierra" (Apocalipsis 17:6; 18:24). Dios juzgara la "gran ramera" por la sangre de sus siervos, desde el tiempo cuando los romanos mataron a Juan el Bautista y a Jesús; y por todos los crímenes que la Inquisición cometió, continuando hasta la "gran tribulación", cuando ella asesinará millones de cristianos y judíos. Para poder entender lo que el papa hará durante la "gran tribulación" en asociación con el Anticristo, invito los lectores a que analicen los actos criminales que la Iglesia Católica Romana cometió durante el período de los seiscientos setenta y seis años de la "Inquisición". La futura gran Inquisición está ya a la puerta; Israel y el mundo deben saberlo, por eso lo estamos proclamando. Ésta será la persecución más grande de judíos y cristianos que el mundo ha de conocer.

El Juicio Final de Dios Sobre la Iglesia Católica

El lector podrá recordar que anteriormente en este libro hablamos acerca del cumplimiento literal de la profecía que el Señor Jesús hizo acerca del "trigo y la cizaña" en Mateo 13:24–30. El Señor Jesús dijo "Dejad crecer juntamente lo uno y lo otro hasta la siega; y al tiempo de la siega yo diré a los segadores: Recoged primero la cizaña, y atadla en manojos para quemarla; pero recoged el trigo en mi granero" (Mateo 14:30 VRV). Es de interés notar que en Joel Capitulo 3 se hace referencia a esa siega, la cual está relacionada con "el día del Señor...en el valle de la decisión." El "día del Señor" se refiere más específicamente al juicio de las naciones tal como se menciona en Mateo 25:31–46. De manera que el Señor Jesús profetizó que "al tiempo de la siega" Él quemará la cizaña (el falso Cristianismo). Notemos que dos mil años atrás cuando el Señor Jesús habló de la parábola del trigo y la cizaña, Él explicó en lenguaje vivo que la cizaña (los falsos cristianos y sus líderes espirituales) serán quemados o destruidos con fuego. Nos quedamos con la boca abierta al reconocer que la profecía del Señor Jesús con respecto al juicio del falso Cristianismo, se cumplirá al pie de la letra, en Su segunda venida. Notemos que todos los miembros de la iglesia universal apóstata y ecuménica de los últimos días que aparecerán en el juicio de las naciones serán juzgados con finalidad; es decir, ellos serán lanzados directamente en el lago que arde con fuego y azufre (el infierno) y no tendrán que comparecer otra vez ante Dios en el día juicio final, tal como el Señor Jesús dijo. Esto es lo que el Señor Jesús dijo acerca del juicio de las naciones:

> "Entonces dirá también a los de su izquierda: Apartaos de mí, malditos, al fuego eterno preparado para el diablo y sus ángeles" (Mateo 25:41 VRV).

En el juicio de las naciones, el Señor Jesús juzgará y enviará directamente al infierno todos los seguidores de la "Gran Babilonia, la Madre de las Rameras y de las Abominaciones de la Tierra" (Apocalipsis 17:5 VRV). Así que Dios predeterminó que el falso Cristianismo conocerá su destrucción final con el fuego del infierno. Sin embargo, en el siguiente pasaje, el Señor Jesús nos está diciendo que en la primera fase de la destrucción de la "gran ramera":

> "Los diez cuernos que viste en la bestia, estos aborrecerán a la ramera, y la dejaran desolada y desnuda; y devorarán sus carnes, y la quemarán con fuego; porque Dios ha puesto en sus corazones el ejecutar lo que Él quiso; ponerse de acuerdo, y dar su reino a la bestia, hasta que se cumplan las palabras de Dios. Y la mujer que has visto es la gran ciudad que reina sobre los reyes de la tierra" (Apocalipsis 17:16–18 VRV).

Aunque los líderes políticos reinando con el Anticristo destruirán los líderes y el aparato religioso de la Iglesia Católica Romana, el falso profeta permanecerá leal al Anticristo hasta el fin cuando el Señor Jesús regrese y eche a los dos, vivos, en el lago de fuego donde estarán por los siglos de los siglos. Es probable que el clero del falso Cristianismo se vea envuelto en una confrontación con los diez líderes políticos de la confederación de naciones que reinarán con el Anticristo, lo cual resultará en su propia ruina. Irónicamente, esto sucederá poco después de que la súper-iglesia ecuménica liderada por el papado, haya dado su lealtad al Anticristo y después de haberlo asistido a consolidar su control sobre el mundo entero.

La Biblia dice que Dios pondrá los amantes políticos de la "gran ramera" en contra de ella para poner fin a diecisiete siglos de prostitución espiritual con "los reyes de la tierra". El lenguaje que la Biblia usa en Apocalipsis Capitulo 17, sugiere que los aliados del Anticristo lograrán la destrucción rápida y completa de la iglesia apóstata a través de actos viciosos de violencia, tales como la destrucción de todo el clero, confiscación de propiedades, saqueo, profanación y la destrucción de sus lugares de adoración idólatra. Parece que el Anticristo perseguirá y quemará los clérigos de la Iglesia Católica Romana. Paradójicamente, la iglesia que se complació en perseguir y asesinar cristianos y judíos, al final ella recibirá dos veces más el mismo tratamiento en retribución por toda la violencia que ella trajo sobre otros. Dios le dará:

> "A ella como ella os ha dado, y pagadle doble según sus obras; en el cáliz en que ella preparó bebida, preparadle a ella el doble. Cuanto ella se ha glorificado y ha vivido en deleites, tanto dadle de tormento y llanto; porque que dice en su corazón: Yo estoy sentada como reina, y no soy viuda, y no veré llanto; por lo cual en un solo día vendrán sus plagas; muerte, llanto y hambre, y será quemada con fuego, porque poderoso es Dios el Señor, que la juzga" (Apocalipsis 18:6–8 VRV).

Glorifiquemos al Dios justo porque el castigo y la retribución que Él ha determinado para el falso Cristianismo serán dos veces más grande que toda la violencia y los y crímenes que ella cometió contra las víctimas de la "Inquisición":

> "Porque sus pecados han llegado hasta el cielo, y Dios se ha acordado de sus maldades" (Apocalipsis 18:5 VRV). "Porque sus juicios son verdaderos y justos; pues ha juzgado a la gran ramera que ha corrompido a la tierra con su fornicación, y ha vengado la sangre de sus siervos de mano de ella. Otra vez dijeron: ¡Aleluya! Y el humo de ella sube por los siglos de los siglos" (Apocalipsis 19:2–3 VRV).

Se debe notar que el hecho que el falso profeta (papa) no es eliminado junto con todos los demás líderes de la iglesia, significa no sólo que el permanecerá leal al Anticristo y su política de gobierno, sino que también él jugará un papel importante en la destrucción de su propia iglesia apóstata y falsa.

El Juicio Final de Babilonia, la Ciudad del Anticristo

Se debe recordar que las dos babilonias de la que habla la Biblia nacieron juntas y fueron introducidas al mundo al mismo tiempo, por su fundador Nimrod. De acuerdo a las historias bíblicas que encontramos en Génesis 10:8–10 y 11:1–9, Nimrod fundó al mismo tiempo, la Babilonia religiosa y la Babilonia político-económica. De manera que con Nimrod se inició un sistema político-económico y religioso mundial que desde entonces ha antagonizado con Dios y Su plan eterno para con el hombre en la Tierra. La Babilonia político-económica representa el espíritu del mundo malo, el cual se encuentra vivo hoy en nuestra economía y sistema financiero y bancario mundial. También se encuentra vivo en nuestro actual punto de vista mundial de la política, la educación, el humanismo y la filosofía. Desde Babel hasta nuestro presente día, el espíritu de la Babilonia político-económica se encuentra vivo en nuestros valores culturales, en la música, la moda, en la forma en que vivimos nuestras vidas y en la forma en que nos relacionamos unos a otros, al ambiente y a Dios. El espíritu de la Babilonia político-económica se puede ver claramente en nuestra común actitud egoísta y materialista a la vida, la familia, el negocio, el trabajo, el placer y nuestra indiferencia hacia las cosas que realmente tienen valor eterno.

Por el otro lado, desde su comienzo mismo, el sistema de la Babilonia religiosa se ha basado en la adoración de la Madre y el Hijo, y la imposición de autoridad religiosa sobre la gente para ganar honor y poder terrenal. Las dos babilonias nacieron juntas para servir al mismo propósito a través de un sistema político, económico y religioso que desde entonces ha operado en el mundo. Esa es la razón por la que la Babilonia religiosa de Apocalipsis Capítulos 13 y 17 está representada por la mujer montando una bestia escarlata de siete cabezas y diez cuernos, la cual representa el antiguo Imperio Romano y el Imperio Romano restaurado del futuro. Esta mujer representa la Iglesia Católica Romana, la cual ha estado montando la bestia escarlata de siete cabezas (la Babilonia político-económica) por casi diecisiete siglos de autoridad y poder papal.

La buena nueva es que de acuerdo a la Biblia, debido a que estas dos babilonias nacieron juntas y han trabajado juntas a través de la historia del mundo, Dios las destruirá juntas. Apocalipsis 18:21–24 proclama la caída final de Babilonia. Con la caída de la Babilonia político-económica, el mundo entero sabrá que el orden social y el reinado del hombre ya no será más. Cuando eso ocurra, no habrá más gobiernos humanos a cargo de las naciones, no más bancos y sistemas financieros, no más educación, ni mercado libre y no más risas ni disfrute de la vida. No habrá nada más que llanto y lamento sobre la pérdida de los valores de un sistema mundial malvado y egoísta. Después de la caída de la Babilonia político-económica, ya no habrá más avaricia, ni explotación humana, ni egocentrismo, ni usura, ni voracidad corporativa, ni pobreza, ni hambre, ni guerra, ni contaminación ambiental, ni gobierno humano:

> "Y la gran ciudad fue dividida en tres partes, y las ciudades de las naciones cayeron; y la gran Babilonia vino en memoria delante de Dios para darle el cáliz del vino del ardor de su ira" (Apocalipsis 16:19 VRV).

Vale la pena notar que Dios derramará Su juicio sobre "las ciudades de las naciones" por medio de un súper-terremoto, el cual se discute ampliamente en mi libro "El Rapto, El Gobierno Mundial y la Gran Tribulación". Inmediatamente después, Dios enfocará Su atención en la Babilonia física, la ciudad capital del Anticristo. "La gran Babilonia" aquí se refiere a la ciudad corazón del sistema político-económico del Anticristo, el cual se encontrará ubicado en la tierra de la antigua Babilonia. Es interesante notar que el sistema político-económico y religioso que comenzó en Babilonia, terminará en la misma área geográfica donde comenzó con Nimrod al comienzo mismo de la civilización humana. "La gran Babilonia vino en memoria delante de Dios, para darle el cáliz del vino del ardor de su ira." Puede que Dios se tarde, pero Él nunca se olvidará de la maldad que el pecador ha cometido. Dios ha reservado una gran porción de Su ira e indignación para la Babilonia político-económica del Anticristo. De acuerdo a Apocalipsis 16:19 y Zacarías 14:1–8, Dios usará el terremoto más grande de la historia del mundo, para derribar todas "las ciudades de las naciones" del mundo. Se nos dice que como resultado de este terremoto colosal, "toda isla huyó, y los montes no fueron hallados. Y cayó del cielo sobre los hombres un enorme granizo como del peso de un talento" (Apocalipsis 16:20–21 VRV). Este súper-terremoto activará todos los volcanes del planeta, los cuales al hacer erupción simultánea, lanzarán cantidades inimaginable de fuego, ceniza, humo, escombros y "un enorme granizo" a través del mundo entero. Dios usará el terremoto y el fuego volcánico para quemar completamente la Babilonia física, la capital del Anticristo. Los detalles de la destrucción de Babilonia se encuentran en el libro de Apocalipsis Capítulo 18:

> "Después de esto vi a otro ángel descender del cielo con gran poder; y la tierra fue alumbrada con su Gloria. Y clamó con voz potente, diciendo: Ha caído, ha caído la gran Babilonia, y se ha hecho habitación de demonios y guarida de todo espíritu inmundo, y albergue de toda ave inmunda y aborrecible... porque sus pecados han llegado hasta el cielo, y Dios se ha acordado de sus maldades...por lo cual en un solo día vendrán sus plagas; muerte, llanto y hambre, y será quemada con fuego; porque poderoso es Dios el Señor, que la juzga. Y los reyes de la tierra que han fornicado con ella, y con ella han vivido en deleites, llorarán y harán lamentación sobre ella, cuando vean el humo de su incendio, parándose lejos por el temor de su tormento, diciendo: ¡Ay, ay, de la gran ciudad de Babilonia, la ciudad fuerte; porque en una hora vino tu juicio!" (Apocalipsis 18:1–3, 5, 8–10 VRV).

La caída de la Babilonia político-económica, marcará el fin de un sistema mundial malvado. Debemos notar que el juicio de Babilonia empezará en Apocalipsis 16:10 con el quinto ángel derramando su copa en el trono de la bestia (el Anticristo) y su reino y terminará en Apocalipsis 18:17–21 con su destrucción física. El Anticristo establecerá a Babilonia como la segunda capital de su imperio financiero y militar. La Biblia apunta hacia el día cuando Dios destruirá a Babilonia con finalidad. La antigua ciudad de Babilonia será reconstruida y usada otra vez en los últimos días como un centro de adoración de demonios como en el principio. El dictador Saddam Hussein y su gobierno se embarcó en el ambicioso proyecto de reconstruir las ruinas de la antigua ciudad de Babilonia en Iraq. Se dice que Saddam Hussein gastó más de medio billón de dólares en el proyecto. Desde una perspectiva profética este es un acontecimiento muy significativo. El Anticristo terminará el trabajo de reconstrucción que Saddam Hussein empezó, y entonces establecerá una sucursal de su cuartel general en Babilonia (Iraq), tal como la Biblia nos asegura que acontecerá.

Dios puntualizara la terminación del derramamiento de Su ira sobre Babilonia con un terremoto devastador de consecuencias apocalípticas, el más poderoso terremoto en la historia del mundo. Este juicio causará la destrucción de la Babilonia político-económica, con fuego, hambre, muerte y plagas de granizos. Dios destruirá a Babilonia con fuego, justamente como Él ha prometido en Su santa palabra. Parece que la ciudad de Babilonia será aislada por grandes ríos rojos de lava ardiente y el humo de las erupciones volcánicas masivas que resultarán del más grande terremoto en la historia de la humanidad. Además, parece que el mundo mirará horrorizado el incendio de Babilonia, a través de la cámara de televisión y teléfonos, incapaz de venir a su ayuda:

> "Y Babilonia, hermosura de los reinos y ornamento de la grandeza de los caldeos, será como Sodoma y Gomorra, a las que trastornó Dios" (Isaías 13:19 VRV).

Debemos recordar que la característica principal del juicio sobre Sodoma y Gomorra fue el fuego, el cual cayó del cielo y los destruyó. De acuerdo al pasaje bíblico de arriba, Babilonia será también destruida con fuego.

5

La Primera Resurrección y el Comienzo del Milenio

De acuerdo a la enseñanza bíblica, la primera resurrección ocurrirá inmediatamente después del regreso de nuestro Señor Jesús a la Tierra:

> "Y vi tronos, y se sentaron sobre ellos los que recibieron facultad de juzgar; y vi las almas de los decapitados por causa

del testimonio de Jesús y por la palabra de Dios, los que no habían adorado a la bestia ni a su imagen, y que no recibieron la marca en sus frentes ni en sus manos; y vivieron y reinaron con Cristo mil años. Bienaventurado y santo el que tiene parte en la primer resurrección; la segunda muerte no tiene potestad sobre estos, sino que serán sacerdotes de Dios y de Cristo, y reinarán con él mil años" (Apocalipsis 20:4, 6 VRV).

Todos los cristianos que han muerto desde Abel hasta el último cristiano que sea tomado al cielo en el rapto, regresarán con Cristo en sus cuerpos resucitados, cuando El venga a la batalla de Armagedón. Aquellos que tomarán "parte en la primera resurrección" son aquellos que se quedaron en el rapto de la Iglesia. Ellos son los que creerán en el Señor Jesús durante el período del reino del Anticristo y la "gran tribulación". Esos creyentes morirán como mártires durante la más grande persecución de judíos y cristianos que ocurrirá en la última mitad del reinado de siete años del Anticristo y el falso profeta (papa). Por supuesto, ellos son benditos no sólo porque vivirán y reinarán con "Cristo por mil años", pero más importante todavía, porque "la segunda muerte no tiene potestad sobre estos…y reinarán con el mil años". Aquellos tomando parte en la primera resurrección se unirán al resto de los redimidos para reinar con Cristo, no sólo durante el Milenio, sino por toda la eternidad. Después de esta resurrección no habrá otra "resurrección de vida", sino la "resurrección de condenación" en el juicio final:

> "Pero los otros muertos no volvieron a vivir hasta que se cumplieron mil años. Esta es la primera resurrección" (Apocalipsis 20:5 VRV).

El Juicio Final de las Naciones

El Señor Jesús se refirió claramente al juicio de los gentiles, o el juicio de las naciones en los siguientes términos:

> "Cuando el Hijo del Hombre venga en su Gloria, y todos los santos ángeles con Él, entonces se sentará en su trono de gloria, y serán reunidas delante de Él todas las naciones; y apartará

los unos de los otros, como aparta el pastor las ovejas de los cabritos. Y pondrá las ovejas a su derecha, y los cabritos a su izquierda" (Mateo 25:31–33 VRV).

El juicio de todas las naciones—creyentes y no creyentes—que habrán de sobrevivir el reinado del Anticristo y la "gran tribulación" tomará lugar aquí en la Tierra inmediatamente después de la derrota de Satanás y lo enemigos de Dios que vendrán contra Jerusalén para la batalla de Armagedón. Los individuos que sean juzgados en este juicio no tendrán que comparecer ante el juico del gran trono blanco, o juicio final. El juicio de las naciones será final. Eso significa que Dios echará directamente en el infierno todos aquellos que aceptaron la marca del anticristo en "sus frentes o en sus manos derecha". Estos pecadores juntos con el Anticristo y el falso profeta serán los primero habitantes del infierno. Tal como el Señor Jesús mismo lo explicó, este juicio servirá para separar los creyentes (ovejas) de los no creyentes (cabritos) que sobrevivirán la "gran tribulación" y todos los juicios apocalípticos que Dios derramará sobre la Tierra. El juicio de las naciones determinará quiénes o quién no es digno de entrar vivo al reino de mil años que el Señor Jesús establecerá aquí en la Tierra inmediatamente después de Su segunda vendida. De acuerdo a la Biblia, el primer criterio que se usará en este juicio es determinar quienes recibieron o no la marca de la bestia en la frente o en la mano derecha durante el reinado del Anticristo y el falso profeta. La Biblia dice que aquellos que reciban la marca de la bestia en su frente o en su mano derecha, no tendrán salvación de ningún tipo. Naturalmente, una persona que esté dispuesta a sufrir persecución y muerte por rechazar la marca de la bestia prueba por ello que tiene conocimiento de y fe en Dios. El segundo criterio se basará en como los individuos de las naciones trataron al pueblo de Dios Israel durante la persecución mundial que el Anticristo y el papa desatarán contra ellos. Debemos recordar que Dios ya pronunció el más severo de los juicios divinos, en contra de aquellos que odian y tratan con desprecio a Abraham o a sus descendientes. Dios le hizo a Abraham esta doble promesa: Bendeciré a los que bendijeren, y a los que te maldijeren maldeciré; y serán benditas en ti todas las naciones de la tierra" (Génesis 12:3 VRV).

No han faltado individuos y naciones que en cada generación han odiado a Israel, los cuales también desean su destrucción. Estas gentes se unirán al Anticristo y al falso profeta en la persecución y asesinatos de creyentes, tanto judíos como gentiles creyentes en Cristo. La Biblia predice que en los últimos días, todas las naciones de la Tierra se levantarán contra Israel y buscarán su destrucción. En mi libro titulado, El Rapto, El Gobierno Mundial y la "Gran Tribulación", yo discuto extensamente como el abuso y la violencia que las naciones cometerán contra Israel durante la "gran tribulación", hará que la ira de Dios se manifieste contra los ejércitos que vienen contra Israel. Los enemigos de Israel y aquellos que la odian han tomado el lado equivocado en esta guerra cósmica entre el bien y el mal. Yo he oído incluso creyentes "Evangélicos" atacando y verbalmente abusando al pueblo escogido de Dios, Israel. Obviamente, ellos no entienden que el mundo odia a Israel y al verdadero Cristianismo (cristianos nacidos de nuevo), simplemente porque el mundo es de Satanás y el odia a todos los hijos de Dios, tanto como odia a Dios mismo. Durante el reinado del Anticristo y la "gran tribulación", esos del mundo que odian a Dios, odiarán también Su pueblo. Por lo tanto, el mundo tomará gran placer en despojar a los judíos de su tierra, ponerlos en la cárcel, exiliarlos, torturarlos, violar y matar sus mujeres y niños. Sin embargo, también habrá mucha gente que a pesar del riesgo, ayudará al pueblo de Israel. De manera que cuando el Señor Jesús regrese a la Tierra, Él encontrará dos grupos de personas; aquellos que estuvieron en contra de Israel y cerraron sus corazones contra ellos en la hora de la prueba más grande y aquellos que tomaron el riesgo de perder sus vidas por hacer todas las buenas obras que el Señor Jesús menciona en el pasaje de Mateo 25:31–46, para proteger y preservar a los judíos. ¿Qué hará el Señor Jesús con los unos y los otros? El ciertamente "bendecirá" y les dará un reino a todos aquellos que "bendijeren" a los descendientes de Abraham durante el "tiempo de angustia para Jacob" (Jeremías 30:7). Por otro lado, Dios también "maldecirá" a los que maldijeron a Israel:

> "Entonces el Rey dirá a los de su derecha: Venid, benditos de mi Padre, heredad el reino preparado para vosotros desde la fundación del mundo. Porque tuve hambre, y me disteis de comer; tuve sed, y me disteis de beber; fui forastero, y me recogisteis; estuve desnudo, y me cubristeis; enfermo, y me visitasteis; en la cárcel, y vinisteis a mí. Entonces los justos le

responderán diciendo: Señor, ¿cuándo te vimos hambriento, y te sustentamos, o sediento, y te dimos de beber? ¿Y cuándo te vimos forastero, y te recogimos, o desnudo, y te cubrimos? ¿O cuándo te vimos enfermo, o en la cárcel, y vinimos a ti? Y respondiendo el Rey, les dirá: De cierto os digo que en cuanto lo hicisteis a uno de estos mis hermanos más pequeños, a mí lo hicisteis" (Mateo 25:34–40 VRV).

Los "benditos de mi Padre" heredarán el reino que fue preparado para ellos. Los "benditos" son todos aquellos que creyeron en el Señor Jesús durante el período de la "gran tribulación." Ellos no adorarán la imagen de la bestia, ni tomarán su marca en la frente o en la mano derecha. Ellos también socorrerán a muchos de los de Israel. Por lo tanto, los "benditos" entrarán vivos al Milenio, no en base a ninguna "obra de justicia" que ellos hayan hecho, sino por la fe que ellos demostrarán al cuidar de algunos de los miembros del pueblo escogido de Dios, ya que de lo contrario serían exterminados. Por lo tanto, Dios honrará Su promesa de "bendecir a los que te bendicen" (la descendencia de Abraham).

Por el otro lado, también en cumplimiento de su promesa de maldecir "a los que te maldijeren", los malos comparecerán en la presencia del Señor Jesús para escuchar el veredicto:

"Entonces dirá también a los de la izquierda: Apartaos de mí, malditos, al fuego eterno preparado para el diablo y sus ángeles. Porque tuve hambre, y no me disteis de comer; tuve sed, y no me disteis de beber; fui forastero, y no me recogisteis; estuve desnudo, y no me cubristeis; enfermo, y en la cárcel, y no me visitasteis. Entonces también ellos le responderán diciendo: Señor, ¿cuándo te vimos hambriento, sediento, forastero, desnudo, enfermo, o en la cárcel, y no te servimos? Entonces les responderá diciendo: De cierto os digo que en cuanto no lo hicisteis a uno de estos más pequeños, tampoco a mí lo hicisteis. E irán estos al castigo eterno..." (Mateo 25:41–46 VRV).

Tal como ya he explicado, el juicio de las naciones será definitivo o final. Por lo tanto "estos irán al castigo eterno" que es el infierno.

El Señor Jesús enseñó que cada individuo tendrá que decidir por sí mismo si quiere entrar "por la puerta estrecha" o por la "puerta ancha" porque espacioso es el camino que lleva a la perdición, y muchos son los que entra por ella" (Mateo 7:13 VRV). Aquí vemos el resultado de la decisión que muchos hicieron de entrar por la puerta ancha que termina en juicio y perdición. Amigo mío, vale la pena entrar por la puerta estrecha y por el camino angosto porque es la única puerta que "lleva a la vida" (Mateo 7:14). No sé tú, pero cuando yo leo, "E irán estos al castigo eterno, y los justos a la vida eterna", yo siento un gozo inmenso al saber que estoy en el camino correcto, el cual es Cristo, y de que mi alma está segura en Él, por toda la eternidad. ¿Tienes tú esa seguridad? Dios quiere que tú también la tengas; recíbele ahora mismo. Puedes usar la oración que se encuentra en la parte final de la conclusión de este libro.

El Milenio y la Restauración de Todas las Cosas

Inmediatamente después de que el Señor Jesús concluya con el juicio de las naciones, Él preparará para el reino del Milenio, la tierra que estará ya arruinada. Al principio, cuando Dios creó a Adán y Eva, la Biblia describe el mundo como un paraíso donde no había muerte, ni decadencia, ni enfermedad, ni dolor, ni conflicto o problema de ningún tipo. Dios tomo a Adán "y lo puso en el huerto de Edén, para que lo labrase y lo guardase" (Génesis 2:15 VRV). De manera que el hombre vivía en un mundo perfecto. Pensamos que realmente hemos progresado, pero la verdad es que daremos mala cuenta del mundo perfecto que Dios puso en nuestra mano para que lo "labrásemos y lo guardásemos". Para el tiempo cuando el Señor Jesús regrese para establecer su reino aquí en la Tierra, el mundo estará tan degradado por la contaminación y la destrucción causada por los siete años de terror del Anticristo, que el futuro de toda vida en la Tierra será prácticamente imposible. El mundo estará virtualmente destruido y arruinado más allá de toda posibilidad humana de reparación. Las grandes ciudades del mundo estarán en ruinas. El aire estará altamente contaminado o toxico, debido al polvo y escombros que resultarían de cientos o tal vez miles de erupciones volcánicas que ocurrirán alrededor del planeta.

La Biblia indica que las aguas de los océanos estarán tan contaminadas que todo ser viviente en el agua morirá. La mayoría de los animales y la vegetación de la Tierra desaparecerán. La falta de luz solar y de lluvia hará que la agricultura sea virtualmente imposible. A menos que Dios cumpla Su promesa de la "restauración de todas las cosas" (Hechos 3:21), la condición para que la vida continúe en la Tierra será imposible. De acuerdo al apóstol Pablo, "el anhelo ardiente de la creación es el aguardar la manifestación de los hijos de Dios" (Romanos 8:19 VRV). Con la segunda venida de nuestro Señor Jesús a la Tierra y todos los santos, la creación, la cual "fue sujetada a vanidad...será liberada de la esclavitud de corrupción, a la libertad gloriosa de los hijos de Dios. Porque sabemos que toda la creación gime a una, y a una está con dolores de parto hasta ahora" (Romanos 8:20–22 VRV). El Señor ha hablado del día cuando todas las cosas serán restauradas. En su mensaje predicado en el Pórtico de Salomón en el templo en Jerusalén, el apóstol Pedro dijo,

> "Y Él envíe a Jesucristo, que os fue antes anunciado; a quien dé cierto es necesario que el cielo reciba hasta los tiempos de la restauración de todas las cosas, de que hablo Dios por boca de sus santos profetas que han sido desde tiempo antiguo" (Hechos 3:20–21 VRV).

Cuando Dios creó a Adán y Eva, Él los puso en el huerto de Edén y dijo:

> "Y señoree en los peces del mar, en la aves de los cielos, en las bestias, en toda la tierra, y en todo animal que se arrastra sobre la tierra...Y los bendijo Dios, y les dijo: Fructificad y multiplicaos; llenad la tierra y sojuzgadla, y señoread en los peces del mar, en la aves de los cielos, y en todas la bestias que se mueven sobre la tierra" (Génesis 1:26b, 28 VRV).

Tres veces en este pasaje Dios le dijo a Adán y Eva que se señorearan y sojuzgaran la Tierra y todas las criaturas que en ella había. De manera que Dios le dio al hombre la administración de toda la Tierra, pero debido al pecado él no sólo le falló a Dios, sino que también transfirió su autoridad a Satanás. El evento más trágico en la historia de la humanidad ocurrió cuando Adán escuchó y obedeció las palabras de Satanás en el huerto de Edén. Adán se sujetó el mismo a Satanás y con él, la autoridad que había recibido para dominar o gobernar la Tierra. Se debe notar que durante la tentación, Satanás llevó al Señor Jesús "a un monte muy alto, y le mostró todos los reinos del mundo y la gloria de ellos" (Mateo 4:8–9 VRV) y se los ofreció a cambio de que lo adorara. Es interesante notar que el Señor Jesús no reprendió a Satanás cuando éste afirmó que "todos los reinos del mundo y la gloria de ellos" son suyos. De hecho, más específicamente, en el evangelio de Lucas Satanás le dijo al Señor Jesús:

> "Y le dijo el Diablo: A ti te daré toda esta potestad, y la gloria de ellos; porque a mí me ha sido entregada, y a quien quiero la doy. Si tu postrado me adorares, todos serán tuyos" (Lucas 4:6–7 VRV).

De manera que, Satanás tiene derecho a todos los reinos del mundo y a la gloria de ellos porque cuando Adán y Eva pecaron, ellos transfirieron su autoridad a Satanás por haberse sometido a él. También, por la misma razón, en Efesios 2:2, Satanás es llamado, "el príncipe de la potestad del aire". En Efesios 6:12, Pablo llama a Satanás y sus demonios, "principados, gobernadores de las tinieblas de este siglo." Y en 2 Corintios 4:4, Pablo otra vez llama a Satanás, "el dios de este siglo". Y finalmente, en 1 Juan 5:19, el apóstol Juan le dio al clavo en la cabeza cuando él dijo: Sabemos que somos de Dios, y el mundo entero está bajo el maligno". En Su segunda venida, el Señor Jesús (el segundo Adán) reclamará el dominio sobre el mundo, el cual ya legalmente pertenece a la humanidad redimida. Debido a Su "obediencia hasta la muerte…Dios también le exaltó hasta lo sumo, y le dio un nombre que es sobre todo nombre" (Filipenses 2:8–9). Tal como John MacArthur escribió, "Por Su obra redentora, Cristo ha cumplido todo lo que es requerido como el representativo supremo de la humanidad. Por Su encarnación, Su muerte substitutoria y Su victoria sobre el pecado y la muerte, Él ha cumplido el propósito original del hombre". El que por un tiempo breve fue "un poco menor que los ángeles" (Hebreos 2:7), debido a la gloria y honor de Su exaltación, Dios "todo lo sujetó bajo sus pies…Porque en cuanto le sujetó todas las cosas, nada dejó que no sea sujeto a él" (Hebreos 2:7–8 VRV). Ésta es también la razón por la que el Señor Jesús mismo dijo, "Toda autoridad me ha sido dada en el cielo y en la tierra" (Mateo 28:18 VRV). Consecuentemente, en Su segunda venida, el Señor Jesús restaurará el dominio de la Tierra a la humanidad redimida, y El reinará sobre todo el universo para siempre. El gobierno de la Tierra no será más dejado al hombre. La maldición del pecado será anulada y la Tierra será restaurada a la condición que existía en el huerto de Edén antes de que el hombre pecara.

Nosotros no entenderemos plenamente cuáles han sido las terribles consecuencias del pecado en el hombre, la Tierra, el Mar, el reino botánico y el reino animal y en todo el universo, hasta que todas las cosas sean restauradas durante el Milenio. Después que Adán y Eva pecaron, Dios pasó juicio y dijo, "Maldita será la tierra por tu causa; con dolor comerás de ella todos los días de tu vida" (Génesis 3:17 VRV). El pecado trajo una maldición sobre la Tierra. El pecado cambió negativamente la naturaleza misma del hombre, su relación con Dios, su relación con todas las cosas en el universo, y su destino eterno. El pecado cambió la naturaleza de todas las cosas alrededor del hombre, en todo el universo. Estas es la razón por la que Pablo dijo que "toda la creación gime a una, y a una está en dolores de parto hasta ahora", mientras aguarda "la manifestación de los hijos de Dios". Cuando los hijos de Dios se manifiesten en la segunda venida de Cristo, entonces toda la creación "será liberada de la esclavitud de corrupción, a la libertad gloriosa de los hijos de Dios". Por lo tanto, es una cosa maravillosa que con el regreso de Cristo y Sus redimidos a la Tierra, todas las cosas serán restauradas a su condición original. El escritor del libro de los Hechos nos dice que el Señor Jesús estará en el cielo hasta el tiempo en que todas las cosas sean restauradas. Es decir, todas las cosas serán restauradas cuando Él regrese a la Tierra. Como ya hemos visto, Dios anunció estas cosas "por boca de sus santos profetas que han sido desde tiempo antiguos".

Una de las primeras cosas que Dios habló "por boca de sus santos profetas se encuentra en Génesis 3:15, "Y pondré enemistad entre tú y la mujer, y entre tu simiente y la simiente suya; esta te herirá en la cabeza y tú le herirás en el calcañar". Desde el comienzo mismo del mundo, Dios anunció la confrontación final entre el bien y el mal. Dios indicó que la simiente de la mujer (Cristo) acertará un golpe fatal en la cabeza de la simiente de Satanás (el Anticristo). Parte de esta profecía se cumplió cuando Jesús murió en la Cruz. Cuando Satanás usó la maldad de los hombres para asesinar al Señor Jesús, por primera vez él se convirtió en asesino y cayó bajo condenación por haber puesto la mano sobre el santo Hijo de Dios, sobre quien él no tenía ningún derecho, ni autoridad. Su muerte y resurrección le dio a Cristo la victoria sobre el pecado y el reino de Satanás. Por Su muerte y resurrección, Cristo ganó el derecho de reinar supremo sobre la humanidad y todo el universo. Como el segundo Adán, por medio de Su muerte y resurrección, el Señor Jesús recobró el derecho a tomar el dominio de la Tierra para gobernarla para siempre. Por lo tanto, la muerte de Cristo constituye el comienzo de la "restauración de todas las cosas". Cuando el Señor Jesús regrese a la Tierra, Él hará la Tierra, nueva y hermosa, como en el principio de la creación.

El Señor Jesús usó la palabra "regeneración" para describir la "restauración de todas las cosas":

> "Y Jesús les dijo: De cierto os digo que en la regeneración, cuando el Hijo del Hombre se siente en el trono de su gloria, vosotros que me habéis seguido también os sentareis sobre doce tronos, para juzgar a las doce tribus de Israel" (Mateo 19:28 VRV).

La palabra "regeneración" como se usa aquí no describe la regeneración personal de la cual Dios habla en Tito 3:5. "Regeneración" en este contexto significa lo mismo que la "restauración de todas las cosas". Por medio del poder del Espíritu Santo, antes de que el Milenio empiece, Dios regenerará o restaurará la Tierra y todo lo que en ella hay. Dios renovará o hará la Tierra joven y fértil como lo fue antes de que el pecado entrara en el mundo. Echemos una mirada a las Escrituras para ver algunas de las cosas que Dios "ha hablado por boca de sus santos profetas" acerca de la "regeneración, o restauración de todas las cosas". El profeta Isaías dijo que durante el Milenio, el reino animal será restaurado a lo que fue antes de que el hombre pecara. No solo vivirán los hombres en paz los unos con los otros, sino que también los animales de especies diferentes viran en paz unos con otros y con el hombre. Dios transformará la biología y el comportamiento de todos los animales para que sean dóciles y benignos unos a otros:

"El lobo y el cordero serán apacentados juntos, y el león comerá paja como el buey; y el polvo será el alimento de la serpiente. No afligirán, ni harán mal en todo mi Santo monte, dijo Jehová" (Isaías 65:25 VRV).

Yo creo que como una prefiguración del Milenio que se acerca, Dios trajo a la atención del mundo el caso de una leonesa en Kenia, África, quien adoptó tres bebes antílopes en Abril del año 2002. Fue documentado y reportado que en un espacio de unos cuantos meses la leonesa adoptó tres becerros antílopes recién nacidos, en el Parque Nacional de Game Wardens, en el Noroeste de Samburu. Uno de los becerritos fue tomado de la leonesa y puesto en un zoológico, mientras que los leones se comieron los otros dos. El jefe del Game Warden en Samburu, Simón Leirana dijo que a la leonesa se le vio con un becerrito no más de tres días de nacido. La leonesa era "fieramente protectora" del becerrito, volviéndose muy agresiva cuando los humanos se acercaban. Cuando un león macho se comió el ultimo becerrito, mientras la leonesa estaba durmiendo, se dice que ella "caminaba alrededor rugiendo en enojo y herida de pena". Es muy importante notar que al otro día después de que un león se comió su becerro adoptivo, la leonesa fue y mato un impala y se lo comió, lo cual significa que ella no había abandonado su naturaleza e instintos predatorios. Después de haberse comido el impala, ella entonces procedió a adoptar un nuevo becerro antílope. Es como si hubiera habido una mano dirigiéndola y diciéndole que hacer.

Sin embargo, las sorpresas no se acaban allí. Diez años después de este milagro en Kenia, en Octubre del año 2012, otra leonesa en Uganda, también adopto un becerro antílope. A pesar de que este nuevo evento ocurrió en otro país Africano diferente, el comportamiento de la nueva leonesa hacia su adoptado becerro, fue exactamente idéntico al que diez años atrás, exhibió la leonesa en Kenia. El lector está invitado a verificar por sí mismo las historias de estas leonesas, simplemente entrando a la Internet y buscando el tópico: "Lioness Adopts a Baby Antelope" (Leonesa Adopta un Bebé Antílope).

¿Qué realmente motivó a estos predadores a adoptar sus presas y tratarlas como si hubiera sido un miembro de su propia especie? ¿Qué viene realmente a la mente de una persona cuando ve a estas leonesas acostándose y caminando lado a lado, en un sentido, con la "oveja"? Si tú miras estos documentales, podría ser que coincidas con mi creencia de que el comportamiento de estos leones fue totalmente fuera de carácter con todos los animales salvajes de su tipo. ¿Qué pudo haber hecho que estas leonesas hicieran a un lado su inclinación natural e instinto predatorio? Yo creo que Dios está abriendo una pequeña ventana como prefiguración de que el reino glorioso del Milenio que Dios establecerá aquí en la Tierra, está a punto de empezar. Ese será el tiempo memorable cuando de acuerdo a las profecías bíblicas:

> "El lobo morará con el cordero, y el leopardo con el cabrito se acostará; el becerro y el león y la bestia domestica andarán juntos, y un niño los pastoreará. La vaca y la osa pacerán, sus crías se echarán juntas; y el león como el buey comerá paja. Y el niño de pecho jugará sobre la cueva del áspid, y el recién destetado extenderá su mano sobre la caverna de la víbora. No harán mal ni dañarán en todo mi santo monte; porque la tierra será llena del conocimiento de Jehová, como las aguas cubren el mar. Acontecerá en aquel tiempo que la raíz de Isaí, la cual estará puesta por pendón a los pueblos, será buscada por las gentes; y su habitación será gloriosa" (Isaías 11:6–10 VRV).

En mi humilde opinión, yo creo que Dios está usando los ejemplos de las leonesas y los becerros antílopes en África, para mostrarles a aquellos dotados con percepción espiritual, que la venida de nuestro Señor Jesús a la Tierra y el establecimiento de Su reino milenial están muy cerca. A través de este comportamiento anormal en el reino animal, Dios le está mostrando a Su pueblo que el tiempo del rapto de la Iglesia está a punto de ocurrir. Por lo tanto, la modificación en el comportamiento predatorio y en el instinto natural de estas leonesas, constituye un presagio del cambio que ocurrirá en el reino animal al comienzo del Milenio.

En adición, cuando Dios restaure todas las cosas, la Tierra florecerá y se rejuvenecerá como era en el principio, antes de que fuera maldecida por el pecado. De acuerdo al profeta Isaías, la fertilidad y fructificación de la tierra de Israel y de todo el mundo será restaurada. Dios transformará los desiertos en tierra altamente fértil, con abundancia de agua, donde las plantas crecerán y producirán fruto en gran abundancia. Los cuerpos de aquellos que adquirieron deformaciones y enfermedades serán completamente sanados o restaurados. Isaías además nos dice que cuando la Tierra y todas las cosas sean restauradas, los que vivan en ella serán libres de todo tipo de problemas y tragedias que puedan causar preocupación, ansiedad y tristeza. La vida allí será como un sueño feliz que nunca termina:

> Se alegrarán el desierto y la soledad; el yermo se gozará y florecerá como la rosa. Florecerá profusamente, también se alegrará y cantará con júbilo; la Gloria del Líbano le será dada, la hermosura del Carmelo y de Sarón. Ellos verán la Gloria de Jehová, la hermosura del Dios nuestro. Fortaleced las manos cansadas, afirmad las rodillas endebles. Decid a los de corazón apocado: Esforzaos, no temáis; he aquí que vuestro Dios, viene con retribución, con pago; Dios mismo vendrá, y los salvará. Entonces los ojos de los ciegos serán abiertos, y los oídos de los sordos se abrirán. Entonces el cojo saltará como un ciervo, y cantará la lengua del mudo; porque aguas serán enviadas en el desierto, y torrentes en la soledad. El lugar seco se convertirá en estanque, y el sequedal en manaderos de aguas; en la morada de chacales, en su guarida, será lugar de canas y juncos. Y habrá allí calzada y camino, y será llamado Camino de Santidad; no pasará inmundo por él, sino que el mismo estará con ellos; el que anduviere en este camino, por torpe que sea, no se extraviará. No habrá allí León, ni fiera subirá por él, ni allí se hallará, para que caminen los redimidos. Y los redimidos de Jehová volverán, y vendrán a Sion con alegría; y gozo perpetuo será sobre sus cabezas; y tendrán gozo y alegría, y huirán la tristeza y el gemido" (Isaías 35:1–10 VRV).

A través del profeta Ezequiel, Dios habla de "lluvias de bendición" que Su pueblo disfrutará durante el reino del Milenio: "Y daré bendición a ellas y a los alrededores de mi collado, y hare descender la lluvia en su tiempo; lluvias de bendición serán" (Ezequiel 34:26 VRV). Dios no sólo restaurará la soberanía de Israel como nación, la cual será vilipendiada durante el gobierno del Anticristo, sino que Él también la elevará a un lugar de prominencia y gloria entre las naciones de la Tierra. Además, por medio de Su palabra profética, Dios asegura, dos veces, que después de eso Su pueblo Israel "nunca jamás será avergonzado":

> "Comeréis hasta saciaros, y alabareis el nombre de Jehová vuestro Dios, el cual hizo maravillas con vosotros; y nunca jamás será mi pueblo avergonzado. Y conoceréis que en medio de Israel estoy yo, y que yo soy Jehová vuestro Dios, y no hay otro, y mi pueblo nunca jamás será avergonzado" (Joel 2:26–27 VRV).

De acuerdo al profeta Zacarías, el terremoto que anunciará el regreso físico de nuestro Señor Jesús al Monte de los Olivos, creará un rio de aguas de sanidad. El profeta también se refiere al mismo torrente de agua viva fluyendo al Oeste de Jerusalén hacia el Mar Mediterráneo y Este hacia el Mar Muerto. Se nos dice que las aguas de este rio sanarán las aguas de los océanos y el agua del Mar Muerto:

> "Acontecerá también en aquel día, que saldrán de Jerusalén aguas vivas, la mitad de ellas hacia el mar oriental, y la otra mitad hacia el mar occidental, en verano y en invierno" (Zacarías 14:8 VRV).

El profeta Ezequiel escribió que las aguas vivientes del rio "fluye hacia la región este, va hacia el valle, y entra en el mar. Cuando el agua del rio llega al mar, sanara todo lo que tocare:

> "Y toda alma viviente que nadare por dondequiera que entraren estos dos ríos, vivirá; y habrá muchísimos peces por haber entrado allá estas aguas, y recibirán sanidad; y vivirá todo lo que entrare a este rio" (Ezequiel 47:9 VRV).

En su visión apocalíptica, el apóstol Juan nos dice que cuando el ángel derramó el contenido de la segunda copa en el mar, "este se convirtió en sangre como de muerto; y murió todo ser vivo que había en el mar" (Apocalipsis 16:3 VRV). Consecuentemente, el juicio de

Dios causará que el mar y todos los ríos a través del mundo mueran. En mi libro titulado "El Rapto, El Gobierno Mundial y la "Gran Tribulación", yo he escrito en gran detalle y fascinante claridad, acerca de todos los juicios apocalípticos que ocurrirán, los cuales virtualmente destruirán la Tierra. Como resultado, para el tiempo cuando el Señor Jesús regrese a la Tierra, todas las fuentes de agua fresca, los ríos, los lagos y todos los océanos del mundo, estarán muertos y sus aguas peligrosamente contaminadas. Las aguas vivas mencionadas en Zacarías y Ezequiel tienen poder de sanar y restaurar la vida a las aguas muertas de los océanos, dejándolos como cuando Dios los creo en el principio. Imagínate que el agua del Mar Muerto, la cual es seis veces más salada que el agua del océano y sin vida, se convertirá en agua dulce y repleta de una gran abundancia de peces:

> Y junto a él estarán los pescadores, y desde En-gadi hasta En-eglaim será su tendedero de redes; y por sus especies serán los peces tan numerosos como los peces del Mar Grande" [el Océano] (Ezequiel 47:10 VRV).

Durante el Milenio, el mismo rio que fluirá "de debajo del umbral de la casa [el templo] hacia el oriente" (Ezequiel 47:1), creará una condición de exuberancia similar a la que existía cuando el hombre estaba en el huerto de Edén:

> "Y junto al rio, en la rivera, a uno y otro lado, crecerá toda clase de árboles frutales; sus hojas nunca caerán, ni faltará su fruto. A su tiempo madurará, porque sus aguas salen del santuario; y su fruto será para comer, y su hoja para medicina" (Ezequiel 47:12 VRV).

Siendo que las "hojas nunca caerán" eso significa que viviéremos en un mundo completamente verde y de gran productividad. Es mi esperanza que la mata de mango mantendrá su lugar en la Tierra durante el reino del Milenio. Imagínate tu árbol frutal favorito pariendo y madurando su fruto cada mes, durante todo el año. ¡Oh Señor, ven pronto; pues ya estoy que no me aguanto a esperar hasta que ese día glorioso llegue! Tal como ya hemos señalado, Ezequiel vio las "aguas que salían de debajo del umbral de la casa [el templo] hacia el oriente" en la Jerusalén terrenal, durante el Milenio. Por el otro lado tenemos que el apóstol Juan también vio árboles y "un rio limpio de agua de vida, resplandeciente como cristal, que salía del trono de Dios y del Cordero. En medio de la calle de la ciudad, y a uno y a otro lado del rio, estaba el árbol de la vida, que produce doce frutos, dando cada mes su fruto; y las hojas del árbol eran para la sanidad de las naciones" (Apocalipsis 22:1–2 VRV); esto es, en "un cielo nuevo y una tierra nueva" (Apocalipsis 21:1) de la "nueva Jerusalén, que desciende del cielo, de Dios" (Apocalipsis 21:2) a la Tierra.

Reunión de las Diez Tribus Perdidas de Israel

En Su segunda venida, el Señor Jesús reunirá las diez tribus perdidas de la casa de Israel y los judíos que estarán dispersos por todo el mundo, y los traerá de regreso a su tierra. Aunque las diez tribus de Israel que fueron al exilio y han estado perdídas desde el año 722 D.C., la Biblia asegura que ellos serán traídos de regreso a la tierra de Israel. En su testimonio ante el Rey Agripa, el apóstol Pablo no solo hablo de la existencia de las diez tribus perdídas de Israel, sino que también reconoció que Dios está obrando para llevar a cabo la promesa que Él le hizo a las "doce tribus" de Israel:

> "Y ahora, por la esperanza de la promesa que hizo Dios a nuestros padres soy llamado a juicio; promesa cuyo cumplimiento esperan que han de alcanzar nuestras doce tribus, sirviendo constantemente a Dios de día y de noche. Por esta esperanza, oh rey Agripa, soy acusado por los judíos" (Hechos 26:6–7 VRV).

Siete siglos después de que estas habían desaparecido en el destierro, Santiago, el hermano de nuestro Señor Jesús se dirigió a las diez tribus de Israel: "Santiago, siervo de Dios y del Señor Jesucristo, a las doce tribus que están en la dispersión: Salud" (Santiago 1:1). Las doce tribus de Israel en este caso incluyen las diez tribus perdídas del reino del norte y las dos tribus del reino del sur, Judá y Benjamín. Esto significa que la iglesia primitiva estaba consciente de la existencia de las diez tribus perdídas de la casa de Israel, las cuales hasta la fecha, continúan perdídas en el mundo. Sin embargo, Dios asegura en Su palabra que ellas serán traídas y reunificadas con Judá y que en los últimos días, los dos reinos serán una nación otra vez:

"Diles: Así ha dicho Jehová el Señor: He aquí, yo tomo el palo de José que está en la mano de Efraín, y a las tribus de Israel sus compañeros, y los pondré con el palo de Judá, y los haré un solo palo, y serán uno en mi mano. Y los palos sobre que escribas estarán en tu mano delante de sus ojos, y les dirás: Así ha dicho Jehová el Señor: He aquí yo tomo a los hijos de Israel de entre las naciones a las cuales fueron, y los recogeré de todas partes, y los traeré a su tierra; y los haré una nación en la tierra en los montes de Israel, y un rey será a todos ellos por rey; y nunca más serán dos naciones, ni nunca más divididos en dos reinos" (Ezequiel 37:19–22 VRV).

Dios no solo promete que los "recogerá de entre todas las naciones a las cuales fueron y los traerá a su tierra", sino que también asegura que la poseerán: "Así ha dicho Jehová el Señor: Estos son los limites en que repartiréis la tierra por heredad entre las doce tribus de Israel. José tendrá dos partes" (Ezequiel 47:13 VRV). En Ezequiel Capitulo 48, el profeta provee detalles asombrosos de los límites geográficos de la Tierra Prometida y de la cantidad de tierra que cada una de las doce tribus recibirá por heredad. Cabe notar que esas profecías no se han cumplido todavía, pero serán cumplidas durante el reino del Milenio de Cristo. El profeta Jeremías dice que cuando eso suceda:

"En aquel tiempo llamarán a Jerusalén: Trono de Jehová, y todas las naciones vendrán a ella en el nombre de Jehová en Jerusalén; ni andarán más tras la dureza de su malvado corazón. En aquellos tiempos irán de la casa de Judá a la casa de Israel, y vendrán juntamente de la tierra del norte a la tierra que hice heredar a vuestros padres" (Jeremías 3:17–18 VRV).

El profeta Isaías profetizó acerca de las diez tribus perdidas de la casa de Israel y de todos los judíos que los romanos "esparcieron" después de la destrucción de la ciudad de Jerusalén y el templo:

"Y levantará pendón a las naciones, y juntará los desterrados de Israel, y reunirá los esparcidos de Judá de los cuatro confines de la tierra" (Isaías 11:12 VRV).

Obviamente, este pasaje habla de dos grupos diferentes. El primer grupo se refiere a los que fueron "desterrados de Israel" (el reino del norte) en el año 722 D.C. El segundo grupo se refiere a los judíos que fueron "esparcidos" por todas las naciones de la tierra en el año 70 D.C. desde Judá, el reino del sur. En su profecía, el profeta Isaías ofrece información increíble acerca de los lugares de los cuales Dios sacará los Israelitas que han vivido en el exilio por más de veintisiete siglos:

> "Acontecerá en aquel día, que trillará Jehová desde el rio Éufrates hasta el torrente de Egipto, y vosotros, hijos de Israel, seréis reunidos uno a uno. Acontecerá también en aquel día, que se tocará con gran trompeta, y vendrán los que habían sido esparcidos en la tierra de Asiria, y los que habían sido desterrados a Egipto, y adorarán a Jehová en el monte santo, en Jerusalén" (Isaías 27:12–13 VRV).

El remanente de las diez tribus del reino del norte se mezcló con paganos de otras naciones a través de relaciones inter-raciales y formaron una raza mezclada. Ellos llegaron a ser conocidos como los Samaritanos. Los Samaritanos establecieron su propio lugar de adoración en el Monte Gerizim en Samaria y dejaron de asistir a las ceremonias y actividades en el tempo en Jerusalén. Los Samaritanos sólo consideraban los primeros cinco libros del Antiguo Testamento como la verdadera Palabra de Dios. Consecuentemente, los judíos consideraron a los Samaritanos, no solamente como apóstatas sino como gentiles paganos. Hasta este día, los judíos no creen en la existencia de las diez tribus del reino del norte (Israel). Sin embargo, la Biblia muestra que las diez tribus perdidas de Israel miraron al futuro que Dios tiene preparado para ellos y exclamaron:

> "Pero tú eres nuestro padre, si bien Abraham nos ignora, e Israel no nos conoce; tu, oh Jehová, eres nuestro padre; nuestro Redentor perpetuo es tu nombre. ¿Por qué, oh Jehová, nos has

hecho errar de tus caminos, y endureciste nuestro corazón a tu temor? Vuélvete por amor de tus siervos, por las tribus de tu heredad. Por poco tiempo lo poseyó tu santo pueblo; nuestros enemigos han hollado tu santuario. Hemos venido a ser como aquellos de quienes nunca te enseñoreaste, sobre los cuales nunca fue llamado tu nombre (Isaías 63:16–19 VRV).

Una y otra vez, la Biblia enseña que Dios recogerá "los desterrados de Israel" y los "esparcidos de Judá" y que Él los juntará en su tierra, donde vivirán juntos por los siglos de los siglos:

"Porque yo fortaleceré la casa de Judá, y guardaré la casa de José, y los haré volver; porque de ellos tendré piedad, y serán como si no los hubiera desechado; porque yo soy Jehová su Dios, y los oiré…Yo los llamaré con un silbido, y los reuniré, porque los he redimido; y serán multiplicados tanto como fueron antes. Bien que los esparciré entre los pueblos, aun en lejanos países se acordarán de mí; y vivirán con sus hijos, y volverán. Porque yo los traeré de la tierra de Egipto, y los recogeré de Asiria; y los traeré a la tierra de Galaad y del Líbano, y no les bastará" (Zacarías 10:6, 8–10 VRV).

Como ya lo hemos indicado, estas profecías no se han cumplido todavía; ellas encontrarán su cumplimiento literal durante el reino del Milenio que el Señor Jesús establecerá aquí en la Tierra en Su segunda venida:

"Acontecerá en aquel tiempo que la raíz de Isaí, la cual estará puesta por pendón a los pueblos, será buscada por las gentes; y su habitación será gloriosa. Asimismo acontecerá en aquel tiempo, que Jehová alzará otra vez su mano para recobrar el remanente de su pueblo que aún quede en Asiria, Egipto, Patros, Etiopia, Elam, Sinar y Hamat, y en las costas del mar" (Isaías 11:10–11 VRV).

De manera que la nación de Israel será restaurada como una nación soberana y exaltada entre las naciones de la Tierra cuando "la plenitud de los gentiles haya entrado" (Romanos 11:25). El Señor Jesús mismo será "Luz para revelación a los gentiles, y gloria de su pueblo Israel" (Lucas 2:32 VRV). El profeta Jeremías también profetizó acerca del reinado de mil años del Mesías aquí en la Tierra:

> He aquí que vienen días, dice Jehová, en que levantaré a David remuevo justo, y reinara como Rey, el cual será dichoso, y hará juicio y justicia en la tierra. En sus días será salvo Judá, e Israel habitará confiado; y éste será su nombre con el cual le llamarán: Jehová, justicia nuestra" (Jeremías 23:5–6 VRV).

Cuando el Señor Jesucristo establezca la capital de Su reino de mil años en Jerusalén, la justicia y la paz correrán como un rio "porque la tierra será llena del conocimiento el Señor como las aguas cubren el mar" (Isaías 11:9 VRV). Jerusalén se convertirá en la ciudad desde donde el Señor Jesucristo reinará sobre el mundo entero:

> "Acontecerá en lo postrero de los tiempos, que será confirmado el monte de la casa de Jehová como cabeza de los montes, y será exaltado sobe los collados y correrán a Él todas las naciones. Y vendrán muchos pueblos, y dirán: Venid, y subamos al monte de Jehová, a la casa del Dios de Jacob; y nos enseñará sus caminos, y caminaremos por sus sendas. Porque de Sion saldrá la ley, y de Jerusalén la palabra de Jehová" (Isaías 2:2–3 VRV).

Con respecto a la gloria de la tierra de Israel durante el reinado de mil años del Señor Jesús en Jerusalén, Isaías escribió:

> "Entonces verán las gentes tu justicia, y todos los reyes tu gloria; y te será puesto un nombre nuevo, que la boca de Jehová nombrará. Y serás corana de gloria en la mano de Jehová, y diadema de reino en la mano del Dios tuyo. Nunca más te llamarán Desamparada; ni tu tierra se dirá más Desolada; sino que serás llamada Hefzi-ba, y tu tierra, Beula; porque el amor de Jehová estará en ti, y tu tierra será desposada" (Isaías 62:2–4 VRV).

El nuevo nombre que Dios le dará a Israel es "Hefzi-ba", lo cual significa "Mi deleite es en ella." La tierra de Israel será llamada

"Beula", lo cual significa "Casada". La luz que el profeta Oseas derrama sobre este tópico nos ayuda a entender la razón por la que Dios le dará a Israel el nuevo nombre "Beula". Dios usó la infidelidad de Gomer, la esposa de Oseas, para ilustrar el adulterio espiritual que Israel había cometido en contra de Dios. Cuando Gomer tuvo el tercer hijo que resultó de sus relaciones adulteras, Dios instruyó al profeta a que le diera al niño el nombre de:

> "Lo-ammi, "porque vosotros no sois mi pueblo, ni yo seré vuestro Dios" (Oseas 1:9 VRV).

De manera que el nombre del niño indicó que Dios se había divorciado de Israel (las diez tribus del reino del norte). Por otro lado, el nuevo nombre "Beula" indica que Dios se casará con Su pueblo otra vez. Con respecto a la profecía que tiene que ver con el futuro final de Israel (las diez tribus perdidas del reino del norte), Dios añadió:

> "Con todo, será el número de los hijos de Israel como la arena del mar, que no se puede medir ni contar. Y en el lugar en donde les fue dicho: Vosotros no sois pueblo mío, les será dicho: Sois hijos del Dios viviente" Oseas 1:10 VRV).

A pesar de que hace veintisiete siglos que Dios absolutamente desterró las diez tribus del reino del norte (Israel), de acuerdo a su palabra profética, el futuro más brillante todavía le espera a Israel aquí en la Tierra, durante el reino de los mil años, y más allá. En Oseas 1:10 Dios está hablando específicamente acerca de las diez tribus perdidas de la casa de Israel, las cuales el Señor Jesús reunirá en la "restauración de todas las cosas".

Vale la pena notar que a pesar de que las diez tribus del reino del norte han estado perdidas por cerca de veintisiete siglos, en Apocalipsis 7:3–8, la palabra profética más segura nos dice que durante el período de la "gran tribulación", serán sellados, "ciento cuarenta y cuatro mil…de todas las tribus de los hijos de Israel", doce mil de cada tribu. De manera que durante la "gran tribulación" muchos Israelitas de las diez tribus perdidas de la casa de Israel, aparecerán formando parte de un grupo de redimidos de misioneros y evangelistas que predicarán por todo el mundo acerca de la inminencia de las segunda venida del Señor Jesús a la Tierra y el Milenio que El establecerá al final de los siete años del gobierno del Anticristo y el falso profeta. El "sello" de Dios los protegerá de la persecución del Anticristo y el falso profeta y como resultado, decenas de millones de personas a través del mundo serán salvos por medio de su ministerio. De manera que Dios nos está indicando que las doce tribus de la nación de Israel jugarán un papel significativo durante el período de la "gran tribulación", durante el Milenio y por toda la eternidad. Todo lo cual prueba que ellos existen hoy, y que durante los últimos días, Dios los reunirá 'de entre las naciones' tal como Su palabra infalible lo ha declarado.

Comienzo de los Mil Años de Paz y Prosperidad

En mi libro "El Rapto, El Gobierno Mundial y la Gran Tribulación", yo escribí extensamente y en detalle acerca del futuro Imperio Romano restaurado y la confederación de diez reyes que se levantará de él. El profeta Daniel se refirió a esto cuando en su profecía dijo:

> "Y en los días de estos reyes el Dios del cielo levantará un reino que no será jamás destruido, ni será el reino dejado a otro pueblo, desmenuzará y consumirá a todos estos reinos, pero el permanecerá para siempre" (Daniel 2:44 VRV).

El énfasis en el reino que "el Dios del cielo levantará" es importante porque como veremos, el establecimiento del reino eterno de Dios en la Tierra tiene dos fases. En primer lugar, el reino que "el Dios del cielo levantará" comenzará en los días de los diez reyes de la confederación Europea de los últimos días; y el Señor Jesús reinara por mil años sobre los judíos y las naciones gentiles que entrarán vivos al Milenio. Esta primera fase del reino eterno terminará con la última rebelión humana al final del Milenio. El Milenio cerrará con el juicio del gran trono blanco, lo cual dará paso a la segunda fase del reino eterno de Dios con la creación de "nuevos cielos y una tierra nueva" (2P 3:10, 13) y "la santa ciudad, la nueva Jerusalén" (Apocalipsis 21:2) descendiendo del cielo a la Tierra. En otras palabras, el reino eterno del Señor Jesucristo en la Tierra no terminará con el Milenio, sino que después de éste, continuará por los siglos de los siglos en "los nuevos cielos y una tierra nueva". En su visión profética, Daniel vio la coronación del Señor Jesucristo para Su reino eterno:

> "Miraba yo en la visión de la noche, y he aquí con las nubes del cielo venía uno como un hijo de hombre, que vino hasta el Anciano de días, y le hicieron acercarse delante de él. Y le fue dado dominio, gloria y reino, para que todos los pueblos, naciones y lenguas le sirvieran; su dominio es dominio eterno, que nunca pasará, y su reino uno que no será destruido" (Daniel 7:13–14 VRV).

El Señor Jesucristo será coronado rey de Su "dominio eterno, que nunca pasará", el cual empezará con el Milenio y continuará por toda la eternidad en la "santa ciudad, la nueva Jerusalén" que "desciende del cielo, de Dios" a "cielos nuevos y tierra nueva, en los cuales mora la justicia" (2P 3:13). Tal como ya dijimos, todo esto acontecerá inmediatamente después del juicio del gran trono blanco. Sin embargo, a pesar de que la Biblia habla claramente acerca de esto, todavía hay muchos que se preguntan ¿Dónde realmente reinará Cristo con Su pueblo después de que el Milenio haya terminado? La respuesta es simple; será aquí en los "cielos nuevos y una tierra nueva".

La Vida de Judíos y Gentiles Durante el Milenio

¿Cómo será realmente la vida de las gentes durante el Milenio aquí en la Tierra? Hablando de los judíos y de las naciones de los gentiles que viniendo de la "gran tribulación" entrarán vivos al reino del Milenio, el profeta Isaías escribió:

> "Y de mes en mes, y de día de reposo en día de reposo, vendrán todos a adorar delante de mí, dijo Jehová" (Isaías 66:23 VRV).

Al final del Milenio, muchos de las gentes nacidas en él, tomarán parte en la última rebelión humana, pero no así todos aquellos que entraran vivos en él. Es importante notar que en Apocalipsis 21:23, después que el apóstol Juan describió la gloria de la "santa ciudad, la nueva Jerusalén", el deja ver claramente que después del Milenio y del juicio del gran trono blanco (juicio final):

"Y las naciones que hubieren sido salvas andarán a la luz de ella; y los reyes de la tierra traerán su gloria y honor a ella. Sus puertas nunca serán cerradas de día, pues allí no habrá noche. Y llevarán la gloria y la honra de las naciones a ella" (Apocalipsis 21:24–26 VRV).

¿Quién es "ella" que es mencionada tres veces en la porción bíblica de arriba? "Ella" es "la santa ciudad, la nueva Jerusalén" que descenderá "del cielo, de Dios" a la Tierra, "y él morará con ellos; y ellos serán su pueblo, y Dios mismo estará con ellos como su Dios" (Apocalipsis 21:3 VRV). De manera que los judíos y los gentiles de las naciones continuarán teniendo hijos y multiplicándose, no solo durante el Milenio, sino también por toda la eternidad en los "cielos nuevos y una tierra nueva". Es de interés notar lo que el profeta Zacarías también escribió con respecto de las naciones gentiles que "sobrevivieren" Armagedón y entraren vivos al reino del Milenio:

"Y todos los que sobrevivieren de las naciones que vinieron contra Jerusalén, subirán de año en año para adorar al Rey, a Jehová de los ejércitos, y a celebrar la fiesta de los tabernáculos. Y acontecerá que los de las familias de la tierra que no subieren a Jerusalén para adorar al Rey, Jehová de los ejércitos, no vendrá sobre ellos lluvia" (Zacarías 14:16–17 VRV).

Si analizamos el contenido de las palabras, "Y todos los que sobrevivieren de las naciones que vinieron contra Jerusalén" dentro del contexto de la profecía de Zacarías, entonces entenderemos que el profeta está hablando acerca de los gentiles que entrarán al reino del Milenio después de la batalla de Armagedón y el juicio de las naciones. Los gentiles de las naciones se multiplicarán grandemente aquí en la Tierra durante el Milenio. Dios demandará de ellos que hagan peregrinaje anual a Jerusalén para adorarle y para celebrar la Fiesta de los Tabernáculos a través del Milenio. El hecho de que no caerá lluvia sobre la tierra de aquellos que no venga a Jerusalén a adorar al Señor, prueba que aunque limitado, habrá pecado durante el Milenio. Esa es la razón por la que la Biblia nos dice que durante el Milenio, el Señor Jesús gobernará el mundo con "vara de hierro" (Apocalipsis 12:5). Eso significa que El lidiará inmediatamente y decisivamente con toda injusticia y rebelión del hombre durante el Milenio. El profeta Isaías dice que durante el Milenio, el Señor Jesucristo, "juzgará entre las naciones, y reprenderá a muchos pueblos…" (Isaías 2:4a VRV). Con relación a la calidad de vida que la gente disfrutará durante el Milenio, el Señor dice:

> "No habrá más allí niño que muera de pocos días, ni viejo que sus días no cumpla; porque el niño morirá de cien años, y el pecador de cien años será maldito" (Isaías 65:20 VRV).

La Biblia no está diciendo aquí que durante el Milenio habrá muerte infantil. El Señor está diciendo que "el pecador" que muera a los "cien años" de edad, morirá en la infancia de su vida (prematuramente) y sólo porque Dios lo condenará a morir por su pecado. Cuando el profeta Isaías describió el reinado de Cristo en sus profecías, él dice que el Señor Jesús:

> "juzgara con justicia a los pobres, y argüirá con equidad por los mansos de la tierra; y herirá la tierra con la vara de su boca, y con el espíritu de sus labios matará al impío" (Isaías 11:4 VRV).

Por lo tanto, durante el Milenio, el Señor Jesús matará aquellos que pecaren violando Su ley divina. A pesar de todo, el reino del Milenio del Señor Jesucristo será caracterizado por una paz y prosperidad universal. Durante el gobierno de Cristo en la Tierra, los hombres no se preparan más para la guerra. Por tanto, las naciones no tendrán necesidad de ejércitos porque las hostilidades humanas y las guerras cesarán. La Biblia dice que los hombres convertirán las armas de guerra en herramientas e instrumentos para la agricultura "y volverán sus espadas en rejas de arado, y sus lanzas en hoces; no alzara espada nación contra nación, ni se adiestrarán más para la guerra" (Isaías 2:4b). A pesar de que es el plan de Dios que las personas nacidas durante el Milenio vivan para siempre, algunos morirán prematuramente debido al pecado, mientras que billones más morirán al final, consumidos por el fuego que descenderá del cielo de parte de Dios. Durante el Milenio y más allá, los descendientes de Israel:

> "Edificarán casas, y morarán en ellas; plantarán vinas, y comerán el fruto de ellas. No edificarán para que otro habite, ni plantarán para que otro coma; porque según los días de los arboles serán los días de mi pueblo, mis escogidos disfrutarán la obra de sus manos. No trabajarán en vano, ni darán a luz para maldición; porque son linaje de los benditos de Jehová, y sus descendientes con ellos" (Isaías 65:21–23 VRV).

Por los últimos veinticinco siglos, el pueblo escogido de Dios ha sido perseguido, robado, desalojado, desarraigado, y desterrado de su tierra y propiedades. Y por última vez, durante el período de la "gran tribulación", el Anticristo también masacrara, robara y desterrara un gran número de ellos. Sin embargo, el Señor Jesús está a punto de cambiar todo eso definitivamente. Entonces, ellos "edificarán y plantarán" y vivirán seguros disfrutando el fruto de su labor sin que nada los atemorice. Y más importante todavía, Dios elevará a Israel a la prominencia del mundo dándole gran prosperidad, cuando el Señor Jesús establezca la ciudad terrenal de Jerusalén como capital del mundo entero durante Su reino de mil años. Entonces Dios cumplirá la promesa que Él le hizo a Abraham, de hacer que Israel fuese de bendición para todas las naciones de la Tierra:

> "Y haré de ti una nación grande, y te bendeciré, y engrandeceré tu nombre, y serás bendición. Bendeciré a los que te bendijeren, y serán benditas en ti todas las familias de la tierra" (Génesis 12:2–3 VRV).

Esta profecía promete ser bendición y maldición. Tal como ya lo hemos explicado, cuando el Señor Jesucristo regrese, como parte de la maldición, Él juzgará las naciones gentiles por la forma en que ellos trataron al pueblo de Dios (Israel) durante la prueba terrible de la "gran tribulación". Como resultado directo de la promesa que Dios hizo, de bendecir aquellos que bendijesen a los descendientes de Abraham, todos los creyentes de entre las naciones gentiles del mundo que socorrieron a Israel, entrarán vivos al Milenio juntos con los judíos. Recuerda, como resultado del juicio de las naciones, el Señor dijo: "E irán estos al castigo eterno, y los justos a la vida eterna" (Mateo 25:46 VRV). Aquellos que entraran vivos al Milenio ("los justos"), irán "a la vida eterna", por tanto, ellos no participaran en la última rebelión humana.

6

La Última Rebelión Humana y el Juicio Final

La Biblia afirma que el Milenio terminará con la última rebelión colectiva del hombre en contra de Dios. La Biblia enseña que el Milenio en la Tierra—no el reino eterno de Dios—terminará con un acto final de desafío humano a la autoridad de Dios. Aquellos que entren vivos al reino del Milenio florecerán y prosperarán. De acuerdo a la Biblia, los hijos que les nacerán a los gentiles que entrarán al Milenio, se multiplicarán tanto como la arena del mar. La población del mundo alcanzará un número asombroso. Apocalipsis 20:7 nos dice que al final del Milenio, los rebeldes que "rodearán el campamento de los santos y la ciudad amada" en la última rebelión humana, será tan numerosa "como la arena del mar".

El reino del Señor Jesucristo en la Tierra—el Milenio—demostrará lo que el mundo y la vida en la Tierra hubiera sido si Adán y Eva no hubieran pecado. Sin embargo, Dios no quiere que aquellos que nacerán durante el Milenio tomen Su amor y bondad como algo merecido. Por lo tanto, cada persona nacida durante el Milenio será probada. Tal como en el caso de Adán y Eva al principio de la creación, ellos serán presentados con la oportunidad de decidir por sí mismos si quieren obedecer y servir a Dios para siempre. Dios no quiere que aquellos nacidos durante el Milenio tomen Su amor y bondad como algo que ellos merecen, sin hacer una decisión deliberada y consciente de amarlo y seguirlo para siempre, en vez de seguir a Satanás.

Recordemos que inmediatamente después de la batalla de Armagedón, Dios pondrá a Satanás bajo prisión por el mismo período de tiempo que durará el Milenio. La razón por la que Dios no juzgará a Satanás y sus ángeles con finalidad juntos con el Anticristo y el falso profeta en la batalla de Armagedón, es porque Él todavía tiene una última tarea para él. De manera que,

> "Cuando los mil años se cumplan, Satanás será suelto de su prisión, y saldrá a engañar a las naciones que están en los cuatro ángulos de la tierra, a Gog y a Magog, a fin de reunirlos para la batalla; el número de los cuales es como la arena del mar" (Apocalipsis 20:7–8 VRV).

La actitud del hombre al final del Milenio refutará la creencia de que lo que la humanidad necesita hoy para lograr felicidad en el mundo es más prosperidad, más educación, o más tiempo para relajarse, más tiempo para la familia, un buen sistema de salud pública, mejores salarios, más libertad para expresarse a sí mismo, etc. Vale la pena notar que aquellos nacidos durante el Milenio tendrán todo lo que la humanidad siempre ha sonado, y más. Irónicamente, ellos lo tendrán todo, pero aun querrán más todavía. Tristemente, tenemos que reconocer que ni aún el Paraíso podrá satisfacer plenamente el corazón del hombre sin la gracia salvadora de Dios personalmente obtenida por la fe en Cristo. ¿Qué más necesitará el hombre durante el Milenio que él no tendrá a su alcance? La verdad es que desde que el hombre estuvo en el huerto de Edén, la aspiración humana siempre ha sido motivada por nuestros deseos, en vez de por lo que realmente necesitamos. La razón principal de infelicidad y depresión entre las gentes que viven en los países ricos e industrializados del mundo es que lo tienen todo, pero aun quieren más. El problema de la humanidad es la avaricia y una actitud narcisista, la cual está profundamente arraigada en el corazón de cada ser humano. Desde que el hombre peco en el huerto de Edén, su aspiración suprema siempre ha sido ser como Dios, y para lograrlo esto la humanidad está dispuesta a destruirse a sí misma.

Cuando Satanás sea puesto en libertad al final del Milenio, el convencerá a las gentes acerca de tomar "la ciudad amada" y destronar al Rey, el Señor Jesucristo. Este pasaje nos muestra cuán grande es el poder persuasivo y tentador de Satanás, el cual por lo general no tomamos muy en serio. No tomemos ligeramente el impacto que el poder persuasivo y tentador de Satanás puede tener en las mentes de individuos tales como nuestros propios hijos, nietos, esposo o esposa, padres, hermanos, hermanas y amigos cercanos, los cuales aun si fuesen cristianos, viven en un mundo controlado por el maligno. Preguntémonos, ¿cómo podrían ellos resistir las tentaciones del diablo si no fuesen cristianos? Esta pregunta nos debe hacer reflexionar en la gran necesidad que tenemos de presentarnos a Dios cada día en oración, intercediendo por nuestros seres queridos, para que se conviertan aquellos que no conocen a Dios, y para que aquellos que ya lo conocen, sean protegidos y guardados de los ataques de Satanás.

Los ataques de Satanás sobre la humanidad serán tan poderosos al final del Milenio, que sólo los hijos de Dios, los redimidos, esos que entrarán vivos al Milenio, serán capaces de permanecer firmes contra el último intento que Satanás hará de guiar la humanidad a su propia destrucción. Los no creyentes no resistirán la tentación cuando Satanás apunte su dedo hacia la "ciudad amada", Jerusalén, diciendo, "Nosotros podemos y debemos tomar ese lugar y gobernarlo para siempre"; énfasis añadido.

Satanás convencerá billones de hombres y mujeres acerca de la mentira de que la vida en la Tierra puede ser un paraíso real solo si pueden vivir en un mundo enteramente gobernado por el hombre. Satanás le dirá al hombre las mismas mentiras que él le ha dicho a la humanidad por los últimos seis mil años de la historia del hombre sobre la Tierra. Por última vez y al riesgo de su propia ruina, el hombre creerá esa mentira. Esta será la rebelión más grande del hombre en contra de Dios en toda la historia de la humanidad. Se nos dice que la multitud de personas que vendrá contra la santa ciudad de Jerusalén para tomarla, será tan numerosa "como la arena del mar". Sin embargo el Señor Jesucristo lidiará con ellos de una manera rápida y decisiva. La historia de rebelión humana en contra de Dios vendrá a un final súbito y definitivo:

> Y subieron sobre la anchura de la tierra, y rodearon el campamento de los santos y la ciudad amada; y de Dios descendió fuego del cielo, y los consumió. Y el diablo que los engañaba fue lanzado en el lago de fuego y azufre, donde estaban la bestia y el falso profeta; y serán atormentados día y noche por los siglos de los siglos" (Apocalipsis. 20:9–10 VRV).

Después de este juicio sobre los malvados, ni siquiera la palabra pecado se volverá a oír jamás en el reino eterno de Dios. El juicio del gran trono blanco seguirá inmediatamente después del juico de Dios sobre los rebeldes y todos los pecadores que hayan muerto a través de la historia del mundo.

El Juicio Final del Gran Trono Blanco

"Y vi a un gran trono blanco y al que estaba sentado en el, de delante del cual huyeron la tierra y el cielo, y ningún lugar se encontró para ellos. Y vi a los muertos, grandes y pequeños, de pie ante Dios; y los libros fueron abiertos, y otro libro fue abierto, el cual es el libro de la vida; y fueron juzgados los muertos por las cosas que estaban escritas en los libros, según sus obras. Y el mar entrego los muertos que había en él; y la muerte y el Hades entregaron los muertos que había en ellos; y fueron juzgados cada uno según sus obras. Y la muerte y el Hades fueron lanzados al lago de fuego. Ésta es la muerte segunda. Y el que no se halló inscrito en el libro de la vida fue lanzado al lago de fuego" (Apocalipsis 20:11–15 VRV).

El juicio del gran trono blanco o juicio final ocurrirá inmediatamente después de la rebelión satánica al final del Milenio. Éste es el juicio final o, el juicio de condenación. Todos los pecadores que hayan muerto a través de toda la historia del mundo, desde Caín hasta la gran rebelión contra el reinado del Señor Jesús en Jerusalén, aparecerán en cuerpo y alma delante del trono de Dios, para ser juzgados. Satanás y sus ángeles y todos los que murieron sin Cristo, serán lanzados para siempre en el lago de fuego, que es el infierno. Las almas de los incrédulos entrarán en sus cuerpos resucitados; entonces, resucitados en alma y cuerpo, comparecerán ante el tribunal del juicio final para ser juzgados. Como resultado del juicio final, los pecadores serán "echados en el lago de fuego" (Apocalipsis 20:14), donde ellos permanecerán en tormento para siempre. El grado de castigo que cada uno recibirá en el lago de fuego será, "de acuerdo a sus obras" (Apocalipsis 20:13). En el evangelio de Lucas, el Señor habla del patrón o la norma que Dios usará para juzgar los pecadores en el juicio final:

"Aquel siervo que conociendo la voluntad de su señor, no se preparó, ni hizo conforme a su voluntad, recibirá muchos azotes. Más el que sin conocerla hizo cosas dignas de azotes, será azotado poco; porque a todo aquel a quien se haya dado mucho, mucho se le demandará; y al que mucho se le haya confiado, más se le pedirá" (Lucas 12:47–48).

Aunque no nos sirve de consolación, la Biblia enseña que en el infierno habrá diferentes grados de tormento y sufrimiento para los pecadores. Por lo tanto, el justo juicio de Dios se basará en la consideración de las obras, los pensamientos, y las motivaciones envueltas en el comportamiento del hombre hacia Dios y el prójimo. "Y otro libro fue abierto, el cual es el libro de la vida." Este "libro de la vida", es el libro donde Dios mantiene un registro con el nombre de todos aquellos que han venido a salvación por medio de la fe en Cristo. El no ser encontrado en el libro de la vida proveerá más evidencia de que el pecador descuido su responsabilidad de aceptar el regalo de la salvación. "Y los libros fueron abiertos". La palabra "libros" aquí se refiere al libro de la Ley de Dios o la Biblia, y el libro donde Dios mantiene un registro de los pecados (acciones, palabras y pensamientos) que los incrédulos cometen, desde que nacen hasta que mueren. El libro de la vida y el registro de las obras del hombre, serán abiertos. El contenido proveerá evidencia para el juicio. El contenido del registro sellará la suerte de cada pecador y el grado de su castigo eterno. Este juicio será muy minucioso y completo. Será tan meticuloso, que el Señor Jesús advirtió:

"Más yo os digo que de cualquier palabra ociosa que hablen los hombres, de ella darán cuenta en el día del juicio" (Mateo 12:36 VRV).

Inclusive, los pecados cometidos con la mente ("los secretos de los hombres") también serán revelados en el día del juicio final: "Mostrando la obra de la ley escritas en sus corazones, dando testimonio su consciencia, y acusándoles o defendiéndoles sus razonamientos, en el día en que Dios juzgará por Jesucristo los secretos de los hombres conforme a mi evangelio" (Romanos 2:15–16 VRV).

Por lo tanto, "las cosas que estaban escritas en los libros", serán usadas como evidencia de la violación deliberada de la Ley de Dios y su rechazo voluntario de Cristo como Señor y Salvador. Durante el juicio final, no habrá lugar para errores, sobornos, ni favoritismo:

> "Muchos me dirán en aquel día: Señor, Señor, ¿no profetizamos en tu nombre, y en tu nombre echamos fuera demonios, y en tu nombre hicimos muchos milagros?" (Mateo 7:22 VRV).

El Señor Jesucristo contradecirá sus reclamos simplemente haciendo que sus nombres sean chequeados en el "libro de la vida", para ver si aparecen allí. A todos aquellos cuyos nombres no se encuentren en el "libro de la vida", el Señor Jesús mismo les declarará: "Nunca os conocí; apartaos de mí, hacedores de maldad" (Mateo 7:23 VRV). En consecuencia, "el que no fue hallado inscrito en el libro de la vida fue lanzado al lago de fuego" donde ellos permanecerán para siempre en cuerpo y alma imperecederos:

> "Y no temáis a los que matan el cuerpo, más el alma no pueden matar; temed más bien a aquel que puede destruir el alma y el cuerpo en el infierno" (Mateo 10:28 VRV).

Debemos notar que el creyente nacido de nuevo no tendrá que aparecer en juicio ante el gran trono blanco. Tal como hemos explicado detalladamente, los pecados del creyente ya fueron juzgados en la Cruz del Calvario cuando el Señor Jesús tomó sobre si nuestros pecados y murió para pagar la deuda y el castigo de nuestros pecados. Aún más, con respecto al sacrificio de Cristo en la Cruz a nuestro favor, la Biblia dice:

> "Al que no conoció pecado, por nosotros lo hizo pecado, para que nosotros fuésemos hechos justicia de Dios en el" (2 Corintios 5:21 VRV).

Aquellos que estamos vestidos, cubiertos con la justicia de Cristo no tendremos que aparecer ante Cristo en el juicio final; "Pues ninguna condenación hay para los que están en Cristo Jesús" (Romanos 8:1a). Digámoslo otra vez para que Satanás y el clero de la

Iglesia Católica Romana lo oigan, "Ahora pues, ninguna condenación hay para los que están en Cristo Jesús." ¡Aleluya! ¿Estás tú seguro de que perteneces a Cristo? ¿Experimentaste ya el nuevo nacimiento; has hecho tú una decisión consciente de arrepentirte de tus pecados e invitar a Cristo en tu corazón? ¿Estás tú seguro de que tu nombre está inscrito en el libro de la vida? Recuerda, el libro de la vida es el registro de nacimiento donde se mantiene los nombres de todos aquellos que creen y reciben a Jesús como Señor y Salvador. Por lo tanto, tu nombre no aparecerá en el "libro de la vida" a menos que tú hagas una decisión consciente de "entrar por la puerta estrecha" (Mateo 7:13) para seguir al Señor Jesús. La Biblia dice que para esos solos, no hay condenación. Y cuando ellos mueran, no necesitarán los ritos de la iglesia. Ellos no necesitaran Misa, ni hora santas con un rosario para ayudarlos a salir de un purgatorio imaginable, porque el Señor Jesús les da "vida eterna, y no perecerán jamás, ni nadie las arrebatará de Su mano" (Juan 10:28). Los que están en Cristo Jesús han sido salvos y asegurados por los siglos de los siglos.

La Realidad Innegable y Eterna del Infierno

Muchos cristianos ignoran que el Hades y el Infierno son dos lugares diferentes donde van los impíos después de la muerte. La Biblia habla del Hades como un lugar temporal de tormento donde las almas de todos los pecadores que han muerto están esperando por el día del juicio final. Aunque el Hades es también un lugar de tormento para los impíos, este no es el infierno final del que habla la Biblia. De manera que el Hades no es el Infierno, el lago final de fuego donde Satanás, los demonios y todos los pecadores pasarán la eternidad. En el evangelio de Lucas Capitulo 16, el Señor Jesús nos dice la historia de dos hombres que probablemente fueron contemporáneos de Jesús. Uno, el hombre rico e impío murió y naturalmente fue a parar en el Hades, mientras que el otro, un mendigo (creyente) "fue llevado por los ángeles al seno de Abraham (el Paraíso) el cual fue el lugar temporal donde las almas de los creyente fueron hasta que la resurrección de nuestro Señor Jesús ocurrió:

"Aconteció que murió el mendigo, y fue llevado por los ángeles al seno de Abraham; y murió también el rico, y fue sepultado.

Y en el Hades alzó sus ojos, estando en tormentos, y vio de lejos a Abraham, y a Lázaro en su seno. Entonces él, dando voces, dijo: Padre Abraham, ten misericordia de mí, y envía a Lázaro para que moje la punta de su dedo en agua, y refresque mi lengua; porque estoy atormentado en esta llama" (Lucas 16:22–24 VRV).

¿Cómo sabemos nosotros que el Hades es un lugar temporal de tormento donde las almas perdidas esperan por "la resurrección de condenación"? (Juan 5:29) Los muertos esperando en el Hades no incluye los gentiles de las naciones que de acuerdo a Mateo Capítulo 25 serán juzgados con finalidad, directamente por el Señor Jesucristo en Su segunda venida a la Tierra. Nota el veredicto que le Señor Jesús pronunciará contra los gentiles de todas las naciones que serán juzgados en la Tierra inmediatamente antes de que el Milenio comience:

"Entonces dirá también a los de la izquierda: Apartaos malditos, al fuego eterno preparado para el diablo y sus ángeles. E irán estos al castigo eterno, y los justos a la vida eterna" (Mateo 25:41, 46).

En consecuencia, todos los malvados de entre las naciones gentiles que estén vivos cuando el Señor Jesús regrese a la Tierra, serán juzgado y lanzados directamente en "el fuego eterno", el cual es el infierno definitivo. Ellos no irán al Hades. Sin embargo, no olvidemos que el Anticristo y el falso profeta serán los primeros ocupantes del infierno. Cuando el Señor Jesús regrese para pelear contra Sus enemigos en la batalla de Armagedón: "La bestia fue apresada, y con el falso profeta…Estos dos fueron echados vivos dentro de un lago de fuego que arde con azufre" (Apocalipsis 19:20 VRV). De manera que no mucho después de esto, los gentiles del juicio de las naciones también se unirán al Anticristo y al falso profeta en el infierno. Por lo tanto, el Anticristo, el falso profeta y los gentiles juzgados en el juicio de las naciones, no irán al Hades porque todos ellos serán juzgados y echados directamente en el infierno. Todos ellos serán físicamente echados en el infierno en cuerpo y alma.

Se nos dice que después de que Satanás haya seducido la humanidad al final del reino de mil años del Señor Jesús, el también será "lanzado al lago de fuego y azufre donde estaban la bestia y el falso profeta; y serán atormentados día y noche por los siglos de los siglos" (Apocalipsis 20:10 VRV). Recordemos, el Señor Jesús dijo que el lugar de "fuego eterno", o Infierno fue "preparado para el diablo y sus ángeles" (Mateo 25:41). De manera que después del juicio final ya no habrá ningún uso para el Hades. Así que el Hades cesara de existir después del juicio final. Por lo tanto este será echado en el Infierno, el cual es "el lago de fuego".

> "Y el mar entregó los muertos que había en él; y la muerte y el Hades entregaron los muertos que había en ellos; y fueron juzgados los muertos por las cosas que estaban escritas en los libros, según sus obras. Y la muerte y el Hades fueron lanzados a lago de fuego. Ésta es la muerte segunda. Y el que no fue hallado inscrito en el libro de la vida fue lanzado al lago de fuego" (Revelación 20: 13–15 VRV).

Aquellos que rechazan a Cristo como su Señor y Salvador personal irán al "fuego eterno" (Mateo 25:41), el cual es el mismo "castigo eterno" que se menciona en Mateo 25:46. En consecuencia, si el infierno es simplemente la tumba, tal como Satanás quiere que la gente crea, ¿significa eso que seres espirituales como Satanás y sus ángeles serán ejecutados, luego sepultados, cuando en realidad la Biblia dice que ellos serán echados vivos en el infierno? La concepción bíblica del infierno contradice la creencia en la destrucción física de los pecadores como castigo eterno. ¿Por qué entonces la Biblia afirma, "Y el diablo…fue lanzado en el lago de fuego y azufre" donde el Anticristo y el falso profeta habrán estado por mil años cuando esto suceda? Sólo los cadáveres de aquellos que mueren se ponen en la tumba. El hecho de que el Anticristo y el falso profeta fueron echados vivos, en cuerpo y alma en el lago de fuego, prueba definitivamente que el Infierno no es la tumba y que el Infierno es tan real como el sol que sale cada mañana. Además, el hecho de que todos aquellos que rehusaron creer en Dios a través de la historia del hombre, serán resucitado para entonces aparecer en juicio delante de Dios, prueba de manera conclusiva que el alma del pecador no es destruida cuando muere. Los mal llamados "Testigos de Jehová" están entre esos que creen que "El infierno no es más que la tumba común de la humanidad." Estos falsos "testigos" tienen el atrevimiento de afirmar que "La Biblia no enseña acerca de ningún tormento en un infierno de fuego". Ellos aseguran que "Eso es lo que las religiones paganas creían en los tiempos de Jesús". Estos falsos profetas creen que "los que hacen el mal serán destruidos, puesto fuera de existencia".

Si el Infierno es la tumba, ¿Por qué en Mateo 25:41–46, el Señor Jesús describió el Infierno como "fuego eterno y castigo eterno"? ¿Cómo puede uno explicar el hecho de que los incrédulos serán resucitados en alma y cuerpo, si ellos dejan de existir cuando mueren? Y ¿cómo puede uno explicar el juicio de los incrédulos en el gran trono blanco si el Infierno realmente no existe? Es contradictorio creer que el castigo final para los pecadores consistirá simplemente en su destrucción física en la muerte, mientras que al mismo tiempo la Biblia asegura, "Y el que no fue hallado inscrito en el libro de la vida fue lanzado al lago de fuego", donde ellos sufrirán "castigo eterno" en "fuego eterno". Obviamente, sólo uno de estos dos sistemas de creencias está parado en tierra sólida, mientras que el otro, construido en la arena movediza de la pura especulación, se hunde con el peso de su propia falsedad. Notemos lo que la Biblia dice a este respecto.

"El mar entregó los muertos que habían en él, y la muerte y el Hades entregaron lo muertos que había en ellos". Ambos el mar y la tumba producirán los cuerpos de aquellos que serán juzgados. En otras palabras, ellos serán resucitados primero, y entonces el Hades entregará las almas para que entren en los cuerpos resucitados. Entonces, los pecadores en cuerpo y alma aparecerán delante del gran trono blanco como una persona completa (cuerpo y alma), para ser juzgados, "cada uno según sus obras". Después que los pecadores sean juzgados en cuerpo y alma, entonces, "La muerte y el Hades fueron lanzados al lago de fuego. Esta es la segunda muerte. Y el que no fue hallado inscrito en el libro de la vida fue lanzado en el lago de fuego". Aquellos lanzados en el Infierno sufrirán "la segunda muerte". La primera muerte consiste en la ausencia de la vida de Dios en el alma humana mientras se vive sin Cristo en este mundo. Mientras una persona viva en este mundo sin Cristo, está espiritualmente muerta.

Por esa razón, cuando el Señor Jesús vino a este mundo, Él declaró que Él vino para que tengamos vida, "y para que la tengan en abundancia" (Juan 10:10b). La Biblia dice que todos nosotros nacimos muertos en pecados y que por lo tanto necesitamos salvación. Aún más, la Biblia dice que no hay nada que el pecador pueda hacer para ganar o merecer la salvación. Esa es la razón por la que el Señor Jesús dijo: "Porque el Hijo del Hombre vino a buscar y a salvar lo que se había perdido (Lucas 19:10 VRV). El Señor Jesús dijo, De cierto, de cierto os digo: El que oye mi palabra, y cree al que me envió, tiene vida eterna; y no vendrá a condenación, más ha pasado de muerte a vida" (Juan 5:24 VRV). En este versículo, el Señor confirma que ciertamente nosotros somos nacidos en el pecado, espiritualmente muertos y sujetos a juicio de condenación. Sin embargo, El ofrece la solución al problema cuando asegura, "El que oye mi palabra, y cree al que me envió, tiene vida eterna".

Cuando nosotros creemos en el Señor Jesús, por medio del nuevo nacimiento, Dios nos levanta a una nueva vida, la vida en el Espíritu. El creyente nacido de nuevo es uno que "ha pasado de muerte a vida"; a la vida de Dios en él. De manera que cuando una persona experimenta el nuevo nacimiento, o la vida que el Espíritu Santo infunde en el alma humana, esa persona "no vendrá a condenación". Por lo tanto, aquellos que comparecerán ante el juicio del gran trono blanco son las personas que rehusaron creer en el Señor Jesús. Si tú recibes los sacramentos de la iglesia, pero no tienes una relación personal con Jesús, tú pierdes tu alma. Tu puedes rehusar los sacramentos de la iglesia y ser salvo, si de verdad crees en Jesús, pero tú no puedes ser salvo si rechazas a Cristo, aunque todos los días participes de los sacramentos de la iglesia. La Biblia enseña que aquellos que rehúsan ser reconciliados con Dios por medio de la fe en la muerte expiatoria de Cristo, ciertamente morirán en pecado y enemistad con Dios.

A través de los siglos, el evangelio de la gracia ha sido predicado a todas las naciones. Dios ha provisto la oportunidad para que los pecadores "oigan la voz del Hijo de Dios, y los que la oyeren vivirán" (Juan 5:25 VRV). Y aquellos que oyen Su palabra y creen en Jesús, "pasaron de muerte a vida" (Juan 5:25 VRV). Por lo tanto, el día viene cuando el que cree en el Señor Jesús, "aunque este muerto vivirá" (Juan 11:25 VRV). La única razón por la que los creyentes en Cristo "vivirán" después que mueran es porque ellos pusieron su confianza en Aquel que dijo, "Yo soy la resurrección y la vida, el que cree en mí, aunque este muerto, vivirá. Y el que vive y creen en mí, no morirá eternamente" (Juan 11:25–26 VRV). Ciertamente, es una cosa maravillosa que un día todos los creyentes en Cristo oirán Su voz en la tumba y "vivirán". El Señor Jesús quiere que los pecadores sepan que Él ha sido escogido como Juez del juicio del gran trono blanco - el Juez del juicio final. Por lo tanto, aun aquellos que mueren en sus pecados, un día oirán Su voz, ordenándole a sus cuerpos en la tumba, "ven fuera" (Juan 11:43), para entonces ser juzgados en cuerpo y alma:

> "No os maravilléis de esto; porque vendrá hora cuando todos los que están en los sepulcros oirán su voz; y los que hicieron lo bueno, saldrán a resurrección de vida; más los que hicieron lo malo, a resurrección de condenación" (Juan 5:28–29 VRV).

Por el otro lado tenemos que, la segunda muerte es la separación eterna de Dios después que uno muere en pecado. Esta separación de Dios es seguida de la resurrección de condenación, donde el pecador será sentenciado a vivir por toda la eternidad, en cuerpo y alma, en un lugar de tormento, llamado "el lago de fuego", o Infierno. En el pasaje bíblico de arriba, el Señor Jesús está hablando acerca de dos resurrecciones, la "resurrección de vida" y la "resurrección de condenación". Sin embargo, el Señor Jesús no está indicando que las dos resurrecciones ocurrirán simultáneamente, ni que los creyentes comparecerán en el juicio final juntos con los pecadores. Recordemos que de acuerdo a las palabras del Señor Jesús mismo, el que cree en el "no vendrá a condenación, más ha pasado de muerte (condenación) a vida" (Juan 5:24). El profeta Daniel también habló de las dos resurrecciones:

> "Y muchos de los que duermen en el polvo de la tierra serán despertados, unos para vida eterna, y otros para vergüenza y confusión perpetua" (Daniel 12:2 VRV).

La "resurrección de vida, o vida eterna", es "la primera resurrección", la cual está reservada sólo para aquellos que morirán como mártires durante el periodo de la "gran tribulación", y ocurrirá inmediatamente junto con la segunda venida de nuestro Señor Jesucristo a la Tierra (Apocalipsis 20:4–6). La segunda resurrección, o la "resurrección de condenación", o la "resurrección de confusión perpetua", ocurrirá al final del Milenio, o inmediatamente antes del juicio final (Apocalipsis 20:11–15). De manera que la primera resurrección ocurre mil años antes de la segunda resurrección. A la "primera resurrección" se le llama la "resurrección de vida", mientras que la "segunda resurrección" se le llama la "resurrección de condenación" y ocurre mil años después de "la primera resurrección".

De la historia del rico y el mendigo Lázaro en Lucas Capitulo 16 aprendemos que, "murió el mendigo, y fue llevado por los ángeles al seno de Abraham; y murió también el rico y fue sepultado" (Lucas 16:22 VRV). Esta historia confirmó la creencia popular que tenían los judíos en el tiempo de Jesús, de que cuando los descendientes de Abraham morían, ellos eran llevados al seno de Abraham. Job nos ayuda a entender la creencia que los creyentes del Antiguo Testamento tenían con respecto a la muerte, la tumba y la resurrección:

> "Yo sé que mi Redentor vive, y al fin se levantara sobre el polvo; y después de deshecha esta mi piel, en mi carne he de ver a Dios" (Job 19:25–26 VRV).

Lo que los judíos llamaban el "seno de Abraham" era lo que el Señor Jesús luego llamo "el paraíso". El seno de Abraham o el paraíso fue el lugar donde los fieles iban cuando morían, para esperar hasta el día de la "resurrección de vida". Los judíos creían que porque ellos eran los descendientes directos de Abraham, cuando ellos morían, automáticamente iban al seno de Abraham. Sin embargo, el Señor Jesús enseñó que la salvación no se basa en la descendencia ancestral, ni en la herencia espiritual de una persona. Por el contrario, Jesús les dijo a los hijos de Abraham que independientemente de su ascendencia ancestral, ellos morirían en sus pecados a menos que creyeran que Él es el Mesías Salvador (Juan 8:24). Esa fue también la razón por la que el Señor Jesús les dijo la historia del rico y Lázaro, para demostrar que ellos no podrían ser salvos en el mérito de su linaje ancestral, ni en su herencia espiritual, como ellos creían. Nadie será salvo simplemente por la afiliación de uno a una creencia particular, iglesia; o los méritos espirituales de los padres de uno, aparte de nuestra fe personal en el

Señor Jesucristo. Muchas gentes nacidas y criadas en la religión de sus padres creen que no hay necesidad de cambiar su creencia religiosa. Nadie será salvo simplemente por practicar la religión de los padres.

Muchísima gente permanece estancada o fija en la religión de los padres. Ellos actúan como si la salvación fuera hereditaria y transferible de padre a hijo. Aunque es cierto que una religión se puede pasar de padre a hijo, no así la salvación. Esto es así porque Dios no tiene nietos espirituales, sino, hijos. Por lo tanto, la salvación puede y debe ser obtenida a un nivel individual y personal. Tú tienes que llegar a ser un hijo directo de Dios para poder ser salvo. Por lo tanto, no hay tal cosa como una buena religión, sino un buen Salvador. De manera que la salvación nunca puede ser obtenida por medio de la práctica de una religión, por buena que esta sea. Religión es lo que el pecador hace en su intento de ganar la salvación, cuando Dios ha dicho que no es posible. El Cristianismo no es una religión. Cristianismo es lo que en Su amor Cristo hizo en la Cruz, para salvar la humanidad caída en el pecado. La Biblia enfatiza que no hay nada que el pecador pueda hacer para ganar o merecer salvación. Salvación es un regalo de Dios que el pecador pude recibir por gracia, por medio de la fe en Cristo solo. La salvación se basa en lo que Dios hizo en Cristo, para buscarnos y darnos vida "cuando estábamos muertos en nuestros delitos y pecado" (Efesios 2:5; Colosenses 2:13). De acuerdo a la Biblia, salvación siempre se basa en un acto personal y consciente de arrepentimiento y fe en Cristo como Señor y Salvador. No hay substituto para el arrepentimiento personal y fe en la obra expiatoria de Cristo. Nada ni nadie puede obtener salvación a favor de otra persona. La salvación tiene que ser personalmente obtenida por gracia, por medio de la fe en Cristo.

De manera que el mendigo murió y "fue llevado por los ángeles al seno de Abraham". ¿No es el pensamiento de morir y el miedo a enfrentar lo desconocido suficiente como para que nos neguemos a aceptar la idea de que un día vamos a morir? Supongo que cuando uno está a punto de morir, parecería como si la muerte estuviera realmente llevándonos a un lugar desconocido, a un lugar misterioso y lúgubre donde no tenemos control de nada. Y esa es la idea más espeluznante. ¿Dónde irás tú cuando mueras? ¿Cómo llegarás allí? Estas son algunas de las preguntas que, independientemente de nuestra madurez espiritual, tienden a ocupar nuestros pensamientos, especialmente cuando la muerte visita uno de nuestros familiares o seres queridos. La Biblia dice que cuando el mendigo murió, él fue llevado por los ángeles al seno de Abraham. Lázaro no sabía el camino, pero su alma estaba en manos de aquel que abrió el camino al cielo para nosotros. Yo creo que la presencia de Dios nunca será tan real en la vida de un creyente como lo será al momento de la muerte. Dios despacha Sus ángeles para que ayuden a los creyentes en la transición de este mundo y de esta vida a la presencia de Dios en la patria celestial. Si esto es cierto, yo estoy convencido de que los ángeles se hacen presentes de una manera real en el momento de la muerte de un creyente, para fortalecer su fe y alegrarlo en lo que naturalmente parecería ser el momento más temeroso de la existencia humana en la Tierra. Si tú eres un creyente en Cristo, no tienes que preocuparte acerca de lo que sucederá cuando tu mueras. Recuerda, cuando ese día llegue, Dios tendrá todo preparado de antemano. Él ya escogió el día y la hora en que te reunirás con Él en el cielo. Él despachará Sus ángeles para que traigan tu alma directamente a "la santa ciudad, la nueva Jerusalén", Su mansión celestial. En un instante, en un abrir y cerrar de ojos, los ángeles te llevarán allá.

Después que el Señor Jesús murió y resucitó, yo no le temo a la muerte, y espero que tú no le temas tampoco. Sin embargo, eso no quiere decir que yo quiero morir. El asunto no es si tú quieres morir, sino si realmente estás preparado para morir, si tuvieras que morir ahora mismo. La verdad es que nadie está preparado para morir, a menos que creas que no tienes nada que perder, si tuvieras que morir. El día que yo muera, recibiré la bendición más grande de toda mi vida, como lo es la reunión eterna con mi amado Jesús. Cada persona que vive debería estar preparada para morir. ¿Estas tu preparado?

¿Dónde está el paraíso? Cuando el Señor Jesús murió y resucitó, Él fue al seno de Abraham o paraíso. Y cuando el Señor Jesús estuvo allí, Él tomó consigo a todos los creyentes que estaban allá, de manera que donde Él este, "vosotros también estéis" (Juan 14:3). Aunque en Juan 14:1–4 el Señor Jesús habla del rapto de la Iglesia y nuestra reunión con Él en el cielo, la promesa incluye la revelación maravillosa de que en la casa de Su Padre "muchas mansiones hay; si así no fuera, yo os lo hubiera dicho; voy pues, a preparar lugar para vosotros. Y si me voy y os preparé lugar, vendré y os tomaré a mí mismo, para que donde yo estoy, vosotros también estéis" (Juan 14:1–3 VRV). De manera que esa fue Su promesa a todos Sus seguidores, incluyéndote a ti y a mí, quienes estaremos vivos al tiempo del rapto de la Iglesia.

Después de la muerte y resurrección del Señor Jesús, las almas de los creyentes que mueren antes de Su segunda venida, son llevadas por los ángeles al cielo, "donde yo estoy", dijo Jesús. ¿Cómo sabemos nosotros que el paraíso está ahora en el cielo y que las almas de los creyentes van allá? Cuando el Señor Jesús estaba muriendo en la Cruz, él le aseguró al ladrón arrepentido que también estaba muriendo a Su lado, "De cierto te digo que hoy estarás conmigo en el paraíso" (Lucas 23:43 VRV). El Señor Jesús murió en la Cruz el mismo día que Él le hizo la promesa al ladrón moribundo, y debemos creer que Él fue al paraíso tal como Él dijo que iría.

De acuerdo a Apocalipsis 2:7, el paraíso es ahora la ciudad celestial de Dios, la "nueva Jerusalén". Después de la muerte y asunción del Señor Jesús al cielo, el paraíso es ahora la ciudad celestial de Dios, la "nueva Jerusalén": "Al que venciere, le daré de comer del árbol de la vida, el cual está en medio del paraíso de Dios" (Apocalipsis 2:7 b). El mismo "árbol de vida" descripto en Ezequiel 47:12 y en Apocalipsis 22:1–3, está también en el paraíso de Dios en el cielo. Más importante todavía, en Mateo 27:52–53, se nos dice que en el mismo instante que el Señor murió en la Cruz, "se abrieron los sepulcros, y muchos cuerpos de santos que habían dormido, se levantaron; y saliendo de los sepulcros, después de la resurrección de él, vinieron a la santa ciudad, y aparecieron a muchos".

Siendo que el propósito principal de este milagro sirvió para establecer el hecho de que Jesús murió y abrió el acceso al cielo, muchos de los muertos del Viejo Testamento salieron de sus tumbas "y aparecieron a muchos". Después de que estos santos recibieron sus cuerpos resucitados, ellos no irían de regreso a sus tumbas, sino que fueron "al paraíso de Dios" en el cielo. Esto también provee evidencia de que después de la resurrección del Señor Jesús, el seno de Abraham fue movido del lugar de los muertos al cielo. En Nuevo Testamento enseña que cuando los cristianos mueren, sus almas van al cielo donde estarán esperando recibir sus cuerpos resucitados y glorificados en el rapto de la Iglesia. En Filipenses 1:23, el apóstol Pablo habló de la muerte del cristiano como "partir y estar con el Señor." Además, en 2 Corintios 5:8, el apóstol Pablo también habló de la muerte como "estar ausente del cuerpo y presente en el Señor". De acuerdo a esto dos pasajes, no hay dudas de que cuando un cristiano muere, su cuerpo va a la tumba, pero su alma (espíritu) es llevada al cielo para estar con el Señor como dice Eclesiastés 12:7, "y el polvo vuelva a la tierra como era, y el espíritu vuelva a Dios que lo dio". Es también muy interesante notar que inmediatamente antes de que el Señor Jesús expirara en la Cruz, él dijo: "Padre, en tus manos encomiendo mi espíritu" (Lucas 23:46). Eso significa que cuando el Señor Jesús murió, Su cuerpo fue puesto en la tumba, pero Su espíritu, después que "había descendido primero a las partes más bajas de la tierra" (Efesios 4:9–10) ascendió al cielo.

7

La Creación de Cielos Nuevos y Tierra Nueva

Vale la pena notar que inmediatamente después del juicio del gran trono blanco que se menciona en Apocalipsis 20:11–15, el apóstol Juan continuó diciendo, "Vi un cielo nuevo y una tierra nueva; porque el primer cielo y la primera tierra pasaron". Juan estaba hablando de "los nuevos cielos y una tierra nueva" (2 Pedro 3:13) que han de brotar de la ceniza del viejo universo, una vez que este haya "pasado". Juan "vio un cielo nuevo y una tierra nueva" sólo después que "el primer cielo y la primera tierra pasaron", exactamente como la Biblia lo predice en 2Pedro Capítulo 3. Por lo tanto, no fue hasta que el viejo universo fue destruido por fuego que Juan dijo:

> "Vi un cielo nuevo y una tierra nueva; porque el primer cielo y la primera tierra pasaron, y el mar ya no existía más. Y yo Juan vi la santa ciudad, la nueva Jerusalén, descender del cielo, de Dios, dispuesta como una esposa ataviada para su marido. Y oí una gran voz del cielo que decía: He aquí el tabernáculo de Dios con los hombres, y Él morará con ellos; y ellos serán su pueblo, y Dios mismo estará con ellos como su Dios" Apocalipsis 21:1–4 VRV).

Dios no traerá Su "santa ciudad, nueva Jerusalén" desde el cielo a la Tierra antes de que Él haya purificado el universo con fuego, ni antes de que haya transformado el viejo universo en "un cielo nuevo y una tierra nueva". En otras palabras, de acuerdo a la palabra de Dios en el Viejo y Nuevo Testamento, la nueva Jerusalén descenderá "del cielo, de Dios" sólo después de que todo el universo sea remplazado por una creación nueva y perfecta, que durará por los siglos de los siglos. ¿Qué pasará realmente con este mundo degradado e infectado por el pecado? Divinamente inspirado y hablando proféticamente, el apóstol Pedro nos dice lo que va a pasar a nuestro universo inmediatamente después del juicio del gran trono blanco al final de Milenio. El profetizó que durante un período de tiempo llamado "el día del Señor", una serie de eventos apocalípticos e intervenciones especiales ocurrirán en el mundo, los cuales cambiarán la historia y destino del hombre sobre la Tierra. Tal como Pedro lo profetizo, es a través de estos eventos que Dios juzgará la maldad del hombre y finalmente destruye el mundo.

> "Pero el día del Señor vendrá como ladrón en la noche; en el cual los cielos pasarán con grande estruendo, y los elementos ardiendo serán deshechos, y la tierra y las obras que en ella hay serán quemadas" (2 Pedro 3:10 VRV).

La palabra "cielos" según se usa en 2Pedro 3:10–13, se refiere al universo físico entero. Pedro está diciendo que "los cielos (el universo) pasará con grande estruendo". La palabra griega de la cual se deriva la palabra "pasarán", no significa la destrucción total o la extinción del universo, sino el paso o transformación del universo de una condición de degradación e imperfección, a una transformación de perfección total. Ejemplo de que el mundo no será obliterado lo encontramos en 2Pedro 3:6, lo cual muestra que aunque el mundo que existió antes del diluvio universal "pereció anegado en agua", este no desapareció, ni fue totalmente destruido. Sin embargo, bíblicamente hablando, el mundo ya fue una vez destruido. Por lo tanto, el mundo de después del diluvio fue en un sentido, completamente diferente del mundo que existió antes. A pesar de que el diluvio ahogó la tierra, mató toda cosa viviente y cambió la geografía y las condiciones atmosféricas de la Tierra, no la obliteró completamente. El diluvio universal causó tal destrucción que éste transformó la Tierra en un nuevo mundo. Cuando la tierra se secó, y Noé y su familia emergieron del arca, ellos pusieron sus pies en un mundo nuevo. De manera que como en los días de Noé, cuando el mundo "de entonces pereció anegado en agua", así también en el tiempo del fin, "los cielos pasarán con grande estruendo, y los elementos ardiendo serán deshechos, y la tierra y las obras que en ella hay serán quemadas". Sin embargo, la Biblia afirma que del fuego ferviente y de los elementos derretidos, surgirá un nuevo universo. Inmediatamente después del juicio del gran trono blanco, Dios empleará fuego para limpiar y purificar el universo de los vestigios del pecado. ¿Cómo sabemos esto? Otra vez, note lo que la palabra de Dios dice: "Pero los cielos y la tierra que existen ahora, están reservados por la misma palabra, guardados para el fuego en el día del juicio y de la perdición de los hombres impíos" (2Pdero 3:7 VRV). Es importante recordar que inmediatamente después del diluvio universal:

> "Habló Dios a Noé y a sus hijos con él, diciendo: He aquí yo establezco mi pacto con vosotros y con vuestros descendientes de pues de vosotros...no exterminaré ya más toda carne con aguas de diluvio, ni habrá más diluvio para destruir la tierra" (Génesis 9:8–11 VRV).

Cuando Pedro dijo, "Pero los cielos y la tierra que existen ahora, están reservados por la misma palabra", él se estaba refiriendo a la promesa "no exterminaré ya más toda carne con aguas de diluvio". Dios ha mantenido su palabra. Dios ha preservado "los cielos y la tierra" de ser destruido otra vez con aguas, pero al mismo tiempo, "por la misma palabra...los cielos y la tierra están reservados para el fuego en el día del juicio y de la perdición de los hombres impíos". Las palabras "guardado para el fuego en el día del juicio y de la perdición de los hombres impíos", es una referencia explícita al día cuando Dios hará descender fuego del cielo para destruir a los que se rebelaran contra El al final del Milenio. Ese será el mismo fuego que Dios empleara para purificar el mundo como parte del mismo juicio final. De manera que después del diluvio, Dios ha reservado "los cielos y la tierra...para el fuego en el día del juicio y de la perdición de los hombres impíos". Como ya dijimos, ésta es una referencia clara al día del juicio final. Así que de acuerdo a la palabra de Dios, "los cielos y la tierra" serán destruidos con fuego al momento del juicio final.

Eso significa que las acciones de Dios durante el juicio final, no se limitarán sólo a juzgar los impíos. Como parte del mismo juicio, los "cielos pasaran con grande estruendo, y los elementos ardiendo serán deshechos, y la tierra y las obras que en ella hay serán quemadas" (2Pedro 3:10 VRV). De acuerdo a Romanos 8:19–22, el nuevo universo requerirá que Dios primero destruya todas las cosas en el viejo y escabroso universo, para así llevar a cabo la transformación que le permita al mundo cumplir con el propósito para el cual fue inicialmente creado. Dios empleará los elementos más abundantes en el universo, tales como energía y fuego para llevar a cabo la purificación y la transformación del universo entero. El profeta Isaías profetizó que el mismo fuego del cielo que descenderá de Dios y consumirá a los rebeldes al final del Milenio, también llevará a cabo la creación de "nuevos cielos y tierra nueva". Esto es lo que Isaías profetizo:

> "Alzad a los cielos vuestros ojos, y mirad abajo a la tierra porque los cielos serán deshechos como humo, y la tierra se envejecerá como ropa de vestir, y de la misma manera perecerán sus moradores, pero mi salvación será para siempre, mi justicia no perecerá" (Isaías 51:6 VRV).

La Biblia aún nos dice como Dios protegerá a los creyentes que vendrán del Milenio mientras Él limpia y purifica el universo con fuego:

> "Y en tu boca he puesto mis palabras, y con la sombra de mi mano te cubrí, extendiendo los cielos y echando los cimientos de la tierra, y diciendo a Sion: Pueblo mío eres tú" (Isaías 51:16 VRV).

> "Porque he aquí que yo crearé nuevos cielos y nueva tierra; y de lo primero no habrá memoria, ni más vendrá al pensamiento" (Isaías 66:17 VRV).

Con la creación de "nuevos cielos y nueva tierra…la gran ciudad, la santa Jerusalén" descenderá "del cielo, de Dios". Dios traerá con Él a la Tierra Su propia morada celestial, para morar con el hombre. Éste es el pináculo de la relación personal que Dios siempre procuró tener con el hombre que Él creó en Su propia imagen, para tener compañerismo eterno con él.

8

La Ciudad de Dios Desciende del Cielo a la Tierra

La nueva Jerusalén "desciende del cielo, de Dios". Por cerca de dos mil años, en cada generación, la Iglesia del Señor Jesucristo ha estado orando, "Venga tu reino. Hágase tu voluntad, como en el cielo, así también en la tierra" (Mateo 6:10 VRV). Sin saberlo, desde que la Iglesia fue establecida, en cada generación, los creyentes ha estado orando y anhelando el día cuando literalmente, la "nueva Jerusalén...desciende del cielo, de Dios, teniendo la gloria de Dios". Solo entonces se hará la voluntad de Dios "en la tierra, como en el cielo". De manera que el día viene cuando la perfecta voluntad de Dios se hará en la Tierra, como se hace en el cielo. La oración del Padre Nuestro no hace referencia al Milenio, porque aún allí habrá pecado. Por lo tanto, esa parte de la oración del Señor encontrara su cumplimiento literal después del juicio final, cuando "los mansos... heredarán la tierra" (Mateo 5:5 VRV); cuando Dios y Su pueblo morarán en los "cielos nuevos y tierra nueva...en los cuales mora la justicia" para siempre. El reino de mil años de paz en la Tierra será sólo el preludio del establecimiento del reino eterno de Dios en los "cielos nuevos y tierra nueva".

Se debe notar que la doctrina acerca de "la gran ciudad, la santa Jerusalén, descendiendo del cielo, de Dios", y los "cielos nuevos y una tierra nueva", no es una doctrina exclusiva de los creyentes del Nuevo Testamento. De hecho, la creencia en la ciudad celestial empezó con Abraham, el padre de la fe cristiana, antes de que el Antiguo Testamento fuera aun escrito. El libro a los Hebreos en el Nuevo Testamento nos dice que aunque Abraham fue llamado a heredar la Tierra Prometida, por fe, él llegó a creer que la ciudad real a la cual Dios lo había llamado estaba en el cielo, no en Palestina: "Porque esperaba la ciudad que tiene fundamento, cuyo arquitecto y constructor es Dios" (Hebreos 11:10 VRV). En consecuencia, cuando el autor del libro de Hebreos hablo de algunos de los héroes del Antiguo Testamento tales como Abel, Enoc, Noé, Abraham y Sara, el añadió:

> "Conforme a la fe murieron todos estos sin haber recibió lo prometido, sino mirándolo de lejos, y creyéndolo y saludándolo, y confesando que eran extranjeros y peregrinos sobre la tierra. Porque lo que estos dicen, claramente dan a entender que buscaban una patria…Pues anhelaban una mejor, esto es, celestial, por lo cual Dios no se avergüenza de llamarse Dios de ellos; porque les ha preparado una ciudad" (Hebreos 11:13–14, 16).

Dios le prometió a Abraham una tierra para que morara en ella como su propia tierra. Por muchos anos Abraham viajó hacia la tierra prometida y cuando finalmente llego allá y se estableció, él no la llamó su tierra, "sino que por la fe habitó como extranjero en la tierra prometida como en tierra ajena, morando en tiendas con Isaac y Jacob, coherederos de la misma promesa" (Hebreos 11:9 VRV). Mientras Abraham vivió en la tierra prometida, sus estilo de vida y sus acciones fueron forjadas por su creencia en la "ciudad que tiene fundamentos, cuyo arquitecto y constructor es Dios…la gran ciudad, la santa Jerusalén", que un día descadera "del cielo, de Dios" a "cielos nuevos y una tierra nueva". Abraham nunca perdió su visión del hecho de que él era un forastero en esta Tierra. Su estilo de vida nunca estuvo en discrepancia con su creencia de que Dios lo había llamado a morar permanentemente en la ciudad celestial, no en la terrenal. Abraham, Isaac y Jacob dieron testimonio a sus generaciones y a nosotros hoy, de que la razón por la que ellos "moraron en tiendas" fue porque ellos creían y sabían que su ciudad, su morada permanente estaba en el cielo. Imagínese a las gentes preguntándoles a los patriarcas la razón por la que ellos nunca se construyeron una casa con fundamentos sólidos enterrados en la tierra. Imagínese a los patriarcas explicándoles a las gentes que la razón por la que ellos no se aferraron a este mundo era porque ellos eran "extranjeros y peregrinos" en esta tierra y que en realidad "buscaban una patria…una mejor, esto es, celestial…una ciudad que tiene fundamentos, cuyo arquitecto y constructor es Dios" mismo.

Esa es la misma razón por la que por inspiración divina, el apóstol Pablo dijo:

"Más nuestra ciudadanía está en los cielos de donde también esperamos al Salvador al Señor Jesucristo" (Filipenses 3:20 VRV).

En Hebreos 13:12–14, el autor habla de cómo el mundo rechazó y tomó a Jesús "fuera de la puerta" de la ciudad de Jerusalén y lo crucificaron. El autor del libro llama a los cristianos a que nos unamos a Cristo "fuera del campamento (el mundo)...llevando su vituperio" y a no ser parte de sus prácticas mundanas, "porque no tenemos aquí ciudad permanente, sino que buscamos la por venir." (Hebreos 13:14 VRV). La "nueva Jerusalén" es el lugar de residencia permanente de los creyentes en Cristo. El Señor Jesús confirmó la existencia de la "nueva Jerusalén...la ciudad santa", la ciudad celestial que Él fue a preparar para nosotros:

> "No se turbe vuestro corazón; creéis en Dios, creed también en mí. En la casa de mi Padre hay muchas mansiones; si así no fuera, yo os lo hubiera dicho; voy, pues, a preparar lugar para vosotros. Y si me fuere y os preparare lugar, vendré otra vez, y os tomaré a mí mismo, para que donde yo estoy, vosotros también estéis" (Juan 14:1–3 VRV).

El Señor Jesús estaba hablando acerca de un lugar real, una ciudad real en el cielo, la cual un día descenderá "del cielo, de Dios". En su visión apocalíptica, el Señor Jesús le mostró al apóstol Juan la ciudad celestial, la "nueva Jerusalén" que un día descenderá del "cielo, de Dios":

> "Y me llevó en el Espíritu a un monte grande y alto, y me mostró la gran ciudad santa de Jerusalén, que descendía del cielo, de Dios, teniendo la gloria de Dios. Y su fulgor era semejante al de una piedra preciosísima, como piedra de jaspe, diáfana como el cristal. Tenía un muro grande y alto con doce puertas; y en las puertas, doce ángeles, y nombres inscritos, que son los de las doce tribus de los hijos de Israel; al oriente tres puertas; al norte tres puertas; al sur tres puertas; al occidente tres puertas. Y el muro de la ciudad tenía doce cimientos, y sobre ellos los doce nombres de los doce apóstoles del Cordero.

El que hablaba conmigo tenía una caña de medir, de oro, para medir la ciudad, sus puertas y su muro. La ciudad se halla establecida en cuadro, y su longitud es igual a su anchura; y el midió la ciudad con la caña, doce mil estadios; la longitud, la altura y la anchura de ella son iguales. Y midió su muro, ciento cuarenta y cuatro codos, de medida de hombre, la cual es de ángel. El material de su muro era de jaspe; pero la ciudad era de oro puro, semejante al vidrio limpio; y los cimientos del muro de la ciudad estaban adornados con toda piedra preciosa. El primer cimiento era jaspe; el segundo, zafiro; el tercero, ágata; el cuarto, esmeralda; el quinto, ónice; el sexto, cornalina; el séptimo, crisolito; el octavo, berilio; el noveno, topacio; el décimo, crisopraso; el undécimo, Jacinto; el duodécimo, amatista. Las doce puertas eran doce perlas; cada una de las puertas era una perla. Y la calle de la ciudad era de oro puro, transparente como vidrio. Y no vi en ella templo; porque el Señor Dios Todopoderoso es el templo de ella, y el Cordero. La ciudad no tiene necesidad de sol ni de luna que brille en ella; porque la gloria de Dios la ilumina, y el Cordero es su lumbrera. Y las naciones que hubieren sido salvas andarán a la luz de ella; y los reyes de la tierra traerán su gloria y honor a ella. Sus puertas nunca serán cerradas de día, pues allí no habrá noche. Y llevarán la gloria y honra de las naciones a ella. No entrará en ella ninguna cosa inmunda, o que hace abominación y mentira, sino solamente los que están inscritos en el libro de la vida del Cordero" (Apocalipsis 21:10–27 VRV).

"Después me mostró un rio limpio de agua de vida, resplandeciente como cristal, que salía del trono de Dios y del Cordero. En medio de la calle de la ciudad, y a uno y otro lado del rio, estaba el árbol de la vida, que produce doce frutos, dando cada mes su fruto; y las hojas del árbol eran para la sanidad de las naciones. Y no habrá más maldición; y el trono de Dios y del Cordero estará en ella, y sus siervos le servirán, y verán su rostro, y su nombre estará en sus frentes. No habrá allí más noche; y no tienen necesidad de la luz de lámpara, ni de luz del sol, porque Dios el Señor los iluminará; y reinarán por los siglos de los siglos" (Apocalipsis 22:1–5 VRV).

Juan vio en detalle la ciudad santa de Dios descendiendo del "cielo, de Dios". A través de la historia de la Cristiandad, mucha gente ha argumentado que Juan no se estaba refiriendo a una ciudad real, sino a una ciudad celestial figurativa o simbólica. Sin embargo, es de interés notar que la información arquitectónica cuidadosamente detallada, el lenguaje descriptivo y las medidas precisas que Juan emplea para describir la santa ciudad, claramente indican que él se estaba refiriendo a una ciudad inusual, pero real, la santa ciudad de Dios. Como ya dijimos, "la ciudad…nueva Jerusalén" descenderá del "cielo, de Dios". La "nueva Jerusalén", la ciudad de Dios, es el hogar de la Iglesia, los santos del Antiguo Testamento y los ángeles. Desde ella, el Señor Jesucristo y todos los santos, en sus cuerpos resucitados, reinarán sobre las naciones y el universo por los siglos de los siglos.

El apóstol Juan nos dice que el tamaño de la "nueva Jerusalén" es "doce mil estadios; la longitud, la altura y la anchura de ella son iguales" (Apocalipsis 21:16 VRV). Doce mil estadios son aproximadamente mil quinientas millas cúbicas, o lo mismo que dos millones de millas cuadrada. De acuerdo a Apocalipsis 21:17–18, la medida de la pared es "ciento cuarenta y cuatro mil codos, de medida de hombre, la cual es de ángel", lo cual es equivalente a doscientos dieciséis pies de alto. También se nos dice que "el material de su muro era de jaspe, pero la ciudad era de oro puro, semejante al vidrio limpio." Imagínese la belleza de una ciudad donde "Las fundaciones de la pared…están adornadas con todo tipo de piedras preciosas, tales como "jaspe, zafiro, ágata, esmeralda, cornalina, crisolito, topacio, crisopraso, Jacinto, amatista" y "Las doce puertas son doce perlas; cada una de las puertas era una perla". Juan nos dice que él no vio templo en la santa ciudad, "porque el Señor Dios Todopoderoso es el templo de ella, y el Cordero". Imagínese la belleza inmaculada y sin paralelo de la ciudad celestial iluminada por la gloria misma de Dios. Imagínate el mosaico de colores y luz suave que resultaría de la interacción de los colores de las piedras preciosas con el oro acentuando la gloria radiante de la presencia de Dios. Imagínate el deleite de vivir en una ciudad cuya belleza es mágica y prodigiosa, la cual causará nuestro asombro cada día, por el resto de la eternidad.

La ciudad celestial muestra el gran cuidado y placer que Dios tomó en "preparar" tan encantadora "mansión", para el disfrute y felicidad de Sus hijos. La "nueva Jerusalén" será el lugar que cada cristiano estará orgulloso de llamarla mi casa; el lugar donde cada corazón encontrará contentamiento y satisfacción. La ciudad no tendrá necesidad "de sol ni de luna que brillen en ella porque la gloria de Dios la iluminará, y el Cordero es su lumbrera." De acuerdo a la Biblia, el sol y la luna brillaran para siempre en "los cielos nuevos y una tierra nueva", pero no en la "nueva Jerusalén", la santa ciudad de Dios. Dios no quiere ensombrecer el esplendor, la belleza y la gloria de "la gran ciudad, la santa Jerusalén" con la luz del sol y la luna. Por lo tanto, "la ciudad santa, nueva Jerusalén" será iluminada con la luz radiante e inmaculada de la propia gloria de Dios, la Shekina.

Tal como ya he mencionado, la Biblia indica claramente que en los "cielos nuevos y una tierra nueva", "Las naciones que hubieren sido salvas andarán a la luz de ella; los reyes de la tierra traerán su gloria y honor a ella" (Apocalipsis 21:24). ¿Quién es "ella" en el verso bíblico de arriba? "Ella" en Apocalipsis 21:24 es la "santa ciudad, la nueva Jerusalén" que desciende "del cielo, de Dios" a la Tierra para morar con los hombres. ¿Quiénes son "las naciones que hubieren sido salvas?" Estos son los que entrarán vivos al Milenio y permanecerán hasta el fin de los mil años. El resto de la humanidad será destruida con fuego del cielo después que se rebelan contra el Señor Jesús. "Las naciones que hubieren sido salvas" pasarán a vivir en los "cielos nuevos y una tierra nueva" para siempre. Ellos continuarán teniendo hijos y multiplicándose para siempre en los "cielos nuevos y una tierra nueva." A pesar de que ellos vivirán fuera de las paredes de "la ciudad de Dios, nueva Jerusalén", ellos continuarán trayendo "su gloria y honra a ella" (la santa ciudad de Dios, la nueva Jerusalén):

> "Porque como los cielos nuevos y la nueva tierra que yo hago permanecerán delante de mí, dice Jehová, así permanecerá vuestra descendencia y vuestro nombre. Y de mes en mes, y de día de reposo en día de reposo, vendrán todos a adorar delante de mí, dijo Jehová" (Isaías 66:22 VRV).

Hay muchas profecías relacionadas con el futuro de Israel que no se han cumplido, ni se cumplirán fuera del reino eterno que el Señor Jesucristo establecerá aquí en los "cielos nuevos y una tierra nueva". La Biblia asegura que Dios cumplirá el pacto invariable que El hizo con Abraham y que además confirmo al Rey David:

"Como no puede ser contado el ejercito del cielo, ni la arena del mar se puede medir, así multiplicaré la descendencia de David mi siervo, y los levitas que me sirven" (Jeremías 33:22 VRV).

Este pacto apunta al día cuando los hijos de Israel serán incontables como las estrellas de los cielos y como la arena del mar que no puede ser medida. Por medio del profeta Ezequiel, Dios le asegura a Israel que a pesar de que ellos no han podido poseer completamente la tierra prometida, un día,

"Habitarán en la tierra que di a mi siervo Jacob, en la cual habitaron vuestros padres, en ella habitarán ellos, sus hijos y los hijos de sus hijos para siempre; y mi siervo David será príncipe de ellos para siempre" (Ezequiel 37:25 VRV).

Durante el Milenio y más allá, "sus hijos y los hijos de sus hijos" finalmente poseerán "para siempre", la tierra que Dios le dio a los patriarcas Abraham, Isaac y Jacob. El libro de Génesis nos da una profecía extraordinaria acerca del futuro de Israel, la cual no se ha cumplido todavía. Después de que Abraham pasó su prueba de obediencia y fe:

"Llamó el ángel de Jehová a Abraham por segunda vez desde el cielo, y dijo: Por mí mismo he jurado, dice Jehová, que por cuando has hecho esto, y no me has rehusado tu hijo, tu único hijo; de cierto te bendeciré, y multiplicaré tu descendencia como las estrellas del cielo y como la arena que está a la orilla del mar…En tu simiente serán benditas todas las naciones de la tierra, por cuanto obedeciste a mi voz" (Génesis 22:15–18 VRV).

No hay dudas de que el cumplimiento de esta profecía está todavía en el futuro. No ha habido un punto en la historia de la nación de Israel donde sus descendientes se hayan multiplicado tanto "como las estrellas del cielo", ni "como la arena que está en la orilla del mar". Divinamente inspirado por la creación universal, Dios guió a David a que fijara sus ojos en los cielos y reflexionara en el futuro de la humanidad redimida cuando esta sea finalmente "coronada de gloria y honor" en los "nuevos cielos y una tierra nueva".

David miró a "las estrellas" y las galaxias del firmamento como el destino final de la humanidad redimida. David proclamó que el hombre es la corana de la creación, pues el lleva la imagen de Dios, lo cual lo separa de toda otra cosa creada en todo el universo. Cuando los hijos de Dios sean "coronados de gloria y de honra" en el reino eterno de Dios, Él pondrá "todas las cosas debajo de sus pies" y les permitirá explorar, poseer y reinar sobre todo el universo, no simplemente la Tierra. Éste fue el plan original de Dios cuando el creo Adán y Eva y los puso "en el huerto de Edén para que lo labrase y lo cuidase". Cuando Adán y Eva estaban en el huerto de Edén, el "árbol de vida" era la fuente de su inmortalidad. Adán y Eva y sus descendientes hubieran vivido para siempre en un ambiente perfecto, si ellos no hubieran contaminado sus vidas y el mundo, con el pecado. Imagínate por un momento que el hombre no hubiera pecado cuando Dios los puso en el huerto de Edén. ¿Hubiera ellos llenado la Tierra a este punto? ¿Hubiera sido necesario que ellos poblaran otros planetas y galaxias?

Vale la pena señalar que cuando Dios expulsó al hombre del huerto de Edén, El también "puso al oriente del huerto de Edén querubines, y una espada encendida que se revolvía por todos lados, para guardar el camino del árbol de la vida"…para que no alargue su mano, y tome también del árbol de la vida, y coma, y viva para siempre (Génesis 3:24, 22 VRV). En Su amor y misericordia, Dios impidió que Adán y Eva comieran del árbol de vida. ¿Por qué? Habrá un punto en la vida de algunas personas cuando recibirán la muerte como se recibe al mejor amigo. ¿Que valdría la vida si tú tuvieras ciento treinta años de edad, incapacitado, enfermo y atormentado por un sin número de enfermedades y quebrantos y sin poder morir? Después de que Adán y Eva pecaron, Dios hizo imposible que ellos pudieran comer del árbol de vida y vivir para siempre, en un estado perpetuo de degradación y sufrimiento, y sin poder morir.

Por el otro lado, imagínate la explosión de población que el mundo hubiera experimentado si Adán y Eva no hubieran pecado. La Tierra no hubiera tenido la capacidad de acomodar y sostener indefinidamente, tal crecimiento demográfico. Eso también significa que fue el plan de Dios que el hombre poblara otros planetas y galaxias en el universo si Adán y Eva no hubieran pecado. Esta idea parece haber sido expresada por el escritor principal de los Salmos. David dijo; "Cuando veo los cielos, obra de tus dedos, la luna y las estrellas que tu formaste..." (Salmos 8:3 VRV). La versión de la Biblia en Inglés, King James dice "Cuando considero Tus cielos, la obra de Tu dedos, la luna y las estrellas" (NKJV). David le dio seria consideración o meditación a la obra de la creación y el propósito de Dios para el hombre aquí en la Tierra. De manera que David "consideró los cielos, la obra" de los dedos de Dios, "la luna y las estrellas" que Él formó y por revelación divina, pensó para sí mismo:

> "¿Quién es el hombre para que tengas de él memoria, y el hijo del hombre para que lo visites? Le has hecho poco menor que los ángeles, y lo coronaste de gloria y de honra" (Salmos 8:4–5 VRV).

Cuando la humanidad redimida sea coronada de gloria y de honra, en los "cielos nuevos y una tierra nueva", entonces Dios le hará "señorear sobre las obras de Sus manos", y lo pondrá "Todo...debajo de su pies..." (Salmo 8:6 VRV).

Dios permitió que David contemplara el cuadro completo del plan de Dios para la humanidad redimida, en los "cielos nuevos y tierra nueva". David entendió la gloria que la humanidad redimida tendrá cuando Dios descienda a la Tierra para morar con el hombre en la "gran ciudad, la santa Jerusalén". David pudo entender que "los cielos...la luna y las estrellas" (el universo entero) es la última frontera o el destino final de la humanidad redimida. Es como si David hubiera dicho:

> "Señor, Tú pensaste en nosotros cuando creaste los cielos, la luna y las estrellas. ¿Quiénes somos nosotros para que Tú pensaras tan elevado de nosotros?". Énfasis añadido.

Me parece que la Biblia revela aquí que el universo entero—los cielos, la luna y las estrellas—fue creado por Dios para que fuese el eterno hogar de la humanidad redimida. La población de la humanidad redimida en los "cielos nuevos y tierra nueva" florecerá y prosperará y crecerá exponencialmente para llenar la Tierra rápidamente. Cuando el pueblo de Dios empiece a multiplicarse "como las estrellas del cielo y como la arena que está en la orilla del mar" en los "cielos nuevos y tierra nueva" ellos procederán a poblar otros planetas y galaxias en el universo. Aquellos nacidos en la "nueva tierra" vivirán de la misma manera que Dios lo planeo para Adán y Eva en el huerto de Edén. Sin embargo, salvación para aquellos que vendrá del Milenio a la "nueva tierra" será basado en "un pacto eterno de paz" que Dios hará con ellos. Esto es lo que Dios dice por medio de uno de Sus profetas:

"Y haré con ellos pacto de paz, pacto perpetuo será con ellos; y los estableceré y los multiplicaré, y pondré mi santuario entre ellos para siempre. Estará en medio de ellos mi tabernáculo, y seré a ellos por Dios y ellos me serán por pueblo. Y sabrán las naciones que yo Jehová santifico a Israel, estando mi santuario en medio de ellos para siempre" (Ezequiel 37:26–28).

Como ya indicamos, el profeta Jeremías también habla del mismo pacto eterno:

"Pero éste es el pacto que hare con la casa de Israel después de aquellos días, dice Jehová: Daré mi ley en su mente, y la escribiré en su corazón; y yo seré a ellos por Dios, y ellos me serán por pueblo. Y no enseñará más ninguno a su prójimo, ni ninguno a su hermano, diciendo: Conoce a Jehová; porque todos me conocerán, desde el más pequeño de ellos hasta el más grande, dice Jehová; porque perdonaré la maldad de ellos, y no me acordaré más de su pecado" (Jeremía 31:33–34 VRV).

El pacto será cumplido individualmente, primero, durante el "tiempo de angustia para Jacob" (Jeremías 30:7 VRV), el cual es la "gran tribulación", todos "los que se hallen inscritos en el libro" (Daniel 12:1). Inmediatamente después de la batalla de Armagedón, el Señor Jesús juntará los judíos que estén dispersos entre todas las naciones para que entren al reino de mil años que el Señor Jesús establecerá en la Tierra en Su segunda venida. Cuando el Señor Jesús derrame Su Santo Espíritu y ponga Su ley en sus mentes, y la escriba en sus corazones, estos judíos y gentiles experimentarán una transformación espiritual interior. A través de la obra del Espíritu Santo y el poder vivificador de la Palabra de Dios, ellos llegarán a conocer al Señor Jesús íntimamente: Sus pecados serán perdonados y sus mentes transformadas para amar, obedecer y servir a Dios para siempre en un universo sin pecado. Ellos vivirán para siempre libre de toda influencia y poder pecaminoso, así mismo como Adán y Eva vivieron en el huerto de Edén antes de que pecaran.

Aquellos que entraran vivos en el reino del Milenio y aquellos que nacerán durante el período de los mil años, entrarán en la segunda y última fase del reino eterno de Dios en los "cielos nuevos y tierra nueva", donde ellos continuarán teniendo hijos para siempre. Recordemos lo que el apóstol Juan nos dijo acerca de la expectativa que Dios tendrá de las naciones con respecto a la Jerusalén celestial, la "santa ciudad, nueva Jerusalén":

"Y las naciones que hubieran sido salvas andarán a la luz de ella; y los reyes de la tierra traerán su gloria y honor a ella" (Apocalipsis 21:24 VRV).

Recuerda, tal como en el huerto de Edén, la Jerusalén celestial tendrá un rio con el árbol de vida y abundante vegetación:

"Después me mostró un rio limpio de agua de vida, resplandeciente como cristal, que salía del trono de Dios y del Cordero. En medio de la calle de la ciudad, y a uno y otro lado del rio, estaba el árbol de vida, que produce doce frutos, dando cada mes su fruto; y las hojas del árbol eran para la sanidad de las naciones" (Apocalipsis 22:1–2 VRV).

La Biblia demuestra claramente que inmortalidad para aquellos que continuarán naciendo en la "nueva tierra" no será condicional a comer del árbol de vida mencionado arriba. Sin embargo, la Biblia dice que "las hojas del árbol de vida" serán "para sanidad de las naciones". La palabra "sanidad" tal como se usa aquí, viene de una palabra griega que significa "terapéutico". Eso significa que "las hojas del árbol de vida" serán usadas para propósitos terapéuticos, lo cual quiere decir que el árbol de vida no causará, pero si contribuirá al bienestar general de todas las gentes en los "nuevos cielos y tierra nueva". Las hojas de este árbol de vida harán que la vida en los "cielos nuevos y tierra nueva" sea más rica, gratificante, placentera y entretenida. Este árbol será algo único y exquisito, el cual disfrutaremos con placer infinito al comer de su fruto y sus hojas.

Conclusión

Yo creo que nos estamos acercando rápidamente al tiempo cuando el Señor Jesús vendrá a tomar Su Iglesia en el rapto. De acuerdo a la Biblia, inmediatamente después de que el rapto ocurra, la humanidad le dará la bienvenida a un líder mundial, un dictador conocido en la Biblia como el Anticristo. La Biblia sugiere que este hombre será la encarnación misma de Satanás y que él y su imperio "devorara toda la tierra, la hollará y la romperá en pedazos". El traerá a la Tierra el período más terrible de sufrimiento humano que habrá en toda la historia del mundo. La Biblia se refiere a este período como la "gran tribulación". Esto es lo que el Señor Jesús profetizó acerca este tiempo de sufrimiento humano extremo:

> "Porque aquellos días serán de tribulación cual nunca ha habido desde el principio de la creación que Dios creo, hasta este tiempo, ni la habrá" (Marcos 13:19 VRV).

La "gran tribulación" será un periodo de tres años y medio que estará caracterizado por conflictos mundiales esparcidos por todo el mundo, escases de alimentos, agua potable, techo y muerte esparcida por todo el mundo, en una escala inimaginable. La Biblia dice que al principio de la segunda mitad del período de la "gran tribulación", habrá dos guerras mayores en las cuales veinticinco y treinta y tres por ciento (25+33=58%) de la población mundial morirá. Estos eventos estarán acompañados por una serie de desastres que arruinarán la Tierra, tales como cinco súper-terremotos, numerosas erupciones volcánicas masivas, maremotos oceánicos, una lluvia de meteoros que caerán a la Tierra, un cometa que caerá en el mar y otro que explotará encima de la Tierra, el cual envenenará un tercio de las fuentes de agua potable a través del mundo y quemará un tercio de la vegetación del planeta.

Los terremotos globales mencionados en la Biblia para este período serán tan grandes que romperán la Tierra en pedazos, causando que todas las islas alrededor del mundo desaparezcan y que todas las montañas de la Tierra sean aplanadas. Al mismo tiempo, estos terremotos desataran una cadena de súper-erupciones volcánicas a través del mundo entero. La cantidad monumental de escombros, polvo, ceniza, gas y humo que estas actividades volcánicas lanzarán a la atmosfera, bloqueará la luz solar por largos períodos de tiempo. Esta situación enfriará la temperatura de la Tierra drásticamente, causando tormentas masivas de nieve y otros desastres relacionados al cambio climatológico. En adición, estos terremotos devastarán todas las ciudades de las naciones de alrededor del mundo, matando decenas de millones de personas. Nosotros no podemos ni siquiera empezar a imaginar lo que la vida será para millones de personas que vivirán en el mundo bajo cambios biológicos, geológicos y climatológicos extremos.

Aún más, la Biblia dice que hacia el final de la "gran tribulación", toda el agua potable del mundo entero estará totalmente contaminada, como sangre podrida. Esto ocurrirá al mismo tiempo que la Tierra será abrumada por ráfagas y olas masivas de calor solar y por una sequía global que durará tres años y medio.

El período de la "gran tribulación" estará también caracterizado por actividades demoníacas que ocurrirán a través de todo el mundo, en una escala nunca vista en la historia de la humanidad. Satanás y todos sus demonios serán arrojados a la Tierra y Dios les dará autoridad para atormentar los hombres por cinco meses. El falso profeta desarrollará e implementará un sistema financiero y religioso que le permitirá controlar a todos los habitantes de la Tierra, a un punto tal que el que no tenga la marca o el número del Anticristo en su frente o en su mano derecha, no podrá comprar, ni vender. La adoración al Anticristo y su estatua será mandataria. Habrá una persecución mundial de aquellos que rehúsen cumplir con las demandas del sistema financiero y de adoración idolatra del Anticristo.

Puede que el lector esté interesado en saber que todos los tópicos mencionados en la conclusión de este libro, son extensamente discutidos con claridad asombrosa en mi libro titulado, "El Rapto, El Gobierno Mundial y la Gran Tribulación".

No quiero concluir sin mencionar que Dios no quiere que tú estés aquí en la Tierra cuando todas estas cosas terribles empiecen a ocurrir. Él tiene un plan de evacuación para todos aquellos que creen y reciben a Cristo como Señor y Salvador personal antes del rapto de la Iglesia. Todos aquellos que hayan creído en Cristo previo al rapto de la Iglesia, serán tomados fuera de este mundo, antes de que todos los juicios apocalípticos sean derramados cabalmente sobre la Tierra. Si quieres asegurarte de que tú serás tomado cuando el rapto de la Iglesia ocurra, entonces debes arrepentirte de tus pecados e invitar al Señor Jesús en tu corazón. Recuerda, la única manera en que Jesús llega a ser tu Salvador personal es si y cuando tú lo haces el Señor de tu vida para siempre. Si deseas empezar una relación personal con el Señor Jesús que nunca terminará, te invito a que hagas la siguiente oración:

Padre celestial, yo sé que soy pecador(a) y que necesito Tu perdón. Yo creo que Cristo murió y resucitó para salvarme. Perdóname y límpiame de todo pecado. Toma control de mi vida, lléname de Tu Espíritu Santo y hazme un instrumento de Tu salvación. Gracias Señor Jesús por el perdón de mis pecados y la salvación de mi alma. Amén.

Bibliografía Selecta

Todas las citas Bíblicas usadas en la versión en español de este libro han sido tomadas de la Santa Biblia versión Reina Valera (VRV) 1960.

Walsh, William Thomas. Nuestra Señora de Fátima. New York: Doubleday and Company, Inc., 1954.

Humphreys, Fisher. La Naturaleza de Dios. El Paso, Texas: Casa Bautista de Publicaciones, 1986 (Español).

Stephenson, Paul. Constantino: Emperador Romano, Conquistador Cristiano. New York: The Overlook Press Peter Mayer Publishers, Inc., 2010.

Green, Bernard. *Cristianismo en la Antigua Roma: Los Primeros Tres Siglos*. London y New York: T & T Clark, 2010.

Shurden, Walter B. La Doctrina del Sacerdocio de los Creyentes. Nashville: Convention Press, 1987.

Baigent, Michael, y Richard Leigh. La Inquisición. London: Penguin Books, 2000.

Wright, Jonathan. Heretics: La Creación de la Cristiandad desde los Gnósticos a la Iglesia Moderna. Boston: Houghton Mifflin Harcourt, 2011.

Baigent, Michael, y Richard Leigh. La Inquisición. London: Penguin Books, 2000.

Rawlings, Helen. La Inquisición Española. Oxford: Blackwell Publishing, 2006.

Perez, Joseph. La Inquision Española. New Haven: Yale University Press, 2005.

Allen, John L. Todos los Hombres del Papa: La Historia de Adentro de Cómo el Vaticano Realmente Piensa. New York: Doubleday, 2004.

Pagels, Elaine. Los Evangelios Gnósticos. New York: Random House Inc., 1979.

Collins, Roger. Los Que Mantienen las Llaves del Cielo: Una Historia del Papado. New York: Basic Books, 2009.

Fernández, Felipe y Derek Wilson. Reformación, Cristianismo y el Mundo 1500-2000. London: Bantam Press, 1996.

Humphreys, Fisher. La Naturaleza de Dios. El Paso, Texas: Casa Bautista de Publicaciones, 1986 (Spanish).

Papa Juan Pablo II. Catecismo de la Iglesia Católica. Ciudad del Vaticano: Librería Editrice Vaticana, 1993.

Herrin, Judith. La Formación de la Cristiandad. Edición Revisada de Bolsillo. London: Fontana Press, 1989.

Hill, Jonathan. Cristianismo: Cómo una Secta Rechazada de una Minoría Religiosa Llegó a Dominar el Imperio Romano. Minneapolis: Fortress Press, 2011.

Smith, John Holland. Constantino el Grande. London: Hamish Hamilton Ltd., 1971.

Warner, María. El Juicio de Juana de Arco. UK: Arthur James Ltd., 1996.

Spoto, Donald. Joan: La Vida Misteriosa de la Hereje Que Llegó a Ser una Santa. New York: HarperCollins Publishers, 2007.

DeVries, Kelly. Juana de Arco: Una Líder Militar. Stroud, Gloucestershire: Sutton Publishing, 1999.

La Enciclopedia Ilustrada del Catolicismo. London: Lorenz Books, 2009.

MacCulloch, Diarmaid. Cristianismo: Los Primeros Tres Mil Años. New York: Viking Press, 2010.

Lorenzo Valla, "Discurso en la Falsificación de la Allegada Donación De Constantino," New Heaven Historical Press, 1922.

Papa Pío V, Bula Regnans in Excelsis, ex comunicado a la Reina Elizabeth de Inglaterra, 1570.

La Carta que María Lucia de Jesús le envió al Papa Pío XII con la petición de consagrar el mundo al Corazón Inmaculado de María, con Mención especial por Rusia, 2 de Diciembre, 1040.